파리의
독립운동가
서영해

파리의 독립운동가 서영해

초판 1쇄 발행 2019년 2월 28일
    2쇄 발행 2019년 3월 13일

지은이 정상천
펴낸이 강수걸
편집장 권경옥
편집 윤은미 이은주 강나래
디자인 권문경 조은비
펴낸곳 산지니
등록 2005년 2월 7일 제333-3370002510020050000001호
주소 부산시 해운대구 수영강변대로 140 BCC 613호
전화 051-504-7070 | 팩스 051-507-7543
홈페이지 www.sanzinibook.com
전자우편 sanzini@sanzinibook.com
블로그 http://sanzinibook.tistory.com

ISBN 978-89-6545-579-0 03990

유럽 무대에서 외교로 조선독립을 알리다

파리의
독립운동가
서영해

— 정상천 지음

산지니

프랑스를 중심으로 유럽에서 활동한 독립운동가 서영해 선생(이하 '서영해'로 약칭)에 대해서 아는 사람은 거의 없다고 해도 과언이 아니다. 심지어 기존에 출판된 각종 독립운동가 관련 책에도 거의 언급이 되어 있지 않다.* 필자가 '서영해(Seu Ring-Hai)'라는 이름 석자를 처음 알게 된 것은 2000년 파리에서 한-프랑스 경제관계 연구를 위해 1년간 프랑스 외무부 고문서실을 거의 매일 출근하다시피 할 때였다.

1886년부터 오늘날까지의 한불무역관계 및 경제관계에 중점을 두어 연구하고 있었기 때문에 프랑스 외무부 고문서실에 있는 일제강점기 한국의 독립운동 동향에 대한 많은 보고서는 대략적으로 열람만 하고 지나가는 정도였다. 그런데 어느 날 'Seu Ring-Hai'라는 명함이 첨부된 문서를 보게 되었다. 그 문서는 1948년 12월 1일 서영해가 프랑스 외무부 아시아·대양주 국장을 면담한 자료였다. 그래서 많지는 않지만 면담 내용 등 서영해에 대한 관련 자료 몇 건을 노트북에 직접 정리해놓았다.

그 후 2013년 필자가 저술한 책 『나폴레옹도 모르는 한·프랑스

---

* 『잊혀진 영웅들, 독립운동가』(최지영, 2017)와 『부산·울산·경남지역 항일운동과 기억의 현장』(홍순권 등, 2011) 등에는 전혀 언급이 없으며, 『1920년대 이후 미주·유럽지역 민족운동』(고정휴, 2009)에 일부 소개되어 있는 정도이다.

이야기』에 「잊혀진 파리의 독립운동가 서영해(徐嶺海)」라는 제목으로 총 5페이지에 걸쳐 간략히 그의 독립운동 관련 활동상황을 소개하였다. 이 책 한 권을 평소 친하게 지내던 산업부 이민철 FTA 정책관(현 철강협회 상근부회장)에게 선물로 준 적이 있는데, 서영해 선생의 가까운 친척 사위 되는 김기영 씨와 부산 소재 초등학교, 중학교 동창인 사이였다.

이런 인연으로 작년 초 김기영 씨와 처음 만나 서영해 선생에 관한 이런저런 이야기를 나누는 과정에서 필자가 선뜻 '책으로 한 번 써보겠습니다'라고 나서게 되었다.

서영해의 발자취를 책으로 펴내고자 하는 시도는 여러 번 있었다. 서영해의 부인이었던 황순조(黃順朝) 여사(당시 부산 동여자고등학교 교장으로 재직)가 1984년 늦가을에 같은 교육계에 있었던 류영남 박사(전 경남여고 교사)를 친히 불러 책 집필을 요청하였으나, 이런저런 이유로 책으로는 내지 못하였다. 그 후 2018년 류 박사는 3월 경남여고에 서영해 선생의 유고와 유품을 기증하면서 「30여 년 무거웠던 마음의 짐을 내리며 – 황순조 교장과 서영해의 삶을 돌아본다」라는 제목으로 일대기를 간략히 정리하였다.

이후 최초의 학술논문으로 국민대 장석흥 교수의 「1930~40년대

대한민국 임시정부 주불특파위원 서영해의 독립운동」 논문이 발표
되어 서영해의 독립운동 관련 내용이 체계적으로, 학술적으로 규명
되었다.

이 책은 위의 두 자료와 1987년 주간한국이 독점 발굴하여 연재
한 시리즈 기사, 1995년 6월 서영해 선생의 조카인 서정철(徐正徹)
씨가 독립유공자포상신청서에 기재한 내용과 국사편찬위원회의 한
국사 데이터베이스 중 '대한민국임시정부자료집'을 주로 참고하고,
기타 〈주간경향〉, 〈경향신문〉 등 언론과 인터넷에 소개된 내용, 그
리고 필자가 프랑스 외무부 고문서실에서 복사한 독립운동 관련
자료 등을 보충적으로 활용하였다.

무엇보다 서영해 본인이 1935년 자필로 작성한 「해외에서 지낸
십오성상(十五星霜)을 돌아다보며」를 완독 후 최초로 정리하여 참고
하였다. 총 88페이지로 된 이 유고 자료에는 프랑스에서의 초기 유
학생활과 에피소드, 프랑스 교육제도와 카페문화 등을 알 수 있는
소중한 내용이 기록되어 있다. 이 자료는 한국에 있는 독자들을 대
상으로 작성한 것으로서, 그 이후의 후속 자료가 있었을 것으로 생
각되나 찾을 수 없었다.

*

언론가, 문필가, 외교관 그리고 독립운동가 서영해! 파리를 중심
으로 한 유럽에서 임시정부와 유일하게 연락하며 우리나라의 독립
을 위해 27년간 고군분투했던 큰 거목이었지만 최근에까지 우리에
게는 잊혔던 이름!

그의 큰 족적에도 불구하고 우리가 몰랐던 두 가지 이유가 있다. 첫째, 정부수립 이후 상해로 건너가서 행방불명이 되었기 때문이다. 둘째, 역사는 승자의 기록이라는 말이 있다시피 그는 해방 후 정치적으로 승자였던 이승만 박사를 따르지 않고 김구 선생을 추종하였다.

모든 사람의 인생은 한 편의 드라마이다. 평범하게 살았던 것 같아도 그 삶의 내용을 자세히 들여다보면 충분한 드라마의 소재가 될 만한 내용들도 가득 차 있다. 그런 측면에서 서영해의 삶은 드라마 중에서도 가장 압권일 것이다. 일제강점기부터 광복, 그리고 정부수립 시기까지 세계사와 우리 근현대사의 굴곡이 서영해만큼 그대로 투영된 삶도 많지 않다.

그는 1902년 부산 초량에서 태어나 17세의 나이로 3·1 독립운동에 참가하였고, 중국 상해로 건너가 대한민국 임시정부의 막내로 활동하다가 1920년 12월 프랑스로 단신 유학하였다. 1926년에 중고등 과정을 마치고 1929년에는 파리의 신문학교를 졸업하고, 임정 외무부의 지시로 사무실을 얻어 고려통신사(Agence Korea)를 설립하였다. 그곳에서 일본의 한반도 침략상을 알리고, 한국에 대한 참모습을 알리는 데 주력하였다.

단순히 기사만 쓴 것이 아니라, 임시정부의 외교특파원으로서 파리뿐만 아니라 유럽 전체를 담당하며 외교활동을 전개하였다. 아울러, 『어느 한국인의 삶의 주변(Autour d'une vie coréenne)』이라는 장편소설과 『거울, 불행의 원인』이라는 이름의 한국 전래민담, 「구두장수의 딸」과 같은 단편소설 등도 집필하여 한국의 역사와 문화를 유럽에 알리려고 노력하였다.

서영해의 활동범위는 파리에 한정되지 않고 벨기에, 제네바, 스페인 등 유럽전역과 때로는 중동의 이집트, 아프리카의 에티오피아까지 광범위하였다. 따라서 엄밀히 말해서 '파리의 독립운동가'라기보다는 '유럽의 독립운동가'라고 불러야 옳을 것이다.

1932년 상해 홍구공원에서 윤봉길 의사의 폭탄투척 사건이 벌어진 이후 상해에 살고 있던 도산 안창호가 일경에 체포되자 유럽에서 맹렬한 석방교섭을 한 것은 서영해의 큰 외교적 성과였다. 그는 프랑스 정부와 여론을 움직여 일본정부에 압박을 가하게 하고 국제여론을 조성하였다. 비록 안창호 선생이 석방되지는 못했지만 '서영해'라는 이름 석 자와 그가 운영하는 고려통신사의 존재감을 유감없이 드러내었다.

우리 근현대사에 서영해만큼 세계사의 격랑이 한 개인의 삶에 철저하게 투영된 사람은 없을 것이다. 한평생을 조국의 독립을 위해 고군분투하였고, 개인적으로는 단란한 가족생활을 제대로 하지 못한 불운한 사람이었다. 당시 독립운동가들의 삶의 양태가 그 내용은 달라도 신산했던 삶의 여정이 대동소이했던 것은 독자 여러분들이 잘 알고 있는 바이다.

김영삼 대통령 때인 1995년 6월 서영해의 조카인 서정철이 독립유공자포상 신청을 하여 1995년 8월 15일 서영해는 건국훈장 애국장을 수여받았다. 만시지탄이지만 고인의 독립운동 공로를 조금이나마 기릴 수 있게 되어 다행이었다. 그러나 그가 1929년부터 유럽에서 임정을 대표하여 단신으로 독립운동을 펼친 노고에 비하면 전체 5등급으로 되어 있는 건국훈장 중에서 4등급인 애국장을 받은 것은 격에 맞지 않은 포상이다. 최소한 3등급인 건국훈장 독립장 정도는 새로이 추서하여야 할 것이다.*

프랑스에서의 레지스탕스 활동, 상해에서 국민당 정부에 체포된 상황, 중국의 공산화와 황순조와의 생이별, 상해 인성학교에서의 교편생활, 북한으로 넘어갔다면 거기에서 어떤 활동을 하며 어떻게 살다가 언제 사망하였는지 등은 모두가 오리무중이다. 일부 내용은 추측할 뿐이고, 대부분의 내용은 여전히 미스터리로 남아 있다.

2019년은 3·1 독립운동과 대한민국임시정부 수립 100주년을 기념하는 뜻깊은 해이다. 이를 기념하여 부산 지역 출판사로서 입지를 공고히 하고 있는 산지니 출판그룹에서 '잊힌 부산의 독립운동가'를 기획한 것을 감사하게 생각하며, '서영해'라는 큰 인물을 세상에 알릴 수 있게 되어 감개가 무량하다.

필자에게 풍부한 자료를 제공해주고 책 발간에 조언을 해준 서영해 선생의 집안 사위인 김기영 씨와 부인 서혜숙 씨(서영해 선생의 제일 큰 형님의 손녀), 수많은 이메일로 오스트리아 측 자료를 제공해준 서영해 선생의 직계 장손녀 수지 왕(Suzie Wong), 영해문고 자료 열람을 도와준 국립중앙도서관 자료운영과 한원민 주무관, 서영해의 유품과 유고 자료를 제공해준 경남여교 박재봉 교장선생, 부산시립박물관의 이원복 관장, 이해련 학예연구실장, 최지효 학예연구사 그리고 상해임정시절 이후부터 해방 이후의 근현대사의 경험을 생생하

---

* 건국훈장은 1) 건국훈장대한민국장, 2) 건국훈장대통령장, 3) 건국훈장독립장, 4) 건국훈장애국장, 5) 건국훈장애족장 등 5등급으로 되어 있다.

게 들려주신 독립운동가 석린 민필호 선생의 둘째 아드님이신 (주) 민설계의 민영백 회장, 기타 자료제공과 자문을 해준 국사편찬위원회 김광재 편사연구관, 한긍희 사료조사실장, 하혜정 연구위원 등 협조자 여러분들께 심심한 감사를 드린다.

아울러, 어려운 출판 환경 속에서도 이 책 발간을 기꺼이 기획하고 필자에게 집필을 맡겨주신 산지니 강수걸 대표님과 부족한 원고를 토대로 책을 잘 편집해준 윤은미 편집자님 및 관계자 여러분들께 감사의 말씀을 전한다.

마지막으로, 이 책을 통해 많은 독자들이 '서영해란 독립운동가는 누구인가? 그런 독립운동가도 있었나?'라는 물음에 대한 간략하지만 정확한 대답이 되기를 희망한다. 앞으로 부족한 부분은 계속 사료발굴을 통해서 수정, 보완해나갈 것을 약속하며, 관련 연구자들의 좀 더 상세한 연구를 통해 서영해의 나라사랑과 독립운동의 숭고한 뜻이 세상에 널리 알려지기를 희망한다.

조국 독립을 위해 한평생을 바친 수많은 순국선열들을 위시하여, 무엇보다 잊혀진 파리의 독립운동가 서영해 선생과 부인 황순조 여사의 영전에 이 글을 바친다. 저세상에서는 부디 다시 부부로 만나 함께 해로하며, 평안하게 영면하시기를 기원한다.

2019년 1월
경북 예천군 풍양면 우망리 운곡당(雲谷堂) 서재에서

나의 할아버지를 찾아서

나의 중국인 성씨인 '왕'은 나의 겉모습이 전혀 아시아인과 닮은 구석이 없는 데다, 빈에 살고 있는 독일계 오스트리아인이라는 점에서 나의 일생 동안 끊임없는 질문의 대상이 되곤 하였다. 이런 질문은 글로벌화된 지금보다는 1970년대 빈에서 유년기를 보낸 나에게 더욱 강렬하였다.

덧붙이자면, 나의 전체 이름 '수지 왕'은 적어도 50대 이상의 오스트리아인들에게는 영국인 소설가 리처드 메이슨(Richard Mason)이 1957년에 쓴 소설 『수지 왕의 세계(The world of Suzie Wong)』와 미국인 영화감독 리처드 콰인(Richard Quine)이 1960년에 찍은 소설과 동명의 영화로 낸시 콴(Nancy Kwan)과 윌리엄 홀덴(William Holden)이 주연한 영화 속 인물로 알려져 있다.

혹시 내가 '왕'씨 남자와 결혼하였느냐는 질문을 받을 때면, 나는 보통 '나의 할머니 엘리자 브라우어가 중국인 의사 식닝 왕(Sik-Ning Wong)과 1940년대에 죽기 바로 전에 결혼해서, 그가 죽은 후 나의 아버지가 약간 축약된 이름으로 스테판 왕으로 불렸기 때문'이라고 대답하곤 한다.

대화 중에 사람들이 더 자세히 물어보면, 나는 '식닝 왕은 엘리자의 두 번째 남편이었고, 우리는 엘리자의 첫 번째 남편이었던 서영해라는 이름의 한국인의 후손'이라고 덧붙여 말하곤 한다. 한결 더 편안한 상황에서는 나는 좀 더 상세히 '많이 알지는 못하지만 우리가 알기로는 그 한국인은 작가였으며, 불어로 소설을 썼고, 한국의 민담을 1920년대에 파리에서 불어로 번역하여 출간하였다. 나의 할머니 엘리자는 1930년대에 파리 미술학교에서 디자인과 그림을 공부하기 위해 파리에 왔다. 거기서 그녀는 서영해를 만났고, 그들은 1937년에 빈에서 결혼하였다. 엘리자는 1939년에 그녀의 가족들이 있는 빈으로 돌아왔고, 그해 9월에 나의 아버지 스테판을 낳았다. 우리는 서영해에 대해서 그 이상 알지 못하는데, 왜냐하면 나는 나의 할머니를 살아생전에 두 번밖에 만나지 못했고, 나의 아버지도 1970년부터는 그녀와 연락이 끊겼기 때문이었다'. 대략 이렇게 말하면 듣는 사람들의 의문은 대체로 풀리게 되고, 나는 다른 주제로 넘어간다.

나의 아버지 스테판은 평생에 그의 아버지인 서영해를 만난 적이 없는데, 1970년대부터 세상 어딘가에서 그를 찾을 수 있으리라는 희망으로 수소문을 하기 시작하였다. 그러나 빈에 있는 프랑스 대사관이나 한국대사관, 그가 작가였다는 것을 어렴풋이 알았기에 접촉한 오스트리아나 프랑스 출판사 어느 곳에서도 그의 아버지의 소재를 찾을 수 없었다. 오늘날 우리가 알기로는, 서영해는 1948년 이후 중국을 떠날 수 없었으며, 아마 1958년 이후 북한에 살았다는 사실이다. 그의 한국 친척들과 그의 두 번째 부인(황순조)도 1948년 이후 그의 생존 사실을 몰랐고, 오늘날까지도 그의 인생 후반부에 대해서는 아는 바가 없다. 그가 사망한 날짜나 사망여부도 모른다. 그가 어디에 묻혔는지도 전혀 모른다.

나는 우리 가족사에 대해서 조사를 했고, 엘리자의 아버지, 즉 나의 외증조부 칼 브라우어(Karl Bräuer)에 대해 예술사 공부 차원에서 학위 논문을 썼다. 그는 당시 빈에서 매우 유명했던 건축가 조셉 호프만(Josef Hoffmann)의 학생이었고, 그의 건축사무소에서 일하였다. 그는 호프만의 고객들을 위해 수없이 많은 인테리어를 설계하였다. 몇몇 작품은 비엔나공방(Wiener Werkstätte)에서 생산되었고, 빈 응용예술박물관의 도서관에 있는 비엔나공방 샘플 책에서도 찾아볼 수 있다. 빈 응용예술박물관은 예전에 칼 브라우어의 소유였으나 엘리자가 1980년대에 매각하였다.

나는 연구하는 과정에 1990년대 중반 엘리자를 빈에서 두 번 만났다. 당연히 우리 둘은 서로에 대해 호기심이 많았고, 만날 때마다 서로를 매우 자세히 쳐다보았다. 그러나 그녀는 그녀의 아버지 칼 브라우어에 대해서 나에게 어떤 것도 이야기할 수 없었거나, 이야기하지 않으려고 하였으며, 당시 나로서도 이해할 수 없었거나, 이해하지 않으려고 하였다. 나는 젊은이다운 무지함으로 그녀와의 연락을 쉽게 끊어버렸다. 왜냐하면, 그녀와 나는 지속적으로 자연스러운 '할머니와 손녀' 관계가 될 수 없음을 느꼈기 때문이었다.

나는 가끔 내가 그녀를 처음 만났을 때를 떠올려본다. 그녀는 내 앞에 나의 아버지를 닮은 사람이면서 여자로서 앉아 있었고, 긴 머리는 빨간색으로 염색하고 있었다. 어머니와 아들은 아주 놀라울 정도로 유사한 몸짓이나 얼굴표정, 블랙유머(풍자적 냉소적 유머)

의 습관을 가지고 있었다. 그래서 비록 전에 전혀 만난 적이 없었음에도 아주 친숙하게 느껴졌다. 엘리자는 2006년 빈에 있는 라인쯔(Lainz) 병원에서 오스트리아 출신의 화가인 세 번째 남편이 지켜보는 가운데 사망하였다.

그러는 동안 나는 주기적으로 서영해를 인터넷에서 찾아보기 시작하였다. 문제는 항상 그의 영어, 불어, 독일어 이름 번역이 다르다는 점에 있었다. 그 자신은 불어 출판물에는 'Seu Ring Hai'라고 기록하였다. 2012년 초에 나는 서울에 있는 국립중앙도서관 웹사이트에서 그의 소설을 발견하였고, 대표 이메일 주소로 혹시 책의 저자에 대한 더 상세한 정보가 있는지 문의하였다. 국립중앙도서관 관계자가 간단히 회신을 해 왔고, 거기에는 참고도서 목록이 첨부되어 있었다. 그 목록에는 한국어로 된 몇 페이지의 자료가 있었다. 그해 가을이 되기 전에 미술을 공부하는 젊은 유학생 이효(Hyo Lee)를 만나게 되었고, 한글 자료의 번역을 부탁하였다. 그녀는 완성된 번역본을 건네주기 전에 왜 내가 그 자료에 나와 있는 사람(서영해)과 관련이 있다고 생각하는지 물어 왔다. 나는 서영해가 나의 할아버지임을 증명하는 모든 자료를 복사해서 우리가 만나기로 한 날 가져갔다.

빈 시내에 있는 커다랗고 오래된 커피 하우스, 카페 프뤽켈(Café Prückel)에서 만난 이효는 나에게 영어로 번역한 내용을 보여주면서, 한국독립운동과 나의 할아버지 활동과의 연관성에 대해서 간략히 설명해주었다. 그녀에 따르면 서영해는 한국의 독립영웅이었다. 나는 20세기 이전의 한국 역사를 접해본 적이 없었기 때문에 그녀의 설명에 깊은 감명을 받았다. 솔직히 나는 한국의 독립운동에 대해서, 그리고 서영해가 프랑스에 망명해서 벌였던 활동의 중요성에 대해서 전혀 몰랐었다. 나의 아버지 스테판은 오랜 병마의 고통 끝에 2013년 1월 조용히 눈을 감았다. 내가 추도사를 읽어야 했기에, 나는 할아버지에 대해 새로 발견한 내용들을 추가하였고, 아버지가 가시는 마지막 길에 그의 아버지(서영해)의 삶에 대해 알려드렸다.

나는 선친이 처음으로 그의 아버지에 대한 이야기를 들었을 때 어떻게 반응했을지 여전히 궁금하다. 아마 그는 깊은 감동을 받았을 것이고, 그의 아버지에게서 그 자신의 성격과 유사성이 매우 많았음을 알게 되었을 것이다. 할아버지는 흐르는 물에 과감히 역행해서 헤엄치는, 그리고 지칠 줄 모르고 열심히 일하는 대단한 이상주의자였고, 평화수호자였으며, 반파시스트주의자이자 섬세한 예술적 감각을 지닌 애국자였을 것이다.

나는 서울에 있는 오스트리아 대사관과 빈에 있는 한국학 연구소에 서영해에 대해 좀 더 알아보고자 하였으나, 양 기관이 한국과 오스트리아 관계에 대한 관심이 많았음에도 불구하고 별로 도움은 되지 않았다. 2년 후 나의 친한 친구들, 우쉬(Uschi)와 디터 쉬라이버(Dieter Schreiber)가 빈 근교에 있는 산록에 위치한 코벤즐(Cobenzl) 레스토랑에 갔다가 두 명의 아시아 여성들을 우연히 만났다. 넷이서 이야기하다 보니 두 명의 아시아 여성들이 한국인이라는 것을 알게 되었다. 우쉬 쉬라이버가 그들에게 나의 한국인 할아버지에 대해 이야기를 했고, 그들 중 전주에서 온 음악교수인 김진아 씨가 그 이야기에 대해 많은 관심을 나타내었다. 며칠 후 우쉬는 그녀의 남편이 운영하는 분케레이(Bunkerei)라는 레스토랑에서 우리들의 만남을 주선했다.

나는 한국어로 된 문서와 영어로 번역한 것, 그리고 내가 가지고 있던 모든 문서의 복사본을 김진아 교수에게 주었다. 그녀가 국립중앙도서관 자료를 번역한 결과, 그 자료는 원래 1995년에 〈경향신문〉의 원희복 기자가 서영해 사후 그의 영웅적 업적을 기려 작성했던 신문기사였음을 알게 되었다. 서영해의 조카인 서정철 씨가 그의 숙부에 대한 모든 자료를 수집해서 서영해를 독립운동유공자로 인정받기 위해 한국정부에 제출하였다.

김진아 교수는 그날 밤 나에게 매우 긴 이메일을 보내 와서 나와 나의 가족이 한국인들을 위해 한 일에 대해서 감사를 표하였다. 그녀는 한국인들을 대표해서 우리들에게 감사하고 싶어 했다. 나는 혼돈스러우면서도 감명을 받았고, 한국 사람들에게 '영웅'이라는 말과 '독립투사'가 무엇을 의미하는지 서서히 알게 되었다. 김 교수는 원희복 기자와 연락이 되었고, 원 기자는 빈에 살고 있는 서영해 후손들의 이야기에 대해서 높은 관심을 나타내었다. 그는 즉시 2015년 8월 15일 〈경향신문〉 별쇄본에 게재할 기사를 계획하였다. 그 신문기사를 우리가 전혀 모르고 있었던 한국의 친척들이 읽게 되었다. 알고 보니 서영해의 가족은 대가족이었다. 방계가족 중 6촌 되는 서혜숙 씨*의 남편인 김기영 씨가 즉시 신문사 편집실에 연락을 하여 나와 스테파니는 한국에 살고 있는 '오래된 새로운 가족(old-new family)'을 발견하게 되었다! 우리는 예나 지금이나 마침내

---

* 서영해의 8남 2녀의 형제자매 중 제일 맏형은 일찍 요절하였고, 둘째 아들인 서한수(徐瀚洙) 씨가 서영해의 맏형 역할을 하였다. 서혜숙은 서한수 씨의 손녀이다. 따라서 서혜숙과 수지는 6촌 간이다.

80년 이상의 세월이 흘러 우리의 뿌리와 실제로 연결되었다는 사실에 압도당하였다.

　그때 이후 시간은 빨리 흘렀고, 우리는 한국에 있는 가족들과 연락이 되었다. 같은 해 우리는 한국의 관계 기관(보훈청)을 접촉하여 우리가 서영해의 후손임을 2016년에 인정받았다. 우리는 빈에 있는 한국대사관과 연락이 되어 대사관 행사에도 초대받고 있다. 나의 여동생 스테파니는 2016년 파리에서 개최된 "한국독립운동과 프랑스의 역할"이라는 제목의 세미나에도 참석하였다. 이 세미나는 서영해 본인과 그의 프랑스와 유럽에서의 활동에 대한 전시회 개막식도 포함하고 있었다. 프로그램에는 파리에서 독립투사들이 활동했던 장소를 방문하는 일정도 있었다. 당연히 서영해와 나의 할머니가 1930년대에 함께 살았던 말브랑쉬 7번지(7 rue Malbranche)도 방문하였다. 파리에서 스테파니는 그들의 할아버지가 독립투사였으며 몇몇은 서영해와 직접적으로 관련이 있었던 상해 임정 요인들의 손녀들인 일단(一團)의 여성들과 만났다. 이듬해인 2017년에 나는 이 그룹의 사람들을 서울에서 단체로, 때로는 개별적으로 다시 만나서 멋진 시간을 보내었다. 한국의 역사가 우리를 가깝게 연결하고 있다는 것을 느끼며, 우리들은 매우 흥미 있고 유익한 토론을 하였다.
　2017년 늦가을에 나는 3주의 휴가를 얻어 한국에 갔다. 나의 6촌인 서혜숙과 그녀의 가족들은 나를 그들의 가정집에 '영구적인' 손님으로 받아주었을 뿐 아니라—그 점에 대해서 그들에게 항상 감사하게 생각하고 있다—내가 만나고 싶어 했던 모든 사람들과의 연락도 도맡아 하였다. 그들 가족은 매사에 나를 도와주었는데, 나를 몰래 박물관과 기념관에 데리고 가줄 친구들도 주선해주고, 서울에서 가장 멋진 레스토랑에도 데려가고, 서영해가 태어난 부산 집에까지 가는 여정에 동행도 하고, 부산 시내를 그의 흔적을 찾아 함께 여행하였다. 그들은 공식적인 모임에도 나와 함께하였으며, 대학교 교수들과의 모임도 주선하였고, 서울의 명소도 이곳저곳 보여주었다. 우리는 서울과 부산에 있는 다른 친척들도 만났다.

우리는 매우 긴밀한 관계로 발전하였다. 초기에 약간의 언어장벽에도 불구하고 우리는 상호 신뢰를 신속히 구축하였고, 항상 연락하며 지내고 있다. 일주일 후 나는 우리들의 문화적 차이가 상호이해와 매우 유머가 넘치는 소통에 전혀 장애가 되지 않음을 분명히 알게 되었고, 서영해의 삶과 비극적인 운명에 대해서 서로 연구한 결과를 공유하면서 가족으로서의 감정적인 친밀감을 서서히 느끼게 되었다. 나에게 그 만남은 이전의 나의 삶에서 전혀 만나본 적이 없었던 나의 가족의 뿌리를 찾는 출발점이 되었다. 3주간의 여행은 나에게 깊은 감동을 주었다. 잃어버린 가족의 유대를 회복하는 기초를 만들었다는 점 등 여러 가지 측면에서 매우 감동적이고 삶에 활력을 주는 여행이었다.

서영해는 한평생 자유한국을 위해 투쟁하였다. 그는 독일과 이탈리아, 그리고 스페인의 파시스트들에 대항하였다. 그는 냉전기간 동안 그의 조국이 분단되는 것을 지켜보았고, 중국의 문화혁명시기에 그의 인생의 마지막 부분을 공산주의 국가에서 보내었다. 그는 지식인이었으며, 유교의 도덕적 철학을 대표하였으며, 7개의 언어를 구사하였고, 평화주의자였으며 반파시스트였다. 그의 삶은 망명기간 동안의 활동으로 특징 지어진다.

정상천 박사가 서영해의 첫 전기를 책으로 출간하게 되어 매우 기쁘다. 저자가 이 책에 대해서 가족적 관점에서 글을 써달라고 부탁한 것은 나의 여동생 스테파니와 조카 프리다, 그리고 나에게는 매우 영광스러운 일이다. 우리는 작가와 이 책이 성공을 거두고, 한국에서 많은 독자들이 최근까지도 잘 알려지지 않았던 잊혀진 독립운동가이자 나의 할아버지의 놀라운 이야기들을 열정과 자부심으로 읽어주기를 희망한다.

빈에서 2018년 11월 18일
수지 왕(Suzie Wong)

차례

01

출생과 성장,
상해로
망명 가다

부산 한약방집 아들

아버지 서석주 부산에서 유명했던 한의사

작은 거인의 삼일독립운동 참여

상해로 망명 임정의 막내가 되다

부산 한약방집
아들

　　파리의 외교 독립운동가 서영해는 1902년 1월 13일 부산시 동구 초량동 605-1번지에서 한의사였던 서석주(徐錫籌)의 8남 2녀 중 넷째 아들로 태어났다. 서영해의 본명은 서희수(徐羲洙)였으나 1919년 상해로 망명하면서 서영해(徐嶺海, 영문명: Seu Ring-Hai 또는 So Yong-hae)로 바꾸었다.

　　영해(嶺海)라는 이름은 그의 이모부인 이문형(李文衡)이 태산준령과 큰 바다와 같은 기개와 포부를 가지라고 지어준 호(號)라고 한다. 이성계를 도와 조선을 건국한 무학(無學)대사가 경상도를 '심해대령(深海大嶺)'이라고 평한 말에서 나온 것으로, '하늘 아래에서 가장 크고 무한하며 세상과 백성을 이롭게 하는 산(嶺)과 물(海)'이라는 뜻을 가지고 있다. 서영해는 후일 이 뜻이 매우 마음에 들었다고 하였다.

　　그는 어릴 때부터 유달리 총명하여 '서약방의 백미(白眉)'로 불렸다고 한다. 세 살에 좌천동 좌천제(佐川濟) 서당에 다녔고 네 살 때 천자문을 떼어 천재라는 말을 들었다고 한다. 이후 중국인들이 운집해 있던 거주구역 청관(淸館)에서 성장하면서 중국어를 배웠고, 신교육은 늦게 받아서 그의 나이 16세인 1917년에 부산공립보통학교(현 봉래초등학교 전신)를 졸업하였다.*

서영해가 태어난 시대는 보통 집집마다 8남매, 9남매의 자식들이 있던 시대였고, 모두가 가난하게 살던 시절이었다. 그런 가운데에서도 그가 서당교육, 보통학교, 화교학교를 다닐 수 있었던 것은 한의원을 운영했던 그의 부친의 경제력이 뒷받침되었기 때문이다.

예로부터 부산은 외래문물에 개방된 지역이었고, 영민했던 서영해는 몇 년간 화교학교에 다니면서 일찍이 서구문화에 눈을 뜨게 되었다.

그는 일제치하에서 억압받던 당시 우리나라의 암담한 현실과 비록 경제적으로는 부유하였지만 평민의 신분이었던 자신의 집안내력에서 뭔가 탈출구를 만들고 싶었다. 1894년 갑오경장을 통해 양반과 상민의 구별이 없어졌다고는 하지만, 일제치하에서도 관습적인 반상의 차별이 여전히 남아 있었다.

백범 김구 선생은 『백범일지』에 자신이 '가난한 상놈의 자식이었다'라고 기술하고 있다. 그래서 그는 신분의 차별을 뛰어넘기 위해 글을 배웠고, 글을 배우지 않았다면 '동학 두령이 되지 않았을 것이고, 사형선고를 받고 감옥을 탈출했던 인천 사건도 없었을 것이다. 텃골의 순진한 한 농군으로 땅 갈아 먹고 우물 파 마시며 살았을 것이다'라고 회고하고 있다.

서영해가 유년시절에 겪었을 반상의 차별은 그가 1929년 파리에

---

* 부산시 초량동 화교학교인 중화민국 영사관 부속중학을 다녔다는 기록은 잘못되었다. 당시 부산에 있었던 화교학교에는 중학생 과정이 없었다.

봉래초등학교 수업광경(1930년)

1895년 개교한 봉래초등학교(중구 영주1동)의 현재 모습

서 간행한 자전적 소설 『어느 한국인의 삶의 주변』에도 간접적으로 나타나 있다.

"박성조는 부잣집 장사꾼의 아들로 태어났다. 상인의 아들인 그는 어린 시절 양반사회에 대한 모순을 몸으로 받으며 자랐다. 아버지는 새로운 시대를 살아갈 어린 그에게 특히 교육을 많이 시켰다. 학교에서 그는 양반 출신 아이들로부터 상놈이라는 이유로 심한 모욕과 멸시를 당해야 했다. 그러나 그는 어떠한 항변도 할 수 없었다. 그는 어머니에게, 모든 인간은 평등한데 왜 이런 차별을 받아야 하는가를 물었다. 부모들은 눈물을

서영해의 출생지인 부산시 초량동 605-1번지. 현재는 락천각이라는 중화요리점이 들어서 있다. 이 일대의 땅이 부친인 서석주 옹의 땅이었으나 택지 분할로 현재의 위치만 남아 있다.

흘리며 양반과 상놈의 차이를 말해주었다."

그가 1930년대 초에 집필한 것으로 추정되는 단편소설 「구두장수의 딸」에도 반상의 차이를 극복하고 하층민인 구두장수의 총명한 딸이 양반집 젊은이와 결혼에 성공한다는 내용이 설명되어 있다

"양반의 권세나 도리나 지식이 얼마나 하찮은 것인가를 우리는
바로 지금까지 경험하지 않았습니까? 그대와 나는 모두가 구
두장수의 신분보다 못한 양반입니다."

그리고 소설 끝 부분에 '이 이야기는 동방의 조선이라는 나라에서 실제로 있었던 감동적인 이야기 중의 하나'라고 소개하였다.
서영해가 17세라는 어린 나이에 3·1 독립운동에 참여하고, 해외에 나가서 활동하는 것을 생각조차 하기 어려운 당시 상황에서 상해로의 망명을 결심한 것은 이러한 사회적, 민족적 현실에 대해 일찍 눈을 떴기 때문일 것이다.

아버지 '서석주',
부산에서 유명했던 한의사

　　서영해의 아버지 서석주(徐錫籌, 1856~1925)는 부산에서 오늘날의 산부인과와 정신과의 한방치료로 이름난 한의사였다. 그의 약국 이름은 '서약방(徐藥房)'이었으며 무엇보다 그가 유명한 명의로 이름을 떨친 것은 당시 창궐했던 콜레라에 특효인 약을 잘 처방하였기 때문이다.

　　우리나라가 쇄국정책을 버리고 열강에 개항을 하면서부터 신문물과 함께 새로운 전염병도 들어왔다. 특히 부산은 입지조건상 일본과 가까웠기 때문에 일본으로부터 호열자(虎列剌)로 불린 콜레라가 빠르게 유입되었다. 호열자는 '호랑이가 살점을 물어서 살점을 찢어내는 것과 같은 고통'이라는 뜻이다. 부산항 개항 3년 후인 1879년 6월 일본으로부터 전파된 콜레라는 1920년대 주기적으로 창궐하여 수많은 인명을 앗아갔다.

　　그 가운데 1920년 6월부터 11월 사이에 발병한 콜레라로 인해 24,000명의 환자가 발생하였으며, 그중에 대략 절반인 13,000명이 사망한 끔찍한 결과를 가져왔다. 당시 콜레라 예방약이 마련되어 있지 않아 우리 국민들은 주술과 민간요법에 의지하여 치료 아닌 치료를 하고 있었다. 오늘날에는 콜레라로 인한 사망률이 5% 이하

1919년 콜레라 유행 당시 황해도 겸이포에 설치된 임시 격리병사

이지만 예전에는 50% 이상이 사망에 이르렀다.

우리 선조들은 콜레라라는 실체도 몰랐고, 발병원인, 감염경로 등에 대해서도 전혀 몰랐기 때문에 원인도 모르게 사람들이 사망하는 질병을 모두 뭉뚱그려 괴질(怪疾)로 명명하였다. 상하수도와 위생시설이 미비한 곳에 발생하였기 때문에 '후진국 전염병'이라고도 한다.

서석주가 한의사로 명성을 날리게 된 것은 과거에 사약의 재료로 사용될 만큼 치명적인 독성을 가진 부자(附子)를 적절히 한약재와 혼합하여 콜레라 치료에 많은 효험을 보았기 때문이다. 사람들이 그가 조제하는 약을 타기 위해 줄을 설 정도였다고 한다. 이와 같은 이유로 그의 별칭은 '서부자(徐附子)'였다. 그의 한약방인 서약방은 당시 병원와 약방이 밀집해 있던 부산시 중구 영주동 일대와 중국인 거류지인 청관거리에 있었으며, 그곳의 왕약방(王藥房), 이태운(李泰運) 약방과 함께 부산의 3대 약방으로 소문났다.

서석주는 1856년 부산시 동구 좌천동(佐川洞)에서 태어났다. 그는 지략서와 한방의술에 관심과 자질을 가졌다. 친구들의 추천으로 부산면장이 되었으며 당시 돌림병으로 고통받던 환자들을 위해 범내골 깊은 숲속에 민간으로서는 최초로 격리병동을 지어 치료하였다. 그는 한약방이 잘되어 돈을 많이 번 것으로도 소문났지만 무엇보다 환자에 대한 인도주의적 의료활동으로 더욱 유명하였다.

서영해가 17세라는 어린 나이에 부모의 품을 떠나서 상해로 독립운동을 위해 갈 수 있었던 것도 아버지 서석주의 재력이 뒷받침되었기 때문이다. 당시는 요즘처럼 은행 간 송금제도가 잘 되어 있지 않았기 때문에 해외송금을 잘할 수 없는 상황이었음에도 불구하고, 1925년 사망할 때까지 재정적 지원을 아끼지 않았다.

서석주는 1925년 10월 11일 향년 69세로 슬하에 10남매를 남겨두고 세상을 떠났다. 열 손가락 깨물어 아프지 않은 손가락이 없겠지만, 죽기 전에 아마 어린 나이에 상해로, 프랑스로 떠난 이후 소식이 거의 없었던 서영해의 안부가 가장 궁금하지 않았을까? 서영해는 당시 23세로 프랑스의 고등중학과정을 거의 마쳐갈 시기였다. 이제 곧 나라를 구하기 위한 독립운동을 유럽에서 본격적으로 시작할 시기로서 아버지의 사망 소식도 한참 후에 알게 되었을 것이다.

부친의 별세로 유학비 송금도 끊어지게 되어 1926년 서영해는 직접 호구지책을 마련하기 위해 파리대학 철학반에 1학기를 다니다가 그만두고 별별한 짓을 다해가며 생활하였다고 기록하고 있다.

"객지에 있는 몸은 언제든지 다소간 고생이다. 적은 고생은 지 낸 뒤에는 생활에 양념 같아서 오히려 재미있어 보이며, 또 사 람마다 저도 큰 고생을 하였다고 은연중 자랑한다. 그러나 큰 고생은 고통이 뼈에 박힌지라 그려내려고 하여도 형용할 말이 없고, 남이 알아듣지도 못한다."

서영해는 아버지 서석주가 별세한 이후 생계비를 직접 벌기 위해 '고통이 뼈에 박히는' 고생을 하였다. 다시 한 번 선친의 그늘이 컸 음을 실감하였다. 비록 같이 살지는 못했지만 늘 적지 않은 유학비 용을 말없이 부쳐주었던 아버지 덕분에, 프랑스에 유학 왔던 다른 한국인이나 중국인 유학생들보다 공부에 더 전념할 수 있었다. 결 국 열심히 불어를 배우고 학문을 연마하였기에, 1929년 고려통신사

부친 서석주(徐錫籌) 옹과 모친 김채봉(金采鳳, 1864~1936) 여사

설립 이후 그는 유려한 문장과 박학다식한 지식으로 유럽을 무대로 종횡무진하면서 언론활동과 외교상의 독립운동을 전개할 수 있었다.

작은 거인의
3·1 독립운동 참여

　　서영해는 타고난 영민함과 아버지 서석주의 재력에 힘입어 초등학교 과정을 잘 마치고 해외에서의 유학을 도모하게 되었다. 일제는 식민지화 초기에 한국인들의 황국신민화를 위해 필요한 최소한의 교육만 보장하였다. 중학교를 한국인의 최종 교육기관으로 삼으려 하였고, 초보적인 농업, 공업 기술만 전수하였다.

　　서울대의 전신인 경성제국대학을 설립한 것도 1924년의 일이었으며, 대부분 일본인 학생들이 다녔고 한국 학생들은 3분의 1 정도밖에 없었다. 이러한 상황에서 국내에서 일제의 교육을 받는 것은 '세계정복'의 큰 포부를 가진 서영해에게는 의미가 없는 일이었다.

　　"대저 나이 20 전에는 어찌 그렇게도 간이 크며 어렵고 무서운 것이 없었던지 태산을 끼고 북해라도 능히 넘을 것 같았다. 기미년 조선청년의 환경도 환경이겠지만 나로서는 그때 당시에 불과 15세의 소년으로 따뜻한 부모 슬하의 이별도 주저하지 않았으며, 흉중에는 깊이 남모를 천진한 어린 포부를 가지고 용맹스럽게 세계정복을 떠난 것이다."*

일제는 1911년 8월 조선교육령을 발표하여 전형적인 식민지 교육정책을 시작하였다. 이를 위해 교육을 보통교육과 실업교육, 전문교육으로 한정하였으며, 고등교육에 관한 규정은 초기에 두지 않았다. 1922년 월남 이상재를 중심으로 조선민립대학기성회를 결성하여 민족 고등교육기관을 설립하려고 뜻을 모으자 일제는 민립 대신에 관립대학을 설립하여 통제하였다. 이러한 통제로 인해 한국인 학생들의 숫자는 매우 적었으며, 고등교육의 기회도 거의 없었다.

이러한 상황에서 서영해가 할 수 있었던 일은 깊은 밤에 사람들이 은밀히 모여 독립운동을 모의하는 모임에 참석하는 것이었다. 서영해는 나중에 그가 독립운동에 참여한 계기에 대해 '처음에는 밤참 먹는 재미에 참여하였다'고 하였지만, 나중에 민족의식과 독립에 대한 열망이 싹이 트면서 독립운동을 통해 '가슴 떨리는' 새로운 탈출구를 찾았을 것이다.

1919년 3·1 만세운동이 일어나자 서영해는 독립운동에 적극적으로 가담하여 일본 경찰의 수배를 받게 되었다. 부산지역 독립운동가 김갑(1889~1933)도 3·1 운동 당시 경남지역 연락책임자로 활약하다가 일경에 쫓기어 중국 북경으로 망명하였고, 상해 임시정부에서 국무원으로 활동하는 등 부산 지역의 많은 인사들이 상해로 망명하였다. 17세 어린 나이의 서영해도 그들의 뒤를 이었다.

3·1 운동이 서울에서 일어났을 때 전국적으로 동시다발로 일어

---

* 서영해 유고집 「해외에서 지낸 십오성상(十五星霜)을 돌아다보며」.

낫다기보다는 파상적으로 서울을 비롯한 평양, 진남포, 의주, 원산 등 주요도시에서 지방으로 번져나갔다. 요즘처럼 교통과 통신수단이 발달하지 않았기 때문에 1단계(점화기), 2단계(도시확산기), 3단계(농촌확산기)로 들불처럼 순차적으로 확산되었으며, 3월 하순에서 4월 상순까지 전체 시위의 60% 이상이 발생하였다.

부산지역 3·1 운동도 3월 11일 부산진 사립 일신여학교(현 동래여고의 전신) 학생들이 좌천동 거리에서 독립만세를 외친 것을 시작으로 본격적으로는 3월 말에 시작되었고, 파상적인 시위는 그해 5월까지 계속되었다. 일신여학교의 만세운동은 부산·경남지역 3·1 운동의 시발점이 되었다. 일신여학교에서 만세운동이 시작된 이유는 이 학교가 호주장로선교회에서 설립한 학교로서 1919년 3월 2~3일경에 기독교계통의 인사들에 의해서 독립선언서가 부산·마산 지역에 비밀리에 배부되기 시작하였기 때문이다.*

서영해가 3·1 운동에 참여한 것은 3월 13일 동래고등보통학교 학생이 중심이 된 수천 명의 민중봉기, 3월 18일과 19일의 동래시장에서의 시위, 3월 29일 구포 장날 농민과 장꾼이 합세한 가두시위, 4월 10일의 동명학교 교사와 학생들의 항일운동 등에 참여하였을 것으로 추정된다.

일본 경찰의 수배를 받던 서영해는 1919년 4월 말경 아버지 서석주와 상의 후 단신으로 집을 떠나 기차로 압록강 철교를 건너 만주 봉천(지금의 심양)을 거쳐 상해로 망명하였다. 17세의 어린 나이에

---

* 일신여학교 만세운동 기념비는 동래여고 교정에 세워져 있다. 아울러, 일신여학교 교사(校舍)는 부산광역시 기념물 제55호(2003.5.2. 지정)로 보존되고 있다.

가족의 품을 떠나 생면부지의 외국으로 망명한다는 것은 지금으로서도 엄두를 낼 수 없는 중대한 결심이자, 보통의 성격을 가진 사람으로는 감히 시도도 할 수 없는 결단이었다.

이보다 조금 앞서 부산출신의 독립운동가인 김법린도 3·1 운동 당시 동래장터 만세시위에 참여하였고, 1919년 4월 상해로 도항하였다. 김법린은 1899년생으로 서영해보다 세 살 연상이었고, 나중에 프랑스에 유학하여 1926년 파리대학 문학부를 졸업하였다. 따라서 두 사람은 같은 동향으로서 파리에 유학하면서 서로 알고 지냈을 것이다.

서영해가 상해로 가는 과정에 부친인 서석주와 친분이 있었던 독립운동가 장건상(1882~1974)의 도움이 있었던 것 같다. 장건상은 경북 칠곡에서 태어나 1883년 부산 좌천동으로 이사 와서 좌천재(佐川齋)에서 12년간 수학하였다. 서석주와는 스물여섯 살의 나이차가 있었지만 같은 동네인 좌천동에 살면서 서로 알고 지내는 사이였다고 한다.

장건상은 1916년 상해로 망명하여 신규식이 운영하던 동제사(東濟社)에 가담하면서 독립운동 전선에 뛰어들었다. 그가 1917년 만주 안동현(安東縣)에서 망명객의 길 안내역을 맡아 활동하고 있었으므로, 서영해가 만주를 거쳐 상해로 가는 과정에서 도움을 주었을 것이다.

상해로 망명,
'임정의 막내'가 되다

　　당시 서영해가 상해로 망명하는 과정에서 검문검색이 많았겠지만 요즘처럼 전산망이 발달한 시대가 아니여서 수배자 명단을 제대로 확인하지 못하였을 것이다. 키 160센티의 단신에 유창한 중국어를 구사하는 앳된 그를 적극적인 만세운동 주동자로 보기는 어려웠을 것이다.

　　서영해는 상해로 가면서 아명인 '희수(羲洙)' 대신에 그의 이모부 이문형이 지어준 호인 '영해(嶺海)'를 본명으로 바꾸었다. 이름을 바꾼 이유는 '희수'라는 이름으로 수배를 받고 있었기 때문에 경찰의 추적을 피하고, 외국에서의 새로운 활동을 위한 심기일전의 의미도 있었을 것이다.

　　만 17세의 나이는 요즘 고등학교 2학년에 해당하는 나이지만, 이미 그는 구국의 일념으로 머나먼 나라에 망명하는 '우국지사'의 풍모를 가지고 있었다.

　　상해에 도착하자 서영해는 부산 출신의 장건상 등을 찾아가 도움을 요청하였다. 김규식 등을 찾아갔다는 언론기사도 있으나 김규식은 이미 그해 3월 파리 강화회의에 참석하기 위해 프랑스로 떠나고 없는 상태였다. 당시 상해에는 부산출신 독립운동가

상해 임시정부의 우리 독립운동가들.
임시정부와 임시의정원 신년축하식 기념, 대한민국 2년(1920년) 1월 1일

로 김갑(1889~1933), 김법린(1899~1964), 김병태(1899~1846), 박재혁(1895~1921), 장건상(1882~1974) 등의 출향인들이 있었고, 이 중에 부친인 서석주와 친분이 있었던 장건상을 찾아갔을 것이다. 서석주는 부산출신의 김규식(1881~1950)과도 친분이 있었다고 한다.

서영해는 프랑스로 유학을 떠나기 전까지 약 1년 6개월간 상해에 머물렀다. 상해 임시정부에 모여든 독립운동가들 중에 서영해는 나이도 몸집도 제일 작았다. '임정의 막내'인 그를 어르신들이 염려하여 "부모님 걱정하신다. 집에 돌아가거라"라고 말하곤 하였다고 한다.

임정 어르신들의 염려가 그의 독립운동에 대한 뜻을 꺾을 수는 없었다. 그는 단호한 결의를 표명했고, 임정의 잔심부름을 하면서 귀여움을 많이 받았다고 한다. 그는 장건상의 후견으로 상해 생활에 적응하였다. 생활비는 아버지 서석주가 보내 오는 돈으로 해결하였다. 당시 상해에 있었던

서영해의 후견인, 독립운동가
장건상 선생(1882~1974)

1천 명의 독립운동가들 중 대부분이 궁핍한 생활을 하면서 하루에 한 끼를 겨우 먹을 수 있었던 것에 비하면 서영해는 아버지가 보내준 생활비 덕분에 끼니 걱정은 그나마 덜 하였을 것이다.

장건상은 1903년 한성순보 주필로 있던 장지연의 주선으로 공립영어학교에 입학하여 1년간 수학하였다. 그 후 1888년부터 한국에서 활동 중이던 미국인 선교사 제임스 게일(James Gale, 한국명 기일 奇一)의 도움으로 영어를 배우고, 그의 추천으로 미국 플로리다주에 있는 기독교계통의 밸퍼레이조(Valparaiso)대학 법학과에 유학하여 1912년 졸업하였다. 그의 나이 34세가 되던 1916년에 상해의 신규식으로부터 함께 일하자는 연락을 받고 중국으로 건너가서, 신규식이 조직·운영하던 동제사에 가담하여 본격적인 독립운동에 뛰어들었다.

그 후 1919년 4월 22일 임정 임시의정원 의원으로 선출되고 외무부 위원이 되었다. 1920년 외교중심의 활동에 치중하는 임정을 떠나 북경으로 가서 의열단, 고려공산당, 국민대표회의 등의 활동에

전념하였다. 1921년 5월에는 임정을 전복하고 새로운 정부를 수립할 것을 주장하는 소위 '창조파'의 일원으로 참가하여 북경에서 조선공화정부를 조직하고 외무총장으로 선임되었다. 장건상은 독립운동 노선으로 무장투쟁노선을 지향하였으며, 독립운동의 한 방편으로 새로운 돌파구를 찾기 위하여 사회주의운동에 참여하였다.

서영해 앨범에 들어 있는 윤봉길 의사와 김구 선생 모습

1942년 2월 임시의정원의 개헌에 따라 주석 김구, 부주석 김규식이 선출되었고 국무위원에는 이시영을 비롯한 14명 중 1인으로 선출되어 학무부장이 되었다. 같은 해 8월에는 임시정부 외무부 외교연구위원, 11월 17일에는 임시국무회의 국무위원으로 각각 선임되어 활동하였다. 1944년 4월 임시의정원 의원으로 선출되어 활약하였다.

해방 이후 김구 선생을 추종하고 1948년 4월 평양에서 열린 전조선 정당·사회단체 연석회의에도 참석하였다. 이승만 정권으로부터 입각 요청이 여러 차례 있었으나 거절하고 좌우합작운동과 남북협상운동에 전력을 기울였다. 이러한 노선은 서영해에게도 그대로 전수되었다. '북으로부터도, 남으로부터도 핍박받은 남북합작 이상주의자'라는 표현은 장건상과 서영해 모두에게 해당하는 내용으로 남게 된다.

서영해의 후견인으로서 일찍이 여권도 없이 게일 선교사의 추천장만 달랑 한 장 지닌 채 연해주, 시베리아, 유럽을 경유하여 미국으로 유학을 갔던 장건상의 경험은 서영해가 파리로 가는 데 결정적 역할을 하였다.

02

혁명가의 도시
파리에서의
고단한 유학생활

프랑스 유학 고난의 여정

― 상해 출발 파리 도착 스케치

혁명과 망명가의 도시 파리

프랑스 유학,
고난의 여정

　　서영해는 그의 후견인이었던 장건상처럼 미국으로 유학을 가고자 하였다. 지금도 마찬가지이지만 당시에도 미국으로 유학을 가는 것이 대세였다. 상해로 몰려든 젊은 층은 다시 외국으로 유학을 떠났고, '임정의 막내' 서영해도 임정의 인재양성 차원에서 외국유학, 특히 프랑스 유학을 권유받았다.

　　파리는 당시 국제 외교무대의 중심지였고, 1차 세계대전 이후 파리강화회의가 개최되고 있어 1919년 3월 13일 임정의 외무총장 김규식이 파리에 도착하였고 뒤를 이어 상해에서 김탕, 조소앙이 합류하였다. 스위스로부터 이관용이, 미국으로부터 황기환과 여운홍이 파리에 도착하여 한국대표단을 구성하였다. 대한민국 임시정부 파리위원부와 조선공보국이 개설되어 '한국의 독립과 평화(L'indépendance de la Corée et la Paix)' 등의 문건과 팸플릿을 만들어 한국독립에 대한 국제사회의 여론을 환기시키고자 하였다. 그러나 열강들의 냉대로 파리에서의 활동은 뚜렷한 성과를 거두지 못하였다.

　　김규식은 1919년 8월 미국으로 활동무대를 옮겨서 이승만 등과 함께 활동하다가 1920년 3월 말~4월 초에 다시 상해로 돌아왔다. 김규식은 영어를 거의 원어민 수준으로 하였고, 독일어, 프랑스어,

러시아어, 몽골어 등 다국어를 구사할 수 있었다고 한다.

임정 지도부의 파리강화회의 참석 경험은 임정 내에 불어를 잘 구사할 수 있는 인재양성의 필요성을 절실하게 느끼게 하였다. 지금도 국제 외교무대에서 공용어로서의 위상을 확보하고 있는 불어를 통달할 인재를 키우고자 서영해 등 젊은이들을 프랑스로 보내려 하였다. 그러나 임정의 재정상태가 프랑스 유학생들에 대한 비용부담을 할 수 있는 형편이 되지 않았다.

유학생들은 각자 아르바이트를 하거나 부모가 고국에서 부쳐주는 돈으로 고된 유학생활을 버텨내야 했다. 사실상 부모의 송금을 기대하기도 어려웠고, 당시 외환송금도 쉽지 않았기 때문에 대부분 각자 현지에서 생활비를 벌어가면서 공부하여야 했다.

임정 요인들의 권유로 서영해는 별다른 이의 없이 프랑스로 유학을 가기로 결정하였다. 관련 기록이 없어 정확한 내용은 알 수 없지만, 프랑스 유학 문제를 부산에 있는 아버지 서석주와 상의하였을 것이고, 서석주의 승낙도 있었을 것이다. 프랑스로 가기 위해서는 여권이 필요하였으나, 나라가 없는 국민이 여권을 얻을 방법은 없었다. 이를 해결하기 위해 형식적으로 중국인의 양자가 되어 중국 국적을 얻고 여권을 발급받았다. 프랑스에 있을 때 각종 공식문서에는 중국 국적으로 표기되어 있었지만, 다른 사람들과 만나게 되면 항상 '근본은 한국인'이라는 말을 빼놓지 않았다고 한다.

같은 시기에 상해에서 프랑스로 유학을 간 서산(西山) 정석해의 회고록에 당시 상황이 잘 나타나 있다. 당시 한국 학생들이 프랑스로 유학을 갈 수 있었던 것은 중국 정부의 도움이 있었다. 중국은 1차 세계대전에 승리한 입장이긴 하였으나 유럽에 군대를 파병하였던 것은 아니고, 대신 노동자들을 보냈었다. 이에 대한 보상으로 1차 세계대전 이후 중국 학생들이 유럽에서 공부할 수 있는 길이 트여 있었고, 임정은 중국 정부에 한국 학생들도 끼워서 보낼 수 있도록 요청하여 소수의 한국 학생들이 유학을 갈 수 있게 되었다.

중국 학생들의 유럽 유학은 소위 '근공검학(勤工儉學)', 즉 '근면하게 일하고 검약해서 공부한다'는 뜻으로, 요즘으로 말하면 워킹홀리데이 프로그램에 해당되는 제도를 통해 유럽으로 유학하였다. 당시 주은래, 등소평과 같은 중국의 많은 인재들이 대거 근공검학 프로그램을 통해 프랑스로 떠났다.

서영해 등의 학생들을 태운 배는 1920년 11월 6일 상해를 출발하여 인도양을 거쳐 39일 만인 그해 12월 13일 마르세이(Marseille) 항에 도착하였고, 그날 저녁 파리로 가는 기차에 탑승하여 12월 14일 아침에 유럽의 심장부인 파리에 도착하였다. 프랑스 선박 두메르(프랑스 대통령의 이름을 딴 것) 호에는 약 200명가량의 젊은이들이 있었고, 이 중에 한국 학생들은 21명이나 되었다. 한국 학생 21명 중 여러 명은 독일 등지로 떠났고, 서영해와 정석해 등 몇 사람만이 파리로 갔다.

그들은 임정 파리위원부 서기장 황기환의 도움으로 파리에서 북쪽으로 79킬로미터에 위치한 보베(Beauvais)시 각급 학교에 각자의 학력과 나이에 따라 입학하였다. 서영해의 자필 유고에 따르면 그는 보베시 '리쎄(lycée)'에 입학하였는데, 리쎄란 중학교 또는 고등중학교로 번역될 수 있는데 한 번도 낙제하지 않고 완전히 졸업하자면 만 11년을 요한다고 기록되어 있다. 서영해는 초등학교, 중학

보베 리쎄(lycée)의 축구부 급우들과 함께 찍은 사진
(앞줄 가운데 축구공을 가지고 있는 학생이 서영해)

서영해가 마르소 고등중학교에서
공부하였음을 증명하는 문서
(1926년 4월 21일)

교, 고등학교 과정을 단 6년 만에 마쳤다고 한다. 그는 보베 고등 중학교에 입학하여 5년간 공부한 후, 막상 졸업은 파리에서 서쪽으로 88킬로미터에 있는 샤르트르(Chartres)의 마르소 고등중학교(lycée Marceau)에서 하였다.

마지막 1년을 다른 학교로 옮겨서 공부한 이유에 대해 "보베 학교에서는 외국 사람이라고 으레 잘 봐주는 풍토가 있는데, 리쎄 1반은 중요한 반인데 낯선 학교에 가서 사정없이 엄숙한 공부를 하고 싶었다"고 밝히고 있다. 리쎄 1반은 요즘으로 말하면 고등학교 3학년 반에 해당된다. 이러한 사례를 보더라도 그가 현실과 타협하여 적당히 안주하는 성격이 아니고, 무언가 새로운 도전을 찾아 끝없이 좌충우돌하는 인물이었음을 알 수 있다.

서영해보다 2년 앞서 프랑스 유학을 떠난 등소평의 경우 사천성 중경에 있는 프랑스 유학 예비학교에서 2년간 불어를 배우고 떠났지만, 서영해의 경우 불어를 한마디도 못하는 상태로 프랑스 유학을 떠났다.

아르바이트로 돈을 벌어가며 유학할 경우 졸업기간이 길어지는 것이 일반적이다. 서영해의 조카인 서정철이 작성한 독립유공자포상신청서에도 1921년 12월에 보베시의 고등학교에 입학한 것으로 기록되어 있다. 따라서 서영해는 1920년 12월 파리에 도착한 다음 바로 학교에 들어가지 않았고, 약 1년 후에 리쎄에 입학하였다. 그 1년 동안 무엇을 하였는지 기록은 없으나 아마 불어 어학 과정에 1년간 다니지 않았을까 추정된다. 정석해의 자서전에도 학교에서 '하루에 프랑스어 두 시간, 영어 한 시간 배웠다'라고 기록되어 있는 것으로 보아, 바로 프랑스 리쎄 정규과정에 들어가지 않고 준비과정에 있었을 것이다.

서영해는 망국 백성의 한을 안고, 무엇보다 조국의 독립을 위해 외국에서 공부를 해야 하는 입장에 있었다. 임정 어른들의 기대에도 부응하여야 했지만, 임정 차원의 지원도 없었고 고국의 아버지가 보내 오는 생활비도 넉넉지 않았다. 생계를 몸소 개척해나가면서 낯설고 물 설은 이국땅에서, 언어소통도 쉽지 않은 환경에서 혼자 몸으로 모든 문제를 해결해가야 했다. 한마디로 '고군분투'의 생활이었다.

서영해에게는 프랑스에서 공부하는 그 자체가 독립운동의 시작이자 과정이었다. 서영해뿐만 아니라 당시 프랑스, 독일에 유학하고 있었던 한국 학생들은 외국에서 공부하는 것이 독립운동을 하는 과정이라고 생각하였다. 왜냐하면 선진학문을 배워 우리나라의 독립을 앞당기고, 독립된 조국에서 큰 동량(棟樑)으로 일하려는 포부를 가지고 있었기 때문이다.

서영해가 다른 일반 유학생과 구별되는 점은 그가 단순히 유학만 한 것이 아니라 임시정부의 주불대표로서 활동하였다는 것이다. 그는 프랑스에 있는 유학생들과 임시정부 간의 공식적인 연결통로였다. 주불유학생들은 서영해를 통해 임정의 소식을 듣고, 그는 유학생들의 현황을 임정에 보고하고 그들을 결집하는 역할을 담당하였다. 이러한 상황은 정석해의 회고록에도 잘 나타나 있다.

"사실 파리 유학생들은 한 루트를 통해 상해 임시정부와도 연락이 닿아 있었다. 그것은 선생의 친구 서영해가 임정의 백범과 연락을 주고받았기 때문이다."

리쎄 졸업반 때의 모습. 아랫줄 우측에서 두 번째가 서영해.

상해 출발,
파리 도착 스케치

서영해는 상해 어디에서, 누구를 접촉해서 프랑스로 가는 배편과 비자를 받았을까? 더구나 요즈음에도 해외 유학을 가기에는 많은 학비가 필요한데 당시 어려웠던 우리나라의 상황을 고려한다면 그 많은 유학비용을 누가 감당하였을까? 이에 대한 의문을 해결하기 위해 같은 시기에 프랑스로 유학을 간 중국의 지도자 등소평의 자서전을 보면 대략 그 과정을 유추해볼 수 있다.

앞장에 이미 언급한 바와 같이 중국학생들이 프랑스로 유학을 갈 수 있었던 것은 중국 정부와 프랑스 정부 간에 요즘으로 말하면 '유법검학회(留法儉學會)'라는 워킹홀리데이 프로그램이 마련되어 있었기 때문이다.

중국에서 프랑스로 유학을 희망하는 학생들은 정부장학생인 공비생(公費生)과 자비로 유학을 가는 자비유학생으로 나누어진다. 중국인 학생들은 프랑스로 유학을 가기 전에 1년간 불어를 배우는 예비과정을 거쳤으나, 서영해 등 한국 학생들은 이런 과정이 전혀 없었다. 중국학생들 틈에 끼여서 유학을 가는 입장에서 이런 과정을 기대할 수도 없었다.

등소평이 다닌 중경 예비학교 84명의 학생 중 공비생이 46명이었고, 자비유학생이 38명이었는데, 등소평은 자비로 유학을 하였다. 등소평은 소지주 집안 출신이어서 소위 '논 팔고, 밭 팔아서' 유학을 갔다. 등소평은 1904년생으로 당시 중국 유학생 중 가장 어린 나이인 16세였다.

당시 프랑스 마르세이 항구와 중국의 상해, 일본의 시모노세키와 요코하마에 정기적으로 왕래하는 우편선이 있었다. 가끔씩 무역선들도 부정기적으로 왕래하였다. 프랑스의 두 개 해운회사, 즉 1871년 마르세이에 설립된 해상운송(les Messageries Maritimes)사와 1872년 르아브르(le Havre)에 설립된 화물운송연합(la Compagnie des Chargeurs réunis)사가 유럽과 아시아를 연결하고 있었다. 따라서 유학생들이 프랑스로 가기 위해서는 중국 전역에서 상해로 모여야 했다.

상해 프랑스 조계지 하비로(霞飛路) 247번지에 있었던 중불교육회(中佛敎育會)에서 학생들의 프랑스 유학을 위한 비자와 배편 마련 등 일체 수속을 담당하였다. 우리 임정도 상해에서 여러 번 이동을 하였지만 상해 하비로 460번지(이후 321번지)에 위치하고 있었기 때문에, 서영해, 정석해*, 이정섭** 등 한국 학생 21명의 유학수속도 가까이에 위치한 중불교육회를 통해서 처리하였을 것이다.

---

* 서산(西山) 정석해(鄭錫海): 1899~1996, 평안북도 철산 출생. 서영해와 함께 프랑스로 유학하여 파리대학에서 철학 · 수학 · 과학사, 독일 뷔르츠부르크 대학에서 심리학, 베를린 대학에서 '고도 자본주의론' 등을 배우고 귀국하여 연세대학교에서 1961년 정년퇴임 때까지 철학, 수학, 물리학, 불어 등을 가르쳤다.
** 이정섭(李晶燮): 1895~사망연대 미상, 함경남도 함흥군 출생. 서영해, 정석해 등과 같이 프랑스로 유학하여 1926년 3월 파리대학교 문과를 졸업 후 그해 7월 17일 귀국하여 언론활동을 하였으나, 나중에 친일로 변절하였음. 한국 전쟁 중인 1950년 7월 17일 납북되어 그 뒤의 행적은 알려지지 않음.

마르세이 항구까지의 뱃삯도 매우 비쌌다. 우편선의 1등 선창은 800원, 2등 선창은 500원, 3등 선창은 300원이었다고 한다. 유학을 떠나는 가난한 학생들은 감히 3등 선창에도 탈 수 없었다. 임시로 만든 4등 선창이라는 곳에 100원을 주고 승선하였다.

원래 있지도 않았던 4등 선창은 거의 화물창고 같은 곳이었다. 어두침침하고 화물과 뒤섞여 있어서 냄새도 나고 벌레도 들끓었다. 파도가 잔잔한 날은 학생들은 아예 이곳을 벗어나 침대의자를 사서 갑판 위에서 지냈다. 광풍이 몰아쳐서 거대한 파도가 뱃전을 때릴 때에는 학생들은 배 멀미로 머리가 어지러워 고생하였다.

집 떠나면 고생이라고 배 멀미로 며칠씩 식사도 제대로 못하였고, 식사라고 해봐야 변변한 것도 없었다. 돈을 아끼려면 식사비부터 아껴야 했다. 중간중간에 배가 외국의 도시에 기항할 때면 일부 돈 있는 사람들은 육지에 상륙하여 쇼핑도 하고, 맛있는 음식도 사 먹곤 하였지만 가난한 학생들은 엄두도 못 내었다.

상해에서 출발하여 홍콩, 사이공, 싱가포르, 영국령 콜롬보, 아랍해, 지브롤터, 홍해, 수에즈 운하, 이탈리아 반도 등을 거쳐 약 40일간의 항해 끝에 마르세이 항구에 도착하였다. 요즘처럼 비행기 표 한 장 구해서 11~12시간이면 파리까지 하루도 안 되어 도착하는 일정은 상상도 할 수 없는 시대였다.

유학생들은 배를 타고 가면서 많은 것을 배우게 되었다. 프랑스의 식민지가 되어 있는 베트남의 국민들이 식민통치로 고통받고 있는 모습도 목격하고, 배가 기항할 때에 가난한 아이들이 선박 주위를 헤엄치면서 승객들에게 구걸하는 모습 등도 보면서 자본주의와 식민주의가 빚어낸 불평등에 대해서 스스로 생각해보는 기회를 가

파리에 유학한 한국인 학생들 모습. 앞줄 왼쪽에서 네 번째가 서영해. 윗줄 제일 오른쪽이 재불독립운동가이자 초대 주불한인회장인 홍재하이다.

지게 되었다.

등소평은 1920년 10월 9일 우편선 앙드레 르봉(André-Lebom) 호에서 내려 마르세이 항구의 땅을 밟았다. 중불교육회가 파리에서 보낸 사람이 중국 유학생들을 맞이했다. 간단한 환영행사가 있었고 이들은 다시 자동차 편으로 16시간이나 걸려 파리에 도착하였다.

서영해 등 한국인 유학생 21명은 등소평보다 2개월 후인 1920년 12월 13일 아침에 마르세이 항에 도착하여, 기차 편으로 파리로 이동하여 그다음 날 아침에 도착하였다. 안면은 전혀 없었지만 같은 동포라는 이름만으로도 반가운, 파리에 살고 있는 한국교민들 몇 명이 한국 학생들 마중을 나왔다. 만리타국에서 동포들을 만난다는 것은 참으로 반가운 일이다.

　요즘에는 워낙 한국 사람들이 해외여행을 많이 다니니까, 해외에서 한국 사람들을 만나더라도 예전처럼 뜨거운 동포애가 가슴속에서 끓어오르는 감격스러운 만남은 찾아볼 수 없지만, 당시로서는 매우 감동스러운 상봉이었다. 특히 전혀 말이 통하지 않는 파리에서 전적으로 의지할 곳은 동포들밖에 없었을 것이다.

　비싼 돈 들여 유학을 온 소기의 목적을 달성하기 위해서는 하루빨리 공부할 학교를 정하는 것이 중요하였다. 중국학생들은 중불교육회에서 미리 주선해놓은 생테티엔, 퐁텐블로, 푸제르 등지의 학교로 큰 어려움 없이 배치되었다. 등소평은 20여 명의 다른 중국인 학생들과 함께 노르망디에 있는 바예(Bayeux) 중학교에 배치되어 불어를 공부하였다. 바예 중학교는 중국인 학생들을 위해 따로 반을 만들어 불어 수준을 높이면서 정규적인 중학생 과정을 이수하도록 하였다.

　서영해의 기록을 보면 여러 동포들과 상의하여 보베(Beauvais)시에 있는 리쎄(Lycée)라는 고등중학교 과정에 들어갔다고 기록되어 있다. 덧붙여서 보베 중학교에서 초등학교, 중학교 과정을 모두 이수하였다고 언급하고 있는데, 원래 프랑스 학제상 중학교는 꼴레즈(collège), 고등학교는 리쎄(lycée)라고 한다.

　같이 보베 중학교에 유학한 정석해에 따르면 '프랑스에선 국립학교를 리쎄(Lycée)라고 하고, 그렇지 않은 사립중학교들은 꼴레즈(collège)라고 부르고 있다'라고 하는데, 그 표현도 정확하지는 않다. 정석해와 이정섭이 보베 중학교에 간 것은 당시 우리 임정의 파리 외교위원부에서 활동하고 있던 황기환 서기장을 통해서라고 기록되어 있다. 임시정부 파리위원부가 우리 동포 유학생들의 학교를 알아봐 준 것이 맞는 기록일 것이다.

중국인과 한국인 유학생들은 모두 학교 기숙사에서 생활하였는데, 자비유학생들인 경우 한 달에 대략 244프랑 65상팀의 기숙사 비용을 지불하였다. 200프랑은 생활비, 14프랑은 세탁비와 침구비, 12프랑은 학교에 낸 돈이고, 18프랑 65상팀은 잡비였다.

자비로 유학 온 등소평과 정석해 등은 대략 5~6개월간 학교 공부를 하다가 돈이 다 떨어져서 생활전선에 뛰어들었으나, 서영해는 아버지 서석주가 보내 오는 돈으로 초기에는 공부에만 전념할 수 있었다. 등소평은 쉬나이더(Schneider) 제철소에서 철강 압연공으로 일당 12~14프랑을 받으며 생활비를 벌었다. 정석해의 경우도 6개월 만에 돈이 다 떨어져 다시 파리로 올라와 약국에서 일하면서 생활비가 좀 덜 든다는 독일 유학을 준비하였다. 이들은 돈을 벌다가, 공부하다가를 반복하였다.

서영해도 1925년 부친이 별세하면서 1926년부터 송금이 끊겼고, 이때부터 모든 생활비는 본인이 직접 벌어서 생활하여야 했다. "다시 파리에 완전히 올라와서 별별한 짓을 다해가며 호구책(糊口策)을 구하러 다녔다"라는 기록을 보면 매우 어려운 상황에 처하였음을 알 수 있다. "뼈에 박히는 큰 고생을 하였고, 생각만 하여도 치가 떨려서 한숨이 나올 정도였다"고 하니 그 어려움을 미루어 짐작할 수 있다.

이렇듯 1920년대 프랑스 유학생활은 중국인 유학생과 한국인 유학생 모두에게 인생의 대전환점이 될 만한 큰 경험을 안겨준 모험과 도전, 고난과 성취의 기간이었다.

혁명과 망명가의 도시,
파리

　'프랑스' 하면 몇 가지 떠오르는 단어들이 있다. '똘레랑스 (tolérance)'라는 단어도 그중의 하나이다. 우리말로 번역하면 '관용의 정신' 정도가 된다. 즉, 자기와 다른 신앙과 사상, 행동 방식을 가진 사람을 용인하는 정신으로 16세기 프랑스 종교개혁 시기에 신교와 구교 사이의 무자비한 살육전으로 대혼란을 겪은 다음에 나온 개념이다. 이 똘레랑스 정신으로 인해 20세기 초 파리는 세계 식민지 국가에서 건너온 독립운동가들의 활동 중심지가 되었다.

　유럽 봉건군주제 국가 중에서 국민들이 봉기하여 왕을 끌어내 단두대의 이슬로 사라지게 한 나라는 프랑스가 유일할 것이다. 국민주권주의, 삼권분립 등 오늘날 민주주의의 토대가 되는 개념들은 대부분 프랑스에 기원을 두고 있다. '국민주권'은 '군주주권'에 대응되는 개념으로서 프랑스 혁명 이후 형성된 민주주의 일반을 지칭하는 말이다.

　우리나라 헌법 제1장 1조 2절에도 "대한민국의 모든 권력은 국민으로부터 나온다"라고 명기되어 있다. 잘 알려진 바와 같이 국민주권주의는 토마스 홉스, 장 자크 루소와 같은 철학자들이 주장한 '사회계약설'을 통해, 삼권분립은 몽테스키외의 '법의 정신(De l'esprit des lois)'에 뿌리를 두고 있다.

1789년 7월 14일 세계사의 흐름을 바꾸어놓은 그 유명한 프랑스 대혁명이 일어났다. 프랑스 대혁명은 단순한 계급 혁명만이 아닌 사상혁명으로서 모든 국민들이 자유로운 개인으로서 자기를 확립하고 평등한 권리를 보유하기 위해 봉기한 것에 의의가 있다.

무자비한 살육과 대혁명을 거치면서 프랑스는 '자유, 평등, 박애'를 부르짖는 나라로 발전해나갔다. 그러한 역사적 저력으로 인해 프랑스는 현재 유엔 안전보장이사회 상임이사국 중의 하나이며, 세계경제 규모 4위의 경제강국으로서 위치를 확고히 하고 있다.

이러한 역사적 연원으로 인해 파리는 혁명의 도시이자 망명가들의 안식처로 인식되었고, 현대사의 흐름을 바꾸어놓은 중요한 인물들이 파리에서 유학하거나 생활하였다. 중국의 주은래와 등소평, 베트남의 호찌민(1890~1969) 등이 그들이다.

주은래(1898~1976)가 프랑스에 유학한 것은 서영해와 비슷한 시기인 1920년 11월 유법검학회(留法儉學會), 즉 프랑스 근로장학생 제도(워킹홀리데이)를 통해서였다. 유법검학회를 통해 총 1,600명 정도의 중국 젊은이들이 프랑스에서 공부와 일을 병행하게 되었다.

중국학생들이 프랑스에 유학할 수 있었던 것은, 1차 세계대전 이후 프랑스는 전쟁기간 동안 많은 전사자의 발생으로 노동력이 매우 부족한 상태였고 중국의 젊은이들은 프랑스 유학을 통해 선진적인 서구문물을 배우고자 하였기 때문이다. 양자의 이해관계가 맞아떨어져서 근로장학생 제도가 생겼고, 서영해를 비롯한 소수의 한국인 학생들도 이 틈에 끼여서 프랑스 유학을 할 수 있게 되었다.

주은래는 프랑스 유학생활 중 평생을 공산주의자로 살 것을 결심하고 1921년 7월 상해에서 중국 공산당이 창립되자 1922년 6월 유럽지부 조직책이 되었다. 1924년 여름에 귀국하여 중국의 신해혁명에 참가한 후, 모택동에 이어 중국의 명실상부한 제2인자의 자리에 올랐다. 무엇보다 그는 '인민의 벗, 주은래'로 기억되고 있고 지금도 그에 대한 중국 국민들의 존경과 사랑은 변함이 없다.

대륙의 지도자이며 개혁개방 정책을 통해 중국 현대사의 흐름을 바꾸어 놓은 등소평(1904~1997)도 주은래와 비슷한 시기인 1920년 9월 11일 프랑스 우편선 '앙드레-르봉(André-Lebom)' 호를 타고 유학을 떠났다. 그는 유학생 중에 거의 최연소인 16세의 나이로 노르망디의 바예(Bayeux) 중학교에 입학하였으나 국비가 아닌 자비로 유학을 갔기 때문에 생활비가 떨어져 5개월 만에 공부를 중단하고 취업전선에 뛰어들었다.

르노자동차에 납품하는 철강회사 슈나이더(Schneider), 하킨슨(Hutchinson) 고무공장 등에서 일하였다. 1922년 중국공산주의청년동맹 유럽지부에 가입하였으며, 1923년부터 그보다 나이가 16세나 많은 주은래의 직접 지도 밑에서 유학생이 아닌 직업혁명가로 성장해나갔다. 등소평은 주은래를 형님처럼 따랐으며, 중국에 귀국한 후에도 반세기 남짓한 기간을 주은래의 조수로, 충직한 전우로 그의 주변에 있었다.

1927년 중국으로 돌아와 본격적인 혁명운동에 참여하였으며, 모택동을 지지하면서 대륙의 지도자로 발돋움해나갔다. 몇 번의 정치적인 부침이 있었으나, 1983년 중앙 군사위원회 주석이 되면서 실질적인 중국의 최고 지도자가 되었다. 1992년 남순강화를 통해 개혁개방 정책을 적극적으로 밀고 나갔고, 시장경제체제의 구축을 통해 오늘날 중국 경제의 비약적인 발전의 밑거름이 되었다. 그의 시장경제지향은 프랑스 유학을 통한 경험에서 우러난 정책일 것이다.

베트남의 아버지 호찌민도 프랑스에 유학하였으며, 1920년 프랑스 공산당 창당과 함께 당원이 된 특이한 경력을 가지고 있다. 가난한 집안에서 태어났던 그는 서구의 신학문을 배우기 위해 1911년 프랑스 여객선의 요리사로 프랑스로 건너갔다. 영국과 미국을 전전하다가 1919년 1차 세계대전이 끝나면서 파리에 정착하였다. 그해 6월 베르사유회의에 베트남 대표로 출석하여 '베트남 인민의 8개 항목의 요구'를 제출하면서 유명해졌다.

1921년 그는 파리에서 공산당 활동을 통해 '프랑스 식민지 인민 연대'를 결성하였고, 1930년 코민테른의 지시로 인도차이나공산당을 창립하였다. 그는 베트남 민족해방 운동을 꾸준히 전개하여 우여곡절 끝에 1945년 9월 2일 베트남민주공화국의 정부 주석, 즉 초대 대통령으로 취임하는 데 성공하였다.

이와 같이 현대 중국과 베트남의 역사를 바꾸어놓은 여러 사람들이 프랑스에서 유학한 특이한 공통점이 있었다. 프랑스에는 마르크스가 공상적 사회주의(utopian socialism)라고 불렀던 '생산수단의 공유와 소비생활의 공동화'를 통해 자본주의의 모순을 타파할 수 있다는 생-시몽(Saint-Simon)이나 푸리에(Fourier) 같은 프랑스 철학자들이 있었다.

생-시몽과 푸리에는 그들이 추구하는 이상사회 건설에 계급성을 배제하고, 사랑과 협력을 통해 새로운 세계를 창조하려 하였다. 이에 대해 마르크스와 엥겔스는 계급투쟁을 배제한 공상적 사회주의 이론을 매우 순진한 생각이라고 보고, 계급투쟁이나 정치투쟁을 통한 그들의 사회주의를 '과학적 사회주의'라고 불렀다.

이렇듯 풍부한 역사적, 철학적 토양 위에서 활동했던 주은래, 등소평, 호지명은 각각 고국으로 돌아와 거목으로 성장했던 반면, 유럽을 무대로 조국의 독립을 위해 임정의 대표로 언론활동과 외교활동을 펼쳐나갔던 서영해는 해방 후 귀국하였지만 그 존재조차도 모른 채 잊힌 인물이 되었다. 이러한 원인은 국내 좌우익의 이념대립과 남북분단이라는 복합적인 요인 때문이었다.

해방 후 한국은 정치·경제적으로 무질서와 혼돈의 도가니였다. 민주주의에 대한 경험도 전무하였고, 국민들의 정치적인 의식수준도 성숙하지 못한 시기였다. 유럽이라는 큰 무대에서 활동했던 독립운동가 서영해로서는 남북으로 나눠진 조국에서 활동하기가 너무 좁았을 것이다. 비록 그의 키는 등소평처럼 작았지만, 인물됨은 거인이었다.

03

임시정부
주불특파위원
외교로
항일투쟁하다

대학진학과 독립운동의 시작

외교를 통한 독립운동 전개 · 고려통신사 실립

한국인이 쓴 최초의 불어 소실 〈어느 한국인의 삶의 주변〉

한국 민담집 〈거울 불행의 원인〉

본격적인 대유럽 독립운동의 전개

대학 진학과
독립운동의 시작[*]

　　서영해는 프랑스에 유학한 지 4년째 되던 해에 퇴학을 당할 뻔했던 일화가 있다. 수업시간에 역사선생이 '인구가 600만 명인 조선민족은 매우 게을러서 조상이 전해준 문화유산까지 지금은 형체를 찾아볼 수 없다'는 굴욕적인 내용으로 강의를 하였다. 이에 서영해는 책을 집어 던지며 '조선민족은 2천만이고 4천 년이 넘는 역사를 갖고 있으며, 학생들에게 거짓말을 가르치는 교육은 미개한 일'이라고 반박하였다.

　　역사교사는 서영해의 반발에 매우 화가 나서 그를 교실 밖으로 내쫓았고, 이 이야기를 들은 교장은 서영해가 교사 앞에서 책을 집어 던지고 대들었다는 이유로 퇴학시키려고 하였다. 그러나 그를 총애하던 독선생(獨先生, 서영해 담임 교사)이 중간에 나서서 퇴학만은 면해달라고 요청해서 간신히 퇴학을 면하게 되었다. 그러자 교장은 '그렇다면 네가 조선에 대해 강연을 해보라'고 하였다.

　　서영해는 학교 다닐 때 제대로 된 역사 교육을 받은 적이 없었고,

---

[*] 서영해의 자필원고 「해외에서 지낸 십오성상(十五星霜)을 돌아다보며」와 〈주간한국〉('최초의 불어소설 쓴 서영해는 이런 인물' 〈중(中)〉 1987.3.22)에서 인용.

주위에 열심히 한국 관련 역사자료를 찾았으나 자료 찾기가 쉽지 않았다. 그래서 그는 중국과 미국에 있는 우리 동포 사회에 편지로 자료를 부탁하고, 도서관을 뒤지면서 조국의 역사에 대한 지식을 가다듬게 되었다.

서영해는 4개월 만에 강연원고를 작성한 다음 보습선생에게 교정을 받아 2주 동안 연습한 뒤 교장에게 보고하였다. 교장은 몇 개월 전에 화가 나서 그에게 했던 이야기를 까마득히 잊고 있었다가, 부랴부랴 교사와 학생들을 강의실로 불러 모았다. 서영해는 정신을 집중해서 약 1시간 동안 한국역사에 대해 강의하였는데, 이것이 그가 했던 첫 불어연설이었다. 강의가 끝나자 교장은 서영해의 강의에 매우 만족하여 그의 등을 두드리며 칭찬하였다.

교장선생이 서영해에게 칭찬했던 말은 "외국에 나가 있는 프랑스 청년도 자기 조국에 대해 서군과 같은 태도를 가져야 할 것이다. 그리고 1차 세계대전 전에 출판된 교과서는 시대에 맞지 않고, 모순이 많다. 마지막으로, 조선민족이 게으르다고 책에 쓰여 있지만 그것이 사실이 아님은 서군의 개인행동으로 직접 증명이 되고 있다"라는 것이 그 요지였다.

교장선생의 칭찬을 받은 서영해는 부산의 아버지가 학비를 보내시는 편지서류를 받는 것보다 더 기뻤다고 회고하였다. 얼마나 기뻤으면 아버지가 돈 보냈다는 소식보다 더 기뻤을까? 아울러, 나중에 이때의 경험이 그의 첫 불어소설이자 한국인이 쓴 최초의 불어소설 『어느 한국인의 삶의 주변』의 토대가 되었음을 밝혔다.

서영해는 1926년 고등학교를 졸업하고 파리대학 문과에 입학하였으나 2학기 때 중퇴하였다. 아버지 서석주가 1925년에 돌아가시고 학비 조달이 끊기면서 스스로 생계를 유지하기 위해 거리로 나서야 했기 때문이다. 그는 포도농장의 인부로, 식당에 급사로 일하다가 어느 날 도서관에 일자리를 얻게 되었다. 불어를 전혀 모르는 상태에서 파리에 도착했지만 6년이 지난 후 매우 능숙한 불어를 구사하게 되었기에 가능한 일이었다.

그가 해야 했던 일은 묵은 신문들을 종류와 날짜별로 정리하는 일이었다. 일과가 끝나면 그는 도서관에 있는 장서들을 닥치는 대로 읽었다. 훗날 그는 "학교 교육보다 훨씬 다양하고 깊은 지식을 얻을 수 있었다"라고 술회하였다. 그러던 어느 날 프랑스 여기자가 기행문 형식으로 '한국인은 무지하고 야만스럽다'는 논조로 쓴 기사를 발견하였다.

이에 서영해는 그 특유의 민족의식과 투사적 기질로 도서관 한쪽 구석에서 쪼그려 앉아 단박에 반박문을 써 내려갔다. 도서관 담당자가 "일은 안 하고 뭐하나?"고 묻자 서영해는 자신이 쓴 반박문을 보여주었다. 반박문을 본 도서관 담당자는 매우 잘 쓴 글이라고 칭찬하면서 신문사에 기고해보라고 권하였다. 기고가 되면 원고료도 받을 수 있다고 귀띔해주었다.

도서관 담당자가 알려준 신문사에 기고하였으나 퇴짜를 맞았고, 몇 군데 다른 신문에도 기사를 보냈으나 채택되지 않았다. 그러다가 한 신문사가 그의 원고를 기사화하였다. 그의 글이 대문짝만 하게 실렸고, 편집국장이 앞으로도 계속 동양에 관한 기사를 써달라고 부탁까지 하였다. 그가 받은 원고료도 그가 한 학기 등록금을 낼 만한 큰돈이었다.

그런데 신문이 나온 다음 날 경찰이 찾아와 "체류 목적을 위반했으니 24시간 이내에 프랑스를 떠나라"고 통보하였다. 원래 학생 비자로 있을 경우 돈벌이를 하면 안 되는 것이 원칙이라는 것이었다. 이 소식을 편집국장에게 전하자 편집국장은 아예 서영해를 그 신문사의 기자로 취직시켜버려 서영해의 파리 체류를 법적으로 보장해주었다. 그만큼 편집국장이 서영해의 글을 보고 조선 독립의 진실된 염원을 읽었기 때문일지도 모른다.

우연한 기회에 언론에 발을 들여놓은 이후 서영해는 언론이야말로 해외에서 독립운동 하기에 매우 강력한 무기가 될 수 있음을 체득하게 되었다. 1929년 파리의 소르본(Sorbonne)가에 있는 파리고등언론학교(École supérieure de journalisme de Paris)를 졸업하고, 그해 12월 28일 임정의 지시로 말브랑쉬(Malebranche) 7번지에 자신의 숙소이자 사무실을 얻어 고려통신사(Agence Korea)를 설립하였다.

서영해는 언론학교에 다닐 때인 1929년 7월 파리에서 개최된 제2회 반제국주의세계대회에 참가하면서부터 본격적인 독립운동에 뛰어들었다. 1927년 2월 벨기에 브뤼셀에서 제1회 대회가 개최되었고, 제2회 대회가 1929년 7월 20일부터 31일까지 파리에서 개최되었는데, 세계적으로 전개되고 있는 반제투쟁에 대한 의제를 폭넓게 다루었다.

한국문제는 '태평양지역 피억압민족들의 해방투쟁의 현 단계'라는 의제에서 인도네시아, 인도차이나, 필리핀 문제와 함께 다루어졌다. 서영해는 이때 유창한 프랑스어로 한국문제를 논의의 중심으로 부각시키는 데 중요한 역할을 하였으며, 진정한 독립운동가로서 자신의 존재감을 최초로 드러내었다.

외교를 통한
독립운동 전개

　　서영해의 독립운동은 한 마디로 '외교활동을 통해 빼앗긴 나라를 되찾는다'는 것이었다. 당시 잃어버린 국권을 회복하기 위한 방책으로 두 가지 큰 흐름이 있었다. 첫째는 무력을 통해 독립을 쟁취하겠다는 무장 독립투쟁론이다. 둘째는 국제사회에 대한 꾸준한 외교활동을 통해 한국독립의 당위성에 대한 우호적인 여론조성을 통해 독립을 달성하겠다는 외교독립론이다.

　　'독립운동' 하면 무장투쟁에 대한 인식이 강하지만 사실은 국권을 잃어버린 망명정부에서 할 수 있는 최선의 선택은 외교를 통해서 국권을 회복하는 것이다. 외교란 국가 대 국가의 행위이고, 한 국가가 다른 특정 국가에 대해 어떻게 행위하겠다는 의사표시 행위 및 의사전달 행위이다. 아울러, 외교란 국력이 뒷받침되어야 그 실행력이 높아질 수 있는 것은 자명한 이치이다. 열악한 인력과 재정을 가진 임시정부가 할 수 있는 가장 합리적인 수단은 열강에 대한 독립 외교활동을 펼치는 것이었다.
　　과거 고려시대 때 서희가 외교담판을 통해 거란의 80만 대군을 물리치고 강동 6주를 회복한 것은 외교의 중요성을 강조하는 사례로 늘 회자되고 있다. 총과 칼로 일제를 무찌르고 독립을 쟁취하는 데에는 수많은 희생이 따르기 마련이었다. 소규모의 게릴라전에서는 일부 전투를 승리로 이끌 수 있을지라도 대규모 전투에서는 열세한 병력과 물자로는 계란으로 바위를 치는 일밖에 되지 않는다.

우리 임시정부는 일찍이 1919년 4월 수립 당시 내무·외무·법무·재무·군무·교통부의 6개 행정부서를 설치하였다. 외무부는 설치된 이래 해방을 맞이할 때까지 27년 동안 명칭과 조직을 그대로 유지하며 활동하였다. 외무부의 수장은 수립 당시에는 '외무총장'이라고 하였다가 이후에 '외무부장'으로 명칭이 변경되었다.

외무부장의 임무는 '외교정무 및 국제교섭의 시행과 외국 거류인민의 보호사무를 총괄하고 외교관 및 영사를 지휘 감독함'이라고 규정되었다. 1919년 11월에 공포된 대한민국임시정부관제에 따르면 외무부는 3개 국(局), 즉 비서국·외사국·통상국으로 구성되었다. 실질적으로 기능한 것은 비서국과 외사국뿐이었으며, 통상국은 이름만 있었고 실제로 설치되지는 않았다.

임시정부 외무부는 1934년 4월 미국에 주미외무행서를 설치하여 책임자로 이승만을 임명하고 하와이에는 이용직을 특파원으로 임명하였다. 아울러, 프랑스에는 서영해를 주불외무행서에 임명하여 임정의 대유럽 외교를 담당하게 하였다. 외무행서규정에 따르면 외무행서에는 외무위원 1인과 비서 약간인을 두도록 하였고, 외무행서는 외무부장의 명을 받아 소관 지역의 외교사무를 관장하며, 외교상황을 보고하도록 되어 있었다.

서영해는 조소앙 외무부장과 가장 빈번하게 연락하였다. 임정 외

서영해의 대유럽 외교활동의 거점이었던 파리 말브랑쉬(Malebranche) 7번지 전경.
서영해의 숙소이자 임정의 지시로 설치한 고려통신사(Agence Korea)가 있던 곳이다.
17세기에 지어진 건물로 당시는 물론 현재까지도 호텔 드 상리(Hotel de Senlis)라는
이름으로 사용되고 있다.

'주불대한민국임시정부대표'라고 표시되어 있는 서영해의 명함으로 파리 5구
말브랑쉬 7번지 주소가 수기로 표시되어 있다. 1945년 1월 21일, 조소앙에게 보내는
메시지에 수록.

무부가 27년여 동안 존립하며 외교활동을 펼쳤지만 자료 대부분이
망실되어 이와 관련된 자료가 많이 남아 있지 않다. 다행히도 조소
앙의 문서, 즉 일반적으로 '소앙문서(素昻文書)' 불리는 이 문서를 통
해 임정의 외교활동을 유추해볼 수 있다. 소앙문서에는 서영해가
조소앙에게 보낸 편지 3건도 포함되어 있다.

파리위원부에서 발간한 『구주의 우리 사업』에 명기되어 있는
"외교진행의 진면목은 즉 선전"이라는 문구처럼, 우리 임정은 외
교활동의 주요방편으로 미국, 중국, 유럽 및 국내 민중 등을 상대
로 한 선전활동에 주력하였다. 잘 키운 외교관 한 명은 1개 사단
병력 이상의 힘을 발휘할 수 있는 것이다. 이런 관점에서 유럽에
서 활동한 서영해는 혼자서 최고의 외교관 역할을 원만히 수행하
였다고 평가된다.

일제강점기 동안 우리 임정의 외교는 미국, 중국, 유럽을 중심으

로 전개되었다. 어쩌면 이 순서는 임정의 외교활동의 중요도를 나타내는 순서일 수도 있을 것이다. 1차 세계대전 이후 국제정치의 권력의 중심 추는 유럽대륙에서 미국으로 건너가고 있었다. 1, 2차 세계대전을 통해 구대륙은 피폐해졌고, 신대륙의 미국은 국제질서를 좌지우지하는 신흥강대국으로 부상하였다.

따라서 우리 임정은 1차 세계대전이 끝나고 파리강화회의에 모든 외교력을 집중하였다. 이후 임정이 몸 담고 있는 중국은 늘 교섭과 협조요청의 대상이었고, 2차 세계대전 발발 후 태평양전쟁기에는 본격적인 대미외교에 치중하였다. 1941년 6월 워싱턴에 주미외교위원부를 설치할 때에도 대미외교의 중요성이 "세계 외교의 중심인 워싱턴에 외교위원부 설립"이라고 첫 번째로 명기되어 있었다.

이를 좀 더 자세히 살펴보면, 3 · 1 독립운동 이후 우리 임정은 1차 세계대전이 끝나고 1919년 1월 이후 파리에서 강화회의가 개최되자 같은 해 4월 말에 파리위원부를 만들어 열강으로부터 한국의 독립을 승인받기 위한 외교활동을 전개하였다. 임정은 그 후 외교를 통한 독립운동을 강화하기 위해 같은 해 9월 파리위원부와 미국 필라델피아에 설치되었던 대한민국통신부를 통합하여 구미위원부를 조직하였다.

구미위원부가 1928년 재정난으로 문을 닫은 이후 유럽에서의 외교독립운동은 서영해가 1929년 고려통신사를 설립하여 꾸준하게 전개하였다. 미국의 경우 임정의 초대 대통령이었다가 탄핵당했던 이승만이 때로는 개인적으로, 때로는 임정의 임무부여를 통해 여러 가지 우여곡절 끝에 임정의 대미 외교독립 운동을 담당하였다. 이승만은 1934년 4월 주미외무행서에 임명되었으나 1936년 7월 해임

되었고, 1941년 6월 미국 워싱턴에 설치된 주미외교위원부의 위원장에 임명되는 것을 계기로 임정과의 관계가 복원되었다.

"미국에 이승만이 있다만, 유럽에는 서영해가 있다"는 말이 나타내는 것처럼, 유럽에서의 서영해는 우리나라 외교의 양대 축의 하나를 담당한 큰 인물이었다. 서영해의 외교활동이 가지는 중요성은 일관되고 지속적이었으며, 자급자족적이었다는 점에서 찾을 수 있다. 이승만은 미국에 산재해 있는 많은 재미동포들의 후원을 받았던 반면, 동포사회가 매우 소규모였던 파리의 서영해는 동포들이나 임정의 재정적 후원을 거의 받지 못하였다. 언론활동을 통해 스스로 마련한 재원으로 독립운동을 전개하였다.

서영해는 국권을 잃어버린 망명정부의 외교관으로서, 국력의 뒷받침이 전혀 없는 상태에서, 인적·물적 지원도 없이 유럽에서 홀로 일송정 푸른 소나무처럼 외롭게 독립운동을 이끌어나간 진정한 선구자였다.

고려통신사
설립

고려통신사(Agence Korea)는 임정의 외무부가 대유럽 외교를 위해 서영해를 통해 1929년 파리에 설립한 통신사이자 외교기관이었다. 고려통신사 설립 이전에는 황기환을 중심으로 한 파리위원부가 파리강화회의에 한국 문제를 호소하고 독립을 청원할 목적으로 1919년 4월 설치되어 활동하였다. 파리위원부는 1921년까지 프랑스 파리와 영국 런던을 중심으로 외교 및 선전활동을 전개하여 유럽에서 임정의 외교적 위상을 높이는 데 기여하였다.

황기환(1882 또는 1883~1923)은 평안남도 순천 출신의 사람으로 미국으로 건너가 1차 세계대전 때 미군에 입대하여 종군하였다. 1919년 3월 13일 파리강화회의에 특파된 김규식을 도와 파리위원부 서기장으로 있으면서 '독립공고서'를 강화회의에 제출하고, 통신전(Circulaire), 월간지 『자유한국(La Corée Libre)』*, 『구주의 우리 사업』, 『한국의 독립과 평화(L'indépendance de la Corée et la Paix)』, 『영일

---

* 『자유한국』은 프랑스혁명 당시 혁명을 전파하기 위해 『자유프랑스(La France Libre)』라는 팸플릿을 만든 것을 본따서, 한국의 독립운동을 유럽지역에 알리기 위해 제작되었다.

동맹과 한국』 등의 홍보책자를 발간하여 세계 여론에 우리나라의 독립문제를 호소하였다.

　아울러 독립운동의 외곽단체로 삼기 위해 주변 지인들의 도움으로 영국에 1920년 10월 26일 대영제국 한국친우회, 이어서 파리에 한국친우회(le groupement 'Les amis de la Corée')를 설립하였다.

　파리와 영국에서 활동하던 황기환은 1921년 7월 워싱턴에서 태평양회의가 개최되자 미국으로 건너가 이승만, 서재필 등을 보좌하며 활동하다가 1923년 4월 18일 뉴욕에서 40세의 나이에 심장병으로 안타깝게 사망하였다. 황기환은 1차 세계대전 이후 일본이 한국 근로자 500여 명을 러시아로부터 강제 귀국시키려 하자 반대운동을 벌여 그 절반을 유럽에 영주시키는 데 성공한 일화가 있다. 그중 러시아 무르만스크로부터 1919년 11월 19일 35명의 한국 근로자들이 프랑스에 와서 정착하여 재불한인회(在法韓國民會)의 시초가 되었다.

　파리위원부는 1921년 7월 황기환이 미국으로 떠나자 기능이 중단되어, 1929년 서영해가 고려통신사를 설립하기까지 8년간의 공백기간이 있었다. 재불한인회 초대회장인 홍재하(1892~1960)는 파리위원부를 유지하기 위해 미국 워싱턴의 구미위원부에 편지도 보내고, 파리 한인회 회원들에게 독립운동 자금을 여러 차례 거두어 상해에 있는 임시정부에 보내기도 하였다.

　서영해의 고려통신사는 유럽의 뉴스를 미국과 상해로 보내어 독립운동가들에게 정보를 전달하였고, 유럽의 각 언론사에 일본의 침략상을 비난하고 한국의 참모습을 알리는 기사들을 공급하였다. 서영해는 상해 임시정부의 김규식, 장건상, 조소앙 등과 긴밀한 관계를 유지하며 빈번하게 서신교환을 하였다. 이들 세 사람 모두 요즘으로 말하면 외교장관에 해당하는 사람들로서 서영해는 당시 임정의 유럽주재 외교특파원, 요즘으로 보면 주불대사였다.

상해 임시정부는 1926년 12월 김구를 국무령으로 선출하였으며, 그가 1940년 3월부터 임시정부 국무위원회 주석이 되면서 강력한 지도력을 발휘하게 된다.

1934년 4월 2일 국무위원회에서 새로 외무행서(外務行署) 규정을 만들어 주미 외무행서에 이승만, 주불외무행서에 서영해를 각각 임명하

파리위원부에서 발간한 한국 독립 홍보물 『자유한국(La Corée libre)』 제2호(1919년 2월호)

였다. 이에 따라 "미국에 이승만이 있다만, 유럽에는 서영해가 있다"라는 말이 나올 정도로 서영해는 당시 임정의 대유럽 외교의 중추적인 인물로 성장하였다. 외무행서 규정에 따르면 '필요한 지방에 외무행서를 두고 각행서에는 외무위원 1명과 비서 약간 명을 두어 외무부장의 명을 받아 소관지방에 외교사무를 장리(掌理)한다'라고 되어 있다. 그러나 임정의 열악한 재정상황으로 인해 서영해는 끝

내 비서를 두지 못하고 계속해서 홀로 활동하였다.

서영해는 고려통신사를 통해 출판 및 선전활동을 전개하였다. 고려통신사란 이름으로 출간된 책은 총 세 권인데, 첫 번째는 『어느 한국인의 삶의 주변(Autour d'une vie Coréenne)』이라는 소설이었다. 서영해의 자전적 소설이기도 한 이 책 표지는 한글과 한문으로 '한국역사소설(韓國歷史小說)'이란 부제가 붙어 있으며, 한국인 최초의 불어소설이라는 평가를 받고 있다.

대중에 가까이 다가설 수 있는 소설 형식을 통해 단군신화로부터 시작되는 한국의 유구한 역사를 소개하고, 그가 직접 활동했던 3·1 독립운동에서 낭독된 '독립선언서' 전문을 불어로 번역하여 게재함으로써 한국의 독립운동에 대한 의지를 널리 알리고자 하였다.

두 번째 책은 『만주의 한국인들: 이승만 박사의 논평과 함께 리튼 보고서 발췌(The Koreans in Manchuria: Extracts from the Lytton Report with Comments by Dr. Syngman Rhee)』로 1933년 3월 6일에 간행하였다. 이승만이 국제연맹에 제출한 한국문제에 관한 보고서로서 선전자료로 긴요하게 활용되었다. 단시간에 이승만 혼자서 35쪽으로 된 이 소책자를 집필하고 발행하기는 어려웠던지라 서영해가 편집, 제작에 주도적으로 관여하였다.

세 번째 책은 1934년에 간행한 『거울, 불행의 원인(Miroir, cause de malheur)』으로 서영해는 「흥부와 놀부」, 「심청전」과 같은 한국의 전래동화와 풍물을 콩트 형식을 빌려 소개하였다. 그는 이 민담집을 통해 일본의 식민주의자들이 말살하려던 한국의 역사와 민담을 서방에 소개함으로써 한국인의 정체성을 부각시키고자 하였다.

한국인이 쓴
최초의 불어소설,
『어느 한국인의 삶의 주변』

　　서영해가 1929년 파리에서 발간한 『어느 한국인의 삶의 주변』은 그가 고려통신사를 설립한 이후 첫 번째 시작한 일이었다. 부제로 한문과 한글로 '한국역사소설'로 표시되어 있는 이 책은 순수문학소설이 아니고 한국의 역사와 문화, 그리고 독립운동을 알리기 위한 목적으로 발간되었다.

　　단군신화로부터 구한말까지의 한국역사와 당시의 국내외 정세, 청일전쟁과 러일전쟁, 동학당 이야기, 김옥균·박영효·서광범·서재필·이완용 등의 주요 인물에 대한 묘사, 3·1 독립운동과 4·11 제암리 학살 사건 등 실제인물과 사건이 모두 언급되어 있다. 김옥균의 사망연대가 실제보다 10년 뒤인 1905년으로 되어 있는 것을 제외하면 언급된 내용이 거의 모두 실제와 부합하며, 전체 줄거리는 독립운동으로 일관되어 있다.

　　간행 직후 프랑스 언론의 뜨거운 관심을 받았으며, 우리의 독립운동사와 당시 한불관계사, 한불문학사 등에 있어서 매우 중요한 책으로 평가되고 있다. 1929년 12월 『문학, 미술, 과학 신작 (Les Nouvelles littéraires, artistiques et scientifiques)』, 1930년 1월 『역사잡지 (Revue historique)』, 1930년 2월 『신문(Le Journal)』 등에 소개되면서 화

제작으로 떠올랐다.

정가 15프랑의 이 책이 출간될 때는 세계 대공황의 시기임에도 불구하고 1년 만에 5판 인쇄에 들어갈 만큼 인기 소설로 부상하였다. 프랑스 독자들에게 인기가 있었던 이유는 그동안 일본을 통해 한국을 바라보다가 서영해의 역사소설을 통해 한국의 진면목을 직접 알 수 있게 되었기 때문이다. 또한 간결하고 유려한 문장은 시적 운율을 띠고 있고, 그 속에 심오한 뜻이 담겨 있어 호소력을 지니고 있는 것으로 평가되었다.

이 책의 존재가 최초로 알려진 것은 1982년 당시 파리 8대학 미술대학 박사과정에 있던 김재권 전 경희대 미술학과 교수에 의해서였다. 그는 파리 바스티유 형무소가 있던 자리의 한 고서점에서 연구 중인 학위논문관련 참고서적을 뒤적이다가 우연히 서영해의 책을 발견하게 되었다. 전공과는 관련이 없었지만 한글로 표기된 책이 눈에 띄어 구입하였다고 한다.

김 교수는 박사 학위를 받은 다음 1986년에 귀국하여 한동안 바쁘게 지내다가 1987년 3월 국내언론 〈주간한국〉에 이 책을 소개하였다.

이 내용들은 서영해 본인의 경험과 이야기를 간접적으로 소설에 투영시킨 것이다.

제1부(총 85페이지)는 단군신화로부터 시작하여 42세기에 걸친 한국의 역사와 문화, 기후, 풍습 등을 소개하고 있다. 또한 한국인들은 어떤 민족인지에 대한 설명, 주인공 박성조에 대한 인물묘사 등으로 구성되어 있다.

서영해의
『어느 한국인의 삶의 주변』
책자 표지

『어느 한국인의 삶의 주변』이
요약 소개된 월간지 『이집트 여인
(L'EGYPTIENNE)』 (1930년 2월)

　제2부(총 77페이지)는 회상 형식의 이야기로서 박성조의 고향 양
산 어느 시골에 대한 풍물과 한옥의 구조, 결혼풍습, 할머니의 옛날
이야기, 통도사의 풍광, 승려들의 생활, 부산으로의 기차여행, 족보,
이순신의 거북선, 청자와 백자, 범종 등으로 우리의 풍습과 우리 민
족의 창조성과 예술성을 설명하고 있다.

　제3부(총 26페이지)는 중국의 국부 손문과의 유대관계, 1909년 안
중근 의사의 하얼빈 의거, 1910년 일본의 강제 한일합방, 이준 열사
의 헤이그 밀사 사건 등이 소개되어 있다. 아울러, 독립선언서 전문
이 게재되어 있으며, 33인의 태화관 사건, 3 · 1 독립만세 운동 시 3
만 2천 명이 투옥되고, 약 10만 명이 총살을 당하거나 부상당하였
으며, 여자들을 발가벗겨 알몸으로 거리에 끌고 다니는 등의 일본

이 저지른 만행을 상세히 설명하고 있다.

주인공 박성조는 해외에 임시정부가 수립되자 더 이상 외국에 머무를 필요가 없다고 판단하고 해방운동을 한국의 구석구석에 발전시키고자 비밀리에 한국에 들어온다. 그러나 불행하게도 1921년 그는 일본경찰에 체포되고, 아무런 법적 절차도 없이 총살당하고 만다.

"얼마나 보상받지 못한 삶인가! 이에 대해 정의는 분노해야 하리라! 얼마나 급하게 꺼진 빛인가! 인류는 이를 부끄러워해야 할 것이다! 일본의 범죄 행위들을 벌해야 하는 것은 바로 문명사회 전체다! 억압하는 일본에 맞서 싸워야 하는 것은 바로 인류 전체다! (…) 아니야 아니야 박성조는 죽지 않았다. 그는 모든 한국인의 가슴속에 영원히 살아 있다. 그의 기억은 정의와 인간성에 의해 영원히 찬양되리라. 박성조, 그는 인류애와 정의의 화신이다. 박성조, 그는 자유의 화신이다!"라고 이 소설은 끝을 맺고 있다. 서영해는 주인공 박성조를 통해 결국은 자신의 이야기를 풀어나가고자 하였다.

필자의 프랑스인 고모부인 고(故) 여동찬(呂東贊, 본명은 Roger Leverrier) 전 외대교수도 이 소설책에 대해 "그 당시 프랑스어로 소설을 쓴 작품이 있다는 것은 놀라운 일이다. 당시 만주를 거쳐 프랑스 동북부 공업지대로 들어온 한국인 노동자들이 더러 있었다는 사실은 알고 있었으나 프랑스어로 소설을 쓸 정도의 실력은 아니라고 본다"라고 평가하였다. 아울러, "1910년대 프랑스 유학생으로는

19

"Autour d'une vie Coréenne"
par Seu Ring-Hai

Quel que soit le pessimisme contemporain, voyant l'humanité entière à un fatalisme morbide décoré du nom de jeu des circonstances ou nécessité historique, il est de par le monde une jeunesse qui vit. Elle souffre. En un plus libre avenir elle espère. Elle croit.

Du nord au sud, de l'ouest à l'est, mûrie par la douleur, cette jeunesse est prête à sacrifier sa vie pour un idéal.

En occident, le point de vue social l'attire, la prend. N'est-ce pas à lui que les meilleurs ont, depuis une centaine d'années, tout sacrifié....

En orient — du proche à l'extrême, — le point de vue national capte les énergies des plus intelligents, des plus courageux.

Là bas, dans les pays d'ouest, on est prêt à jouer sa vie pour la création d'une nouvelle flamme, d'un nouveau foyer humain. Aujourd'hui : interauropéen. Demain : intermondial.

Ici et plus loin, encore plus loin, la vie elle aussi monte. Prenant conscience tout en souffrant, elle se sent étouffée par les liens imposés par des maîtres étrangers. Même légers, ne l'entravent-ils, ne la paralysent-ils pas? Chaque jour, à tout instant, ne lui font-ils pas sentir le poids de son indignité, de sa quasi-infériorité ?

« Je suis, me disait il y a peu de moi l'auteur d'« *Autour d'une vie coréenne* », blessé à vif de me voir considéré, traité en colonial. Même si, à Paris, je ne sens pas peser sur moi le fardeau de cette injustice, je ne peux oublier que dans le pays des miens un peuple entier est réduit en servitude. Et je suis de ce peuple. Plus je m'instruis, plus clairement s'impose à moi le devoir de l'aider de toutes mes forces et de toute ma vie ».

Seu Ring Hai, le jeune écrivain qui par un soir d'automne me parlait ainsi, est un homme sincère, résolu. S'il revendique un droit, c'est parce qu'il se reconnaît un devoir impérieux total, absolu. Celui de vouer sa vie à la libération de son peuple.

Editée par l'Agence Korea « *Autour d'une vie coréenne* » est sa première œuvre sa première tentative d'affranchissement. Et, si je peux dire : sa veillée des armes pour le grand combat.

Très intéressant à de multiples points de vue, écrit en s'inspirant d'un idéal, cet ouvrage nous raconte l'histoire d'un des plus nobles martyrs de l'indépendance coréenne.

Chemin faisant d'une manière toute orientale, sans autre plan que son

désir de faire comprendre et aimer son pays, Seu Ring Hai nous décrit les usages et coutumes de la Corée.

C'est en exil que son héros, Bac Soutcho, se rappelle de la vie paisible

Sen Rine Hai

des siens. Voici la campagne, (habitation — type) la maison de ses grands parents :

« ...Les deux chaumières que nous avons vues séparées de la cour par une barrière, à l'entrée, s'appellent, en coréen, *sa ranc*, ce qui veut dire : le « cottage du mari »; et l'autre côté de cette barrière, y compris la cour et les maisons, s'appelle *naïjanc*, ce qui signifie la « cour intérieure ». Or une coutume veut que le mari reste dans *sa ranc*, où il doit travailler,

---

『이집트 여인』에 요약 소개된 서영해의 소설

전 문교부장관이었던 김법린 씨와 전 동국대 총장이었던 백성욱 씨가 있었지만 그분들은 모두 작고하여 서영해의 존재를 확인할 수 없다"고 덧붙였다.

서영해는 외국어에 매우 뛰어난 자질을 가지고 있었다. 그의 어학 실력은 해방 후 경교장에서 서영해를 직접 만났던 조지 피치(George A. Fitch) 목사의 회고록에 잘 묘사되어 있다.

> "김구 씨는 영어를 전혀 못했지만, 젊은 사람들 몇몇은 영어를 했다. 엄항섭은 영어를 유창하게 했고, 시어도어 안(안우생)도 그랬다. 파리에서 30년간 대한민국 임시정부를 대표했던 서영해는 프랑스어는 물론 영어도 유창하게(그리고 빠르게) 말했고, 독일어, 이탈리아어, 스페인어도 했을 뿐만 아니라 라틴어를 10년간 공부했고 일본어에도 익숙했다."*

한국 독립운동연구의 대가인 신용하 전 서울대 교수도 서영해의 소설에 대해 "서영해 선생은 국내에는 잘 알려져 있지 않은 독립운동가로 한국역사소설에 3·1 독립운동의 독립선언서 전문을 게재한 것은 물론, 전체 줄거리가 독립운동으로 일관된 것은 우리 독립운동사에 아주 중요한 자료"라고 평가하였다.

일제가 우리의 전통문화를 말살하고, 우리 민족의 자치능력의 부재, 한일합방의 필요성 등을 세계에 고의적으로 선전하고 있던 시

---

* 권기돈, 『조치 피치와 대한민국, 피치 회고록과 문서 속 한국과 김구』, 김구재단 총서 4, 2018, p.166.

기에 서영해가 딱딱한 공문서가 아닌 불어로 된 소설을 통해 우리 민족의 독립의지와 과정을 전 세계에 알리고, 세계 각국에 여론을 환기시킨 것은 역사적으로 평가받을 만한 활동이었다.

서영해는 자신의 소설 『어느 한국인의 삶의 주변』을 파리와 유럽에 있는 지인들과 언론사 등에 보내었다. 그의 유품 중에 소설책을 보내준 것에 대해 감사편지를 받은 것이 여러 통 확인된다. 그의 첫 소설은 여러 언론매체에도 잘 소개되었고, 동양학 관련 잡지에도 요약본이 게재되었다. 예를 들면, 『이집트 여인』*이라는 이집트 여성 운동의 대표적인 잡지에도 그의 소설이 요약, 소개되어 있다. 이를 통해 볼 때 유럽에서의 그의 활동의 범위가 매우 광범위하였음을 다시 한 번 확인할 수 있다.

---

* 1925년 이집트 여성운동의 상징적 인물인 후다 사야라위(Hoda Sharawi, 1879~1947)에 의해 창간되어 1940년까지 15년간 존속했던 이집트 최초의 불어로 된 여성운동 잡지다. "여성주의, 사회학, 예술"을 표방하였으며, 발행 당시부터 이집트 여성운동의 대표적인 잡지로 주목받았다.

한국 민담집,
『거울, 불행의 원인』

서영해는 1934년 프랑스 피귀에르 출판사(Editions Eugène Figuière)에서 『거울, 불행의 원인-그리고 다른 한국민담(Miroir, cause de malheur! Et autres contes coréens)』이라는 제목의 한국민담집을 출간하였다.

총 218페이지 분량에 모두 35개의 주제로 되어 있으며, 「거울을 처음 본 사람」, 「해와 달이 된 오누이」, 「호랑이와 여우」, 「흥부와 놀부」, 「대신 든 장가」, 「심청전」, 「토끼전」, 「치악산」, 「천안삼거리의 수양버들」 등과 같이 한국의 문화와 민속·풍물을 소개하여 한국에 대한 호감을 갖게 하려는 의도로 집필되었다.

『어느 한국인의 삶의 주변』이 주로 19세기 말 이후 한국의 격동기에 일어났던 중요한 역사적 사건들에 입각한 사실의 재현에 충실하였다면, 『거울, 불행의 원인』은 허구에 해당하는 민담의 구술을 통해 상상 속에 그려진 한국인의 모습과 한국문화의 심층적 본질을 포착하고자 하였다. 즉, 한국의 역사와 문화를 좀 더 포괄적인 시야로 조망할 수 있도록 하는 한국의 정신문화에 대한 심층탐사라고 할 수 있다.

『어느 한국인의 삶의 주변』이 박성조라는 지식인을 중심으로 한국의 근현대사를 이끌어간 지도자적 위치에 있는 인물들에 의해 전개되는 반면, 이 민담집은 양반들의 이야기는 가급적 배제하고 대부분이 서민이나 민중 계층에 속하는 인물들의 이야기로 구성되어 있다. 서영해는 이 책을 통해 한국이 유구한 역사와 전통을 지닌 문화국가라는 메시지를 전달하고자 하였다.

『거울, 불행의 원인』이라는 제목은 우리들에게 다소 생소하다. 이 책은 '거울을 처음 본 사람들'을 첫 작품으로 배치하였다. 이런 제목을 제일 앞에 배치한 이유에 대해 고려대학교 최정원 교수는 박사학위 논문에서 "인간의 어리석음과 그 어리석음을 깨닫지 못함으로 인해 확산되어가는 불행을 경고하는 메시지"를 포함하는 것으로 분석하였다.* 거울에 비친 자기 모습에 대한 무지를 풍자하

『거울, 불행의 원인』 책 표지

는 데서 더 나아가 온전한 자기성찰 및 비판의 매개로서 '거울'의 기능이 회복되기를 바라는 염원으로도 볼 수 있을 것이다. 어쩌면 일제의 식민지로 전락한 조선민중들에게 자신들의 비참한 실체를 깨닫게 하려는 간접적인 의도가 있었을지도 모른다.

---

* 최정원, 『한·불 설화와 문학작품에 나타난 거울에 대한 고찰』, 고려대학교 박사학위 논문, 2011년 8월.

서영해는 이 민담집의 서문에 창작 동기 및 취지를 명확하게 밝히고 있다. 한국 민담을 통해 한국을 전 세계에 알리고, 동양과 서양의 상호 이해를 도모하기 위함이라고 하였다.

"이 나라의 영광스러운 과거와 현재를 세계 사람들에게 알림으로써 나는 지금부터 필요한 서양과 동양의 상호 이해에 최선을 다하고자 했다. (…) 한 민족의 역사는 그 민담과 노래의 역사이기에 한국의 민담과 노래 또한 한국인의 삶을 잘 반영해준다."

아울러, 서영해는 '내 부드러운 유년기의 먼 기억들을 뒤적이면서 이 책을 썼다'라고 서문에 밝혔다. 이 이야기들은 그가 어린 시절 들었던 수없이 많은 한국 민담들 가운데 극히 일부분이며, 참조할 만한 책들이 없었기 때문에 어떤 책도 참조하지 않고서 그의 기억 속의 이야기들로 만들었다. 먼 이국땅에서 예전에 할머니에게서 들었던 이야기를 프랑스 사람들에게 들려주고 싶었고, 이를 통해 오랜 외국생활에서 느꼈을 향수병을 스스로 치유하고자 하였을 것이다.

이 책도 프랑스 출판계에 비상한 관심을 일으켰으며 다음과 같이 소개되었다

"이 콩트는 작가의 어린 시절 기억을 떠올리며 쓴 것이다. 다양한 지역에서 전래되는 이야기들을 모은 것이다. 어떤 것은 환상적이고, 또 유머가 가득 차 있다. 이는 한국의 민담을 잘 전

해주고 있다. 그런가 하면 불교적 감성을 드러내는 것도 있다. 그래서 그 지역의 인물이나 전설을 더듬게 해주기도 한다. 이 민담들은 크고 작은 문학의 변화를 보여주고 있다. 그렇지만 프랑스어로 옮겼음에도 불구하고 한국적 특성을 잘 표현하고 있다. 더군다나 이 민담은 민중사회의 특성을 표현함으로써 보편적 가치마저 지니고 있다. 이 책에서 밝히는 콩트 외에도 한국의 또 다른 민담이 소개되기를 바란다.”*

서영해는 한국의 토속문화를 프랑스어로 훌륭히 묘사해 문학성을 높인 이 작품으로 프랑스 문학계에서 명실상부한 유명 작가의 반열에 올랐다.

아울러, 『거울, 불행의 원인』은 1935년 1월 11일자 〈조선중앙일보〉 ‘북-리뷰’에 「파리에서 출판된 서영해씨의 ‘명경(明鏡)의 불행’」이라는 제목으로 소개가 될 정도로 국내에서도 많은 주목을 받았다.

---

* 『프랑스-일본』 월간정보지 (“France-Japon” Bulletin mensuel d'information). (1934년 10월 15일). p. 64. “Ces contes, rapportés par l'auteur d'après ses souvenirs d'enfance, sont de provenance et d'inspirations très variées. Certains, petites pièces féeriques ou pleines d'humour, paraissent être nées sur le sol coréen ; d'autres, imprégnés de sentiments bouddhiques, sont extraits des Fatakas pâlis ou se rattachent à des traditions et personnages locaux. Toutes ces histoires subissent des variations littéraires plus ou moins grandes, mais, bien que racontées dans une autre langue, elles conservent leur caratère ; d'ailleur, les contes sont une des formes d'extériorisation des sociétés populaires qui ont un côté universel. On aurait plaisir à en connaître d'autres.

「명경의 불행」, 〈조선중앙일보〉, 1935.1.11.

본격적인 대(對)유럽
독립운동의 전개

서영해는 고려통신사 설립과 함께 본격적인 대(對)유럽 독립운동을 전개하였다. 그의 활동범위는 프랑스에만 그치지 않고 영국, 스페인, 벨기에, 제네바, 체코 등 유럽뿐만 아니라 중동과 멀리 아프리카 에티오피아까지 확대되었다. 임정의 임무와 더불어 기자로서 명성을 날리면서 유럽의 신문사들이 그를 특파하였기 때문이었다.

임정의 지시로 고려통신사를 설립하였으나 별도의 재정지원이 없었기 때문에 서영해는 늘 통신사 운영자금 확보와 생계문제를 걱정하여야 하였다. 이에 대한 대책으로 그는 백범에게 편지를 보내어 중국 국민당 정부가 1924년 광저우에 설립한 중앙통신사의 파리 통신원 자격을 얻으려고까지 시도하였다. 아울러, 이 편지에서 서영해는 백범에게 그가 '유럽 화교항일연맹회 선전위원회'의 일원으로 활동하고 있음도 보고하였다.

"백범 선생 앞
시국이 시국인 만큼 선생님께서 얼마나 바쁘신 줄 추측하겠습니다. 더구나 직접 운동을 주장하시는 선생님으로서는 유일무이한 기회가 왔다고 믿습니다.

생(生)은, 원수의 불 밑에서 활동하시는 선생님께, 오직 임정명
령을 절대 준수하여서 도움이 되고자 합니다. 말씀하신 중앙통
신사에 가급적 속히 교섭하사 파리 통신원자격을 얻도록 노력
하여 주십시오. 파리에서는 생이 '여구화교항일연맹회선전위원
회(旅歐華僑抗日聯盟會宣傳委員會)' 회원 중 1인으로 중국 인사들
과 함께 활동합니다. 그러나 호구문제를 해결하지 못한 생으로
서는 천신만고를 면치 못합니다. 구국(九國)회의에 참석 후 차
국(프랑스)에서 양차 태평양 문제에 대하여 강연을 하였사오며,
작야(어제저녁)에 귀파(파리로 돌아옴)하였습니다. 선생님의 건강
을 비오며.

생 서영해 배상"

(파리, 1937년 12월 3일)

한편, 1932년 4월 29일 상해 홍구공원에서 윤봉길 의사의 폭탄
투척 사건이 발생하여 전 세계를 깜짝 놀라게 하였다. 이 사건을 계
기로 상해 프랑스 조계 당국은 더 이상 대한민국 임시정부를 상해
에 둘 수 없는 입장에 놓이게 되었다. 일경의 한국 독립운동가들에
대한 검문과 수색에 협조하여 도산 안창호 선생을 포함한 12명의
한국 독립운동가들이 전격적으로 체포되었다.

임정은 이 소식을 파리의 서영해에게 전달하고 프랑스 정부에 대
한 항의와 더불어 석방교섭을 지시하였다. 이에 서영해는 같은 해 5
월 17일자 프랑스 언론에 배포한 호소문 '유럽의 자유양심에 고함
(Appel à la conscience libre de l'Europe)'을 통하여 한국인들이 일본의 야

파리 十二月二十일

白凡 先生님 앞

말슴이 업스신 만금 先生님 께서 얼마
나 맛보실 줄 推測 하겠음이다. 더구나 直接
運動을 主張 하시는 先生님 으로서는 惟一無二
한 機會 가 왔다고 밋음이다.
     나는, 원수의 불밋 에서 活動하시는 先生
님께, 오직 僞政命令을 絶對 尊守 하여서, 도음
이 되고저 함이다. 말슴하신 中央通信社에 及他
達이 交涉하사 巴里通信員資格을 엇도록 努力
하여 줌오서 巴里에서는 날이 "旅歐華僑抗日
聯盟會 宣傳委員會 會員中一人으로 中國人士
들과 갓께 活動함이다. 그러나 糊口問題를
解決 못한 날으로서는 千辛萬苦 을 免치 못함
이다. 九國會議에參席後 比國에서 兩次 太平洋
問題에 對하야 講演을 하엿가 오며 昨夜에
帰巴 하엿음이다. 先生님의 健康을 미오
며
               놈 徐嶺海 拝上

서영해가 백범에게 보낸 서한
_____

임시정부 주불특파위원 외교로   95
항일투쟁하다

만적인 억압에 신음하고 있음을 알리면서, 상해 프랑스 조계에서의 도산 안창호 등 한국 독립운동가들에 대한 체포는 모든 프랑스인들이 자랑스럽게 생각하고 있는 정치적 망명가들에 대한 환대의 전통을 무시하는 처사라고 비판하였다.

서영해의 항의에 힘입어 프랑스 정부는 전향적인 조치를 취하였다. 이 내용은 1932년 7월 21일자 그의 임정에 대한 아래 보고서에 잘 나타나 있다.

프랑스 외무성으로부터 아래와 같은 편지가 왔기에 공개하나이다.

"상해 프랑스 조계 경관이 탈법적으로 한인 12명을 체포하여 일본 경관에게 수교(手交)하였다고 귀사(고려통신사)에서 수차 항의하였으므로 본 외무성에서는 중국주재 우리 공사에게 상세한 사실을 명백히 보고하라고 전명(電命)하였으며 우선 귀사에 알리고자 하는 바는 체포된 12인 중 9인은 폭탄사건에 무관함이 판명되어 5월 그믐날(晦日 회일) 내로 다 석방되었은즉 결국 체포된 한인은 3인뿐이겠소이다.
외무성 외정계 주임 알렉시스 레제(Alexis Leger)".

서영해 드림. (추신) 금번 프랑스 외무성으로부터 온 서신은 파리 고려통신사의 외교성과입니다.

상해 임시정부가 줄기차게 요구한 안창호의 석방을 달성하지는

고려통신사.
파리 七月 二十一日

佛蘭西 外務省으로부터 女子한 便給가 있기 玆에 소개하나이다—

"×略... 上海法界警官이 非法的으로(?1) 韓人十二名을 逮捕하야 日本警官에게 手交하엿다는 貴社에서 政府抗議하엿음으로 소外務省에서는 從中우리公使에게 詳細한 內實을 매일이 報告하라고 電命하엿으며 尙今 貴社에 알리고저하는바는 逮捕된十二人中九人은 폭탄事件에 無關함이 判明되여 그A의 內으로 다 解放 되엿으즉 結局 逮捕된 韓人은 三人뿐이 꺼으이... ×略"

外務省의 맺儒호된:
Alexis Leger "

서영해

尙書 佛外務省으로부터온 書信은 파리 고려통신
사. 디의忠成디 임내다.

서영해가 임정에 보낸 친필 보고서(1932.7.12.)

못했지만, 서영해가 개인적으로 운영해온 고려통신사는 프랑스 정부와 국민들을 상대로 활발한 외교 및 선전활동을 전개하여 그 존재를 인정받는 성과를 거두었다. '인간과 시민의 권리 보호를 위한 프랑스 연맹(Ligue Française pour la Défense des Droits de l'Homme et du Citoyen)'도 프랑스 외무장관에게 공문을 보내어 서영해의 활동을 지원하였다.

1933년 1월부터 5개월간 이승만이 제네바에서 국제연맹을 상대로 외교활동을 벌일 때에 서영해도 파리에서 제네바로 와서 이승만이 중국계 주요 인사들을 면담할 수 있도록 주선하고, 『만주의 한국인들』 책자를 제작하였다. 이 책의 요지는 '만주에 있는 한국인들을 중립국민의 자격으로 대우해달라'는 것이었다. 저자가 이승만으로 되어 있지만 실제는 공동저술이라 할 정도로 서영해가 심혈을 기울여 만들었다.

윤봉길 의사의 의거 이후 상해 임시정부는 고난의 이동시기를 맞게 된다. 그런 과정 속에서도 임시정부와 프랑스에 있는 서영해의 연락은 계속 지속되었다. 이러한 내용은 1936년 4월 29일자 『한민(韓民)』* 제2호에 실린 「임시정부의 국제적 활약」이라는 기사에 잘 나타나 있다

"파리에 외교특파원을 두기로 하고 첫 번째 임명자로 서영해 씨를 임명해. 조국광복을 위하여 지난 18년간에 계속 분투하여 온 임시정부가 급박한 세계풍운에 기민히 응부(應付)하여 최후

---

* 임시정부의 여당이었던 한국국민당의 기관지.

의 성공을 최대한 빠른 기간에 거두고자 각 방면으로 신활약을 하고 있다 함은 본보에 기보한 바이어니와 근자에 외교시설을 더욱 충실히 하고자 특히 프랑스 파리에 외교특파원을 두어 구주방면에 대한 외교사무의 민활을 도모하기로 하였는데 그 수임(首任)으로는 해당 지역에서 10여 년간 조국을 위하여 노력하던 서영해 씨가 피선되리라 한다."*

주프랑스 외교특파위원으로 임명된 서영해는 자신에게 주어진 책무에 대하여 충성을 다할 것을 다짐하면서, "현하 우리 민족의 살아나갈 길은 오직 우리 국내와 원동 방면에 있는 혁명동지와 민중이 희생적 정신으로써 왜적에 대하여 무력적 수단으로 그를 박멸하고 조국을 광복하는 데 있고 또 힘이 박약한 우리로서 강한 원수를 대항하는 데는 국제적 정세를 밝게 살펴서 그 기회를 이용하여야 할 터인데 이리하는 데는 우리 임시정부를 중심으로 한 외교정책이 역시 필요하다 생각되어" 아래와 같은 외교진행방침을 밝혔다.**

1. 태평양 연안에 있는 여러 나라의 이해관계가 큰 것과 날로 노골화되어가는 일본의 위험성을 선전하여 배일기세를 일으킬 것.
2. 세계 평화의 일부분으로 된 동양 평화의 기초가 되는 한국 민족의 자유독립을 고취하여 세상의 동정을 구할 것.

---

* 상해 임시정부는 이러한 기사가 나가기 전인 1936년 3월 8일에 국무회의 의결을 통해 서영해를 이미 '주프랑스특파위원(駐法特派委員)'으로 임명하였다.
** 『한민』 제5호 (1936.7.30.), 「임시정부 외교특파원 서영해씨의 외교진행」

3. 이즈음에 일본이 만주국의 승인을 촉진키 위하여 유럽 각국
   자본계에 향하여 만주에 대한 투자 유치를 대대적으로 운동
   하니 우리는 그 투자의 유해무익함을 백방으로 선전하여 이
   것을 방해할 것.
4. 일본의 상품이 열국의 영토와 본지에까지 경쟁적으로 진출
   함으로 인하여 불소(不少)한 경제적 타격을 받고 있는 구주
   각국 사람의 심리상태를 이용하여 우리의 사업을 선전할 것.
5. 파리와 제네바에 집중되어 있는 각국 신문기자를 연락하고
   동정을 구하여 우리의 선전문자가 세계 각국 신문에 게재되
   도록 노력할 것.

서영해는 유럽 외교무대의 중심인 파리와 제네바를 거점으로 활
발한 항일선전활동을 전개하였다. 그는 1936년 9월 3일부터 6일까
지 벨기에 브뤼셀에서 개최된 제1회 만국평화대회(Le Rassemblement
Universel pour la Paix, World Peace Congress)에 참석하여 우리의 사정과
독립운동을 널리 선전하였다. 1936월 10월 15일자 『한민』에 실린
아래 기사를 통해 그의 활동내용을 살펴볼 수 있다

   "만국평화회의에 우리 대표 서영해 씨 출석. 각국 대표들을 일
   일이 심방하고 우리의 사정을 널리 선전하였다.

   파리 '고려통신'에 의하건대 우리 임시정부 외교특파원 서영
   해 씨는 9월 3일부터 6일까지 벨기에 브뤼셀에서 열린 만국
   평화회의에 참석하였는데, 그는 각국 대표를 일일이 방문하

고 세계평화의 반분인 동양평화는 오직 한국 독립에 있는 것을 역설하고, 또 한국 민족이 요구하는 평화는 결코 노예적 평화가 아니요, 자유민족의 평화이니 그럼으로 우리는 필사적으로 우리 민족의 자유 독립을 위해 일본에 대항해 최후 일각 최후 일인까지 항전할 터인데 무력만 존중하는 일본에 대하여 정의 인도의 이론은 우이독경인즉 진정한 평화를 바라는 자는 반드시 한국 독립을 정신적, 물질적으로 도우라고 말하였다 한다. 이 대회에 출석한 대표는 40여 국 대표 3,000여 명이라 하며 대회 중 공회위원회에서 결의한 것은 금후 공인들은 침략국에 대하여 군수품의 제조와 운반을 거절하기로 하였다 한다."

이와 같이 서영해는 1929년 고려통신사를 설립한 이래 한국 소개, 일본 상품 배척, 일본의 외교와 선전을 방해하는 활동을 목표로 파리를 중심으로 하여 전 유럽을 무대로 스칸디나비아, 발칸 반도와 근동(近東)까지 돌아다니면서 강연, 신문기고 등등으로 선전활동을 전개하였다.

런던과 체코에도 지사를 운영하였다는 기록이 있으나 구체적으로 어떻게 운영이 되었고, 지사의 책임자는 누구였는지는 파악할 수 없다. 아마 교민 중 한 명을 지사 운영자, 또는 통신원으로 지정하였을 것으로 추정된다. 운영자금이 없었기 때문에 대대적인 선전활동을 할 수는 없었고, 프랑스 언론계와 출판계의 임시특파원의 임무를 띠고 유럽 각 도시를 방문하는 기회를 이용하여 독립운동을 펼쳤다.

그의 활동범위가 얼마나 넓었는지 최근까지인 2017년에도 'Seu Ring Hai'라는 이름 석 자가 스페인 계통 학술 논문에서 언급될 정도이다.* 임시정부 주파리위원부가 파리에서 활동한 것은 1919년부터 1921년까지 약 2년에 불과하지만, 서영해는 1929년 고려통신사를 설립한 이후 1947년 귀국할 때까지 최소한 10년 이상을 유럽을 무대로 혼자서 외교활동과 독립운동을 전개하였다는 점에서 높이 평가할 만하다.

---

* 「ADOLFO SANCHEZ VAZQUEZ Y EL TRISTE ENTIERRO DEL EXILIO(아돌포 산체스 바즈케즈와 망명자의 슬픈 매장)」, Juan Jose Tellez Rubio(스페인 기자겸 작가), 2017년 1월~6월.

04

유럽의
격동기에도
독립운동을
이어가다

이승만과 서영해 가깝고도 먼 사이

오스트리아 여인과의 결혼과 이별

프랑스 레지스탕스 운동 참여

이승만과 서영해,
가깝고도 먼 사이

　　이승만(1875~1965)과 서영해(1902~미상)는 한때 매우 가까운 사이였으나 나중에 독립운동에 대한 노선차이와 개인적인 성격차이로 멀어지게 되었다. 광복 이후 한 사람은 대통령이 되었고, 또 다른 한 사람은 1순위의 초대 외교장관 감이었으나 역사의 전면(前面)에서 사라져버렸다.

　　이승만이 1933년에 5개월간 제네바에 머무를 때 파리에서 온 서영해는 그와 숙식을 함께하며 활동을 지원하였다. 이승만이 제네바에서의 활동을 일기로 남긴 『여행일지(Log Book of S. R.)』에는 제네바 활동의 주체로 '나'가 아닌 '우리(we)'라는 표현을 줄곧 사용하였다. 여기에서 '우리'란 다름 아닌 이승만과 서영해였다. 1933년 1월 16일 서영해는 이승만이 중국대표단 단장 안혜경(顏惠慶)과 만나 공동전략을 짜도록 주선하였다. 이러한 활동은 당시 임정뿐만 아니라 해외 동포사회에도 널리 알려졌다.

　　서영해는 이승만이 오스트리아에 거주하는 프란체스카 여사와 연애를 할 때 편지를 전달하기도 하고, 1934년 두 사람의 결혼식에 들러리를 서기까지 한 매우 가까운 관계였다. 나중에 서영해도 오

이승만 박사와 프란체스카 여사

스트리아 출신으로서 파리에서 공부하고 있던 엘리자베스 C. 브라우어(엘리자)와 결혼하였다. 이승만과 서영해의 부인이 모두 오스트리아 여자인 점도 특이한 공통사항이었다.

이승만과 서영해는 성격적으로 맞지 않았다. 이승만은 권위주의적이고 고집불통인 성격이었으며, 서영해보다 나이도 스물입곱 살이나 많았다. 나이가 한참 어린 서영해는 160센티의 단신에 까무잡잡한 피부, 탄탄한 몸매에 로이드 안경을 쓴 자유분방한 '파리지엥'의 체취가 물씬 풍기는 사람이었다. 그리고 풍부한 유머와 달변으로 좌중의 인기를 끌었다고 한다. 하지만 불같은 성격은 이승만 못지않았던 것 같다.

1933년 이승만과 함께 제네바에서 국제연맹에 '만주의 한국인들'을 제출할 때의 일화로 추정된다.

'만주의 한국인들' 제출 관련 성명문을 영어, 불어, 독일어로 작성키로 하였는데, 이승만과 서영해가 협의해서 영어는 이승만이, 불어와 독일어는 서영해가 작성하기로 했다.

서영해는 성명문에 만주의 대부분이 고구려시대부터 대한민국의 영토였다는 대목을 넣자고 했고, 이승만은 그렇게 하면 장개석 총통의 기분을 상하게 해서 불리하다며 빼자고 하였다. 격론 끝에 넣기로 했으나 그다음 날 이승만이 작성한 영어성명문 초안에는 그런 내용이 쏙 빠졌다. 직선적 성격의 서영해는 이승만의 면전에서 그 영어초안을 찢어버렸다. 서영해보다 27세나 연상이며 임시정부 대통령까지 역임하는 등 관록도 화려한 이승만은 서영해의 이런 행동에 대로(大怒)하였다고 한다.

광복 이후 두 사람은 각각 다른 경로로 귀국하였다. 이승만은 여러 갈래의 정치적 혼란과 갈등을 겪고 난 후 김구와 함께 명실상부한 민족의 지도자로 부각되었고, 서영해는 정부가 수립되면 초대 외무부장관이 될 수 있는 위치에 있었다. 그러나 이승만이 대통령이 되어 조각을 할 때 서영해는 그 어디에도 끼지 못하였다. 그것은 서영해가 이승만과 정치 노선을 달리하는 김구 편에 섰기 때문이었고, 두 사람 사이에 예전의 개인적인 앙금이 가라앉지 않았기 때문이다. 초대 외무장관은 조소앙도 서영해도 아닌 해방 후 미군정시절 수도경찰청장 등을 맡아 좌익 탄압에 앞장섰던 장택상이 임명되었다.

이승만 대통령은 원래 하와이 망명생활 중 측근에서 그를 도왔고 귀국 후 그의 비서실장을 했던 윤치영, 해방 후 미군정청 인사행정처장을 지냈던 정일형, 미국 컬럼비아 대학에서 경제학 박사 학위를 받고 미군정청 경무부장이었던 조병옥, 이 대통령과 친구지간이며 미국 유학파인 신흥우 박사 중에 한 사람을 외교장관 자리에 앉힐 생각이었다. 서영해는 안중에도 없었다. 27년 만에 고국 땅을 밟았음에도 불구하고 서영해가 해방 정국에서 일정한 대접을 받지 못하고 국내에서 2년도 못 되어 다시 상해를 거쳐 프랑스로 망명 아닌 망명을 기도한 것도 이런 상황과 무관하지 않다.

혼란한 국내정치와 이에 따른 신변의 위협으로부터 벗어나야 했고, 오랜만에 고국에 돌아왔지만 국내에서 벌어지고 있던 혼탁한 정치에 환멸을 느꼈을 것이다. 그가 태어나고 유년시절을 보냈던 고국, 해외에서 오매불망 그리워했던 고국이 오히려 낯설게 느껴지고, 한때는 가장 가까웠던 이승만이 대통령으로 있는 이 땅에서 벗어나고 싶었을 것이다.

만약 서영해가 시류에 편승하여 권력의 편에 섰더라면 안락한 생활이 보장되었을 것이다. 그러나 그는 타협을 모르고 오직 한 길, 조국광복이라는 대의를 위해 유럽에서 혈혈단신으로 고군분투하며 국제사회에 한국이라는 나라와 한국인이라는 존재를 알리기 위해 그의 청춘을, 그의 인생을 다 바친 사람이었다. 이승만과 서영해는 같은 목적을 추구한 독립운동가였지만 그들이 지향하는 바가 달랐고 성격도 판이하게 달라서 가장 가까웠던 사이에서 가장 멀어진 사이로 그렇게 운명이 갈리게 되었다.

이승만과 서영해의 가까웠던 한때 모습(파리)

오스트리아 여인과의
결혼과 이별

　　서영해는 그의 나이 35세 때인 1937년 파리에 유학을 온 13세 연하의 오스트리아 여인과 결혼하였다. 그녀의 이름은 엘리자베스 C. 브라우어(Elisabeth C. Bräuer)로서 약칭 '엘리자'로 불렸다. 서영해는 유럽에서의 독립운동으로 혼기를 놓쳐서 당시 결혼연령 기준으로 볼 때 노총각 중의 노총각인 만 35세에 외국여성과 사랑에 빠져 결혼하였고, 1939년에는 아들 스테판 왕[원래 이름은 '스테판 칼 알로이스 솔가시 서(Stefan Karl Alois Solgasi Seo, 1939~2013)'이다]을 낳았다.

　　엘리자는 오스트리아 빈 출신으로 1930년대 프랑스 파리 미술학교 '아카데미 드 라 그랑드 쇼미에르(Académie de la Grande Chaumière à Paris)'에 유학을 하였다. 그때 파리에서 한국 독립운동가 겸 기자인 서영해를 만났다. 두 사람은 1937년 빈 시청에서 결혼식을 올렸고, 엘리자는 남편의 이름을 따서 '엘리자베스 서'로 이름이 바뀌었다. 그녀는 빈 미술학교와 파리 미술학교를 졸업한 후 유럽에서 인정받는 화가가 되었다. 1977년부터는 예술사진 작가로 활동하면서 빈과 이탈리아에 'gallery Tao'란 이름의 갤러리 두 곳을 소유하였고, 그녀의 작품이 빈의 세계적 박물관인 알베르티나와 프랑스 국립도서관에 소장될 정도로 성공하였다.

두 사람의 단란했던 결혼 생활은 세계사의 격랑으로 인해 오래가지 못하였다. 1938년 히틀러가 오스트리아를 합병하고, 1939년 9월 2차 세계대전을 일으켰다. 임신한 엘리자가 고향 빈으로 돌아가 아들을 낳았을 때가 1939년 9월 20일이었다. 독일에 합병된 오스트리아는 프랑스에 적국이 되었다. 1945년 5월 7일 독일이 항복하고 유럽에 평화가 찾아왔지만 이들 두 사람은 끝내 재결합을 하지 못하였다. 서영해는 1940년 6월 독일군의 파리 점령으로 1941년 독일군의 포로생활을 6개월 하였다. 나중에 풀려나서 프랑스에서 3년여간 레지스탕스 운동에 참여하였기 때문에 엘리자와 연락을 할 수 없는 상황이었다.

신문기사에 난 엘리자의 모습

서영해의 오스트리아 아내
엘리자

서영해의 아들 '스테판 칼 알로이스
솔가시 서'(1939년 9월 20일생)

　엘리자는 서영해로부터 연락이 없자 1941년 9월 19일 빈 법정에
서 일방적으로 서영해와의 이혼판결을 받아내었다. 이후 1945년 10
월 10일 같은 마을에 살고 있던 폐질환 전문의이자 나이 많은 중국
인 의사 '식닝 왕(Sik Ning Wong)'과 재혼하였다. 이에 따라 서영해의
아들 이름이 '스테판 왕'으로 바뀌었다. 스테판은 빈 응용예술대학
에서 건축을 전공해서 건축가가 되었다. 그는 워커홀릭일 정도로
성실한 건축가였으며, 학교·아파트 등의 리모델링을 감독하기도
하였다. 빈 지방재판소의 재건축도 그의 작품이라고 한다.

　엘리자는 그의 두 번째 남편인 식닝 왕이 결혼 후 한 달만인 1945
년 11월 14일 병으로 죽자 오스트리아 화가인 '레오폴드 셰어셰
(Leopold Schersch)'와 세 번째 결혼하였다. 스테판은 어머니의 재혼, 삼
혼으로 보살핌을 잘 받지 못하였고, 1970년대부터는 연락마저 두절
되었다. 2006년 12월 29일 그의 어머니 엘리자가 사망할 때까지 무

려 36년간이나 그들은 만나지 않았다. 그는 슬하에 딸 둘(수지와 스테파니)을 남겨두고 73세 되던 2013년 1월 암으로 세상을 떠났다.

머나먼 나라 오스트리아에서 파리로 유학 온 엘리자는 파리에서 외롭게 자비로 근근히 생활하면서 독립운동을 하고 있던 노총각 서영해에게 잠시나마 삶의 행복을 맛보게 해준 여인이었다. 프랑스 여성도 아닌 오스트리아 여성과 인연을 맺게 된 것은 당시로서는 참으로 드문 경우였다. 이런 인연으로 이승만의 오스트리아 부인인 프란체스카 여사와의 연애편지도 전달하고, 그들의 결혼식에 들러리도 서게 되었다. 세계사의 풍랑에 휩쓸려 서영해와 엘리자의 결혼 생활은 한여름 밤의 꿈처럼 끝나버렸다.

프랑스 레지스탕스 운동 참여

1929년 고려통신사 설립 이후 1939년 2차 세계대전이 발발하기 전까지 서영해는 한반도와 동북아 정세에 대해 서구 언론에 기고하고, 임정에 유럽정세 관련 분석 보고서를 수시로 제공하면서 가장 활발한 활동을 전개해나갔다.

전쟁은 발서 대四년에 들어 외국을 거의 과사
에 직면식하였다 또 명일 국제상황에 관해
동을 니요킬 급일 구주전쟁은 우리와 유―
무二한 기회인것이다 이럼에도 불구하고 주의
각디에서 활동하난 우리 동포 좀 무슴당 무
순과하고 아직도 당파싸움을하고 이슬수난분이 잇
니 참한심하다 나라가 이슬뒤에야 두의와 당은
뜻이이슬것이니 제발 당과싸움 끗쳐쟈!
오날 우리가 총갈동을 손에 들고 중국동포
들과 싸와야 할것이오 두말할것도 업거니와 우
순운동이 돈지 조직이 잇서야하고 중앙지도긔
만이 잇서야 되난것이니 데―첫재 통―덕 리
시정우를 스발니 세우고 중국전우에 향하야
숭의불 적극뎍으로 교섭하난동시 전세계에
우리적우외 존지를 널니 선전하자!
동치토난 우리의 대사업을 인도하난 기관―
가 이스여야하겟다 선전상 외교사요로 보아서
이두가지 문데가 꼭 긴급한바 그희 건립칙임을
외각처에서 활동하난 우리 혁명동지 들의 젹
성에 구한다
一九四〇년 三월 一일
고려통신사 빌

"임시정부는 전부터 프랑스 파리에 주재하는 서영해를 통하여 구주 정국의 형편을 통신하고 있었고, 1944년 종전의 기미가 현저해졌을 때는 30여 연합국에 비망록을 발송하여 전후처리에 있어 한국의 독립을 일깨우기도 했다. 그리하여 프랑스·폴란드 같은 나라에서는 그들의 주중사절(駐中使節)을 통하여 장차 임시정부를 승인하겠다는 의사를 표명해 오기도 했다."*

이러한 활동에 힘입어 1936년 3월 8일 임시정부는 국무회의에서 서영해를 '주프랑스특파위원(駐法特派委員)'으로 임명하였다.

* 한국사데이터베이스, 「중경의 임시정부와 광복」, 3) 외교 및 선전활동의 강화, p.3.

「고려통신사의 외치는 소리」(1940.3.1.)

1940년 8월 1일 『신한민보』에 게재된 그의 기고문(「고려통신사의 외치는 소리」)는 첫째, 우리 독립운동가들이 서로 파당을 나누어 분열하는 모습에 일치단결을 촉구하는 내용이 제일 중요하게 다루어졌다. 둘째, 통일적 임시정부를 빨리 세워 중국정부에 대한 승인 외교를 펼칠 것과 세계 각국에 우리 정부의 존재를 널리 선전하자는 내용이다. 마지막으로, 독립운동을 인도하는 기관지를 만들자는 주장이다. 이 기고문은 같은 해 3월 1일에 작성되었으나 5개월이나 지난 후에 『신한민보』에 게재되었다. 서영해의 주장은 당시 우리 독립운동에서 가장 핵심적인 내용으로서 매우 타당한 방책을 제시한 것으로 평가된다.

　　1940년 6월 14일 파리가 독일군 수중에 들어가자 서영해의 활동은 당연히 위축될 수밖에 없었다. 이러한 상황 속에서 그는 1940년 7월 20일자 조소앙에게 보낸 편지에서 "이 구주전쟁의 내막을 가만히 들여다보면 영국, 프랑스, 독일, 이탈리아 할 것 없이 모두가 도적놈 판입니다. 마지막에 어떤 편이 이기든지 침략주의와 소비에트 러시아 타도가 그들의 목적입니다"라고 보고하고 있다.* 이는 매우 정확한 분석이었다.
　　서영해는 이 전쟁의 끝에 전 세계 국가들의 국제생활에 큰 변동이 있을 것이며, 그 결과 사람들이 다 잘살게 된다 해도 우리 조국의 독립이 이루어지지 않는다면 무슨 소용이 있겠냐고 반문하였다. 그

---

* 한국사데이터베이스, 서영해가 조소앙에게, 「대외 교섭과 선전의 중요성을 역설하고 방책을 개진한 편지」, 1940년 7월 20일.

러면서 그는 소비에트 러시아가 정치상, 주의상, 경제상, 지리상으로 '왜제국(倭帝國)'과 원수인 만큼 우리는 소련과 악수하고 우의를 깊게 해야 한다고 강조하면서 자신이 임시정부의 대소외교에 나설 수 있음을 밝혔다. 이로 미루어 서영해는 전후(戰後) 소련의 한반도에 대한 영향력 행사 가능성을 미리 예견하고 그에 대비하고자 하였음을 알 수 있다.

서영해가 해방 후 귀국하여 밝힌 바에 따르면 그는 일본의 밀고로 나치에 체포되어 6개월간 감금생활을 하였고, 나중에 풀려나서 '스렁하이'라는 중국인 기자로 행세하다가 나치의 체포령이 다시 떨어지자 지하로 잠적하여 프랑스 레지스탕스 운동에 3년여간 참여하였다고 한다. 프랑스에서 활동하는 동안 그는 주프랑스 일본대사관의 끊임없는 감시와 탄압을 받았다고 회고하고 있다. 서영해가 레지스탕스 운동과 관련하여 어떤 활동을 하였는지는 구체적인 자료가 없어서 확인할 수가 없으나, 아마도 유창한 불어를 바탕으로 드골의 '자유 프랑스(La France Libre)'와 임정 간의 협력업무를 담당하고, 레지스탕스 조직 및 운영 현황, 유럽의 정세 등을 임정에 보고하는 모종의 활동을 하였을 것이다.

비록 3년 정도의 공백은 있었지만 독일의 프랑스 점령 시에도 임정과 지속적으로 연락을 유지하였던 서영해는 1944년 8월 파리 해방 후 임시정부와 연락을 재개하여 자유 프랑스와 대한민국 임시정부를 연결하는 가교 역할을 담당하였다. 이러한 활동으로 서영해는 1945년 3월 12일 임정의 '주법대표(駐法代表)', 즉 주프랑스대사의 지위에 임명되었다.

1944년 11월 21일 중국 중경에서 조소앙 임정 외무부장은 클라락(CLARAC) 주중 프랑스 대사관 고문 겸 임시정부 대표를 만난 자리에서 독일군의 프랑스 점령으로 소식이 두절되었던, 프랑스에 살고 있는 한국인들의 소식, 특히 오래전부터 파리에 살고 있는 서영해의 안부를 궁금해하였다. 그는 "서영해의 주소는 말브랑쉬(Malebranche) 7번지이며, 대한민국 임시정부에서는 그를 프랑스 내에서 한국의 이해를 비공식적으로 대표할 책임을 위임하려 한다"고 말하였다. 이로 미루어 볼 때 서영해가 임정과 연락을 재개한 것은 1944년 말 정도부터일 것으로 짐작된다.

1940년 7월 20일 보낸 편지가 되돌아와
다시 발송하게 된 사정을 전하는 편지

조소앙 선생. 이에 동봉한 편전(片箋)을 7월 20일에 선생께 올렸는데 1개월 뒤에 다시 발신인에게로 돌아왔습니다. 제(弟)는 방금 독일군의 점령지대인 파리에 있는데 점령이 안 된 지대에서는 외국과 교통이 자유롭다는 소식을 듣고 그 지대로 가는 인편을 구하여 또 한 번 발송해 봅니다마는 선생께 도착될지 의문입니다.

영독전쟁은 도저히 1~2년 내로 끝날 것 같지 않습니다. 불란서에는 지금 비밀리에 극좌경혁명운동이 시작되었습니다. 이 전쟁 끝에 어느 편이 이기든지 전 세계에 큰 변동이 있을 것인데, 왜놈과 미국까지 이 싸움에 들어가서 자본주의와 제국주의가 일시에 같이 쓰러지고 함께 망하게[원문에는 '공도동망(共倒同亡)'] 되기를 바랍니다.

며칠 전 중경 라디오를 들은즉 중국친우 정언분(鄭彦棻) 군이 광동성정부 비서장으로 임명된 모양인데, 군을 만날 기회가 있으면 안부하여 주시기 바랍니다. 그리고 이런 기회를 이용하여 우리 대중선전을 도모하시기 바랍니다. 인편 총망(怱忙: 몹시 급하고 바쁨)으로 길게 쓸 수 없습니다.

제(弟) 서영해(徐嶺海)

(출처: 한국사데이터베이스 조소앙 문서)

1940년 8월 1일 『신한민보』, 「고려통신사의 외치는 소리」 〈항전(抗戰)문단〉

이 글은 프랑스 파리에서 우리 조국광복을 위하여 수십 년간 분투노력하고 있는 우리의 동지 서영해 씨가 경영하는 고려통 신사의 피 끓는 하소연이다. 우리는 우선 3당 통일로써 이 글 을 답복하거니와 입으로만 통일을 부르짖고 파괴를 일삼는 사 람도 이 글을 볼 때에 많은 느낌이 있을 줄 안다. 멀리서 온 동 지의 부르짖음이 우리의 큰 통일에 많은 도움을 주기를 바라고 이 글을 게재한다.

"우리의 혁명동지들아! 우리가 나라를 잃고 왜놈의 총칼 밑에 서 고통을 받고 있는 지가 벌써 30년이 되었다. 그러나 우리 민 족이 아직 죽지 않았다면 해외각지에서 조국독립운동을 계속 함으로써 이것을 증명할 바이다. 혁명 경험이 적고 정치 훈련 이 없던 것만큼, 통일 덕으로 강적을 대할 줄 몰랐던 우리는 3 · 1 운동 이후로 자상어육의 당파싸움으로써 원통한 실패를 얼 마나 거듭하였더냐! 우리의 실력이 너무 박(薄)함을 아는 우리 는 늘 국제대세의 전환을 한 기회로 보았으며 중국의 항일전쟁 을 고대하던바, 마침내 중화민족의 위대한 항일전쟁은 벌써 4 년째에 들어 왜국을 거의 파산에 직면시켰다. 또 명일 국제생활에 큰 변동을 일으킬 금일 구주(유럽)전쟁은 우리의 유일무이한 기회인 것이다. 이럼에도 불구하고 중국 각지에서 활동하는 우리 동포 중 무슨 당, 무슨 파하고 아직도 당파싸움을 하고 있는 분이 있으니 참 한심하다. 나라가 있은 뒤에야 주의와 당도 뜻이 있을 것이니 제발 당파 싸움을 고치자!

오늘 우리가 총칼을 손에 들고 중국 동지들과 싸워야 할 것은 두말할 것도 없거니와 무슨 운동이던지 조직이 있어야 하고 중앙 지도기관이 있어야 되는 것이니, 제일 첫째 통일적 임시정부를 빨리 세우고 중국정부에 향하여 승인을 적극적으로 교섭하는 동시에 전 세계에 우리 정부의 존재를 널리 선전하자!

둘째로는 우리의 대사업을 인도하는 기관지가 있어야 하겠다. 선전상, 외교상으로 보아서도 이 두 가지 문제가 퍽 긴급한바, 그 해결방책을 해외각처에서 활동하는 우리 혁명동지들의 정성에 구한다.

1940년 3월 1일. 고려통신사.”

05

해방 후
통일된
정부 수립을
외치다

해방 이후 좌우이념 대립과 서영해

귀국 후 서울에서의 생활

한국 여인 황순조와의 결혼 짧은 만남 긴 이별

국내정치에 대한 환멸과 프랑스로의 재출국

상해 인성학교와 서영해

해방 이후 좌우이념
대립과 서영해

    1945년 8월 15일 우리 민족은 35년간의 일제의 압제에서 벗어나 감격스러운 광복을 맞이하였다. 1905년 을사국치 때부터 계산하면 실로 40년 만에 찾아온 기쁨과 역사적인 순간이었다. 이는 국내외의 항일운동과 무수한 독립열사들의 피와 땀, 그리고 순국의 결과였다.

    유럽지역에서 외로이 독립운동을 펼치던 서영해는 한국보다 1년 먼저 파리 해방(Libération de Paris)을 맞이하였다. 4년간 파리를 점령했던 독일군이 연합군과의 전투에서 패하여 파리에서 철수하고, 1944년 8월 25일 연합군이 파리에 입성하였다.

    프랑스가 해방되는 데에는 샤를 드골 장군, 장 물랭 레지스탕스 지도자, 르끌레르 장군과 같은 훌륭한 지도자들이 있어서 가능하였다. 드골 장군은 파리가 점령당하자 런던으로 망명하여 '자유 프랑스 운동', 즉 대독 프랑스 항전 운동을 전개하였고, 1943년 6월 알제리 알제(Alger)에 프랑스 국민해방위원회(CFLN)를 수립하여 독립운동을 이어나갔다.

    드골의 프랑스 임시정부는 1944년 10월 열강으로부터 정부 승인을 받았지만, 우리 임시정부는 백방으로 노력하였으나 당시 국제정치 역학관계상 끝내 열강으로부터 공식적인 승인을 받지 못하였다. 다만, 드골의 임시정부로부터 '사실상의(de facto) 승인'을 받는 데 성공하였다. 공식적이 아닌 '사실상의 승인'이라도 받은 것은 우리 임정과 서영해의 부단한 노력의 결과로서, 대단한 외교적 성과로 평가할 수 있다.

서영해는 해방 후 바로 귀국하지 않고 1947년 5월 26일에 그동안 그토록 그리던 고국 땅을 밟았다.* 27년간 파리에서 살아왔던 여러 가지를 정리하는 데 시간이 걸렸을 것이고, 무엇보다 오스트리아에 살고 있는 엘리자와 일곱 살 된 그의 아들 스테판의 안부가 궁금하여 백방으로 수소문하였을 것이다. 그러나 애통하게도 파리가 독일군 치하에 있어 서영해와 연락이 두절된 엘리자는 1945년 10월 다른 남자와 재혼하였다.

이 소식을 들은 서영해는 하늘이 무너지는 것 같은 비통함에 잠겼을 것이다. 3년 넘게 적군 치하에서 레지스탕스 운동에 가담하면서 생사의 기로를 넘을 때마다 그는 아내와 아들을 만날 희망으로 잘 버텨왔는데, 엘리자가 연락이 닿지 않는 사이 재혼을 해버리는 일이 발생하였다. 이후 서영해는 입버릇처럼 '치마저고리 입은 동포 여성과 결혼해서 에펠탑 밑을 걷는 것이 개인적으로 제일 소원'이라고 말하곤 하였다고 한다.

당시만 해도 한국 여성은 서양 여성과 달리 한 번 결혼하면 평생

---

* 일부 자료에는 1946년 봄에 귀국하였다고 기록하고 있는데 이는 잘못된 기록이다. 〈경향신문〉 1947년 5월 29일자 기사에 그가 상해에서 이주호(利洲號)를 타고 인천항으로 귀국한 사실이 보도되었다.

을 혼자 지내는 경우가 많았다. 서영해는 실제로 그런 여인 '황순조(黃順朝)'를 귀국 후 다음 해 봄에 만나서 결혼하게 된다.

한국에 돌아온 서영해는 통일되고 민주적인 고국에 헌신하는 정치인 중의 한 사람으로 남고자 하였으나, 당시 정세는 그

서영해의 귀국을 알리는 『자유신문』 기사 「구라파서 중시하는 조선임을 자각하자」 (1947.7.10.)

의 뜻과 같이 녹록하게 전개되지 않고 있었다. 먼저, 해방 후 임정요인들이 귀국할 때 개인자격으로 귀국하는 어처구니없는 일이 발생하였다. 미국과 열강이 임정을 인정하지 않았기 때문에 예정된 결과였지만, 수십 년의 풍상을 겪으며 해외에서 독립운동을 위해 노심초사, 끼니조차 거르면서 투쟁한 결과치고는 참으로 참담한 귀결이었다. 국제정치에서 강대국이 주도하는 정책결정에 약소국이 겪어야 하는 서러움이었다.

이와 관련, 중경에 있는 프랑스 대사관은 다음과 같이 본국 정부에 보고하였다.

"중경, 1945년 10월 4일. 미국 당국이 서울에 수립한 한국 군사

정부가 중경과 미합중국에 망명한 대한민국 임시정부 일부 인사들을 받아들일 것이라는 소식이 중경에 전해졌습니다. 군사정부는 지난 10월 2일에 서울에서 발표된 선언문에 따라 망명 임시정부를 일괄적으로 인정하려 하는 것이 아니라, 그 인사들을 정치 고문으로 쓰겠다고만 했습니다. 서울 정부는 정당 간에 불고 있는 엄청난 혼란의 소용돌이 때문에 정치 분야의 인력을 충원하는 데 큰 어려움을 겪고 있다고 합니다."[*]

서영해는 귀국 후 제일 먼저 경교장을 찾아서 김구에게 귀국인사를 하였고, 이승만, 김규식, 조소앙 등의 임정요인들을 만났다. 조소앙 임정 외무부장을 만나서는 "왜 임시정부 요인들이 개인자격으로 귀국해서 선열과 우국지사들의 피땀으로 이어온 법통마저 끊어놨느냐?"고 몰아붙이듯이 따졌다. 연배로나 임시정부의 위계로나 대선배인 조소앙도 이 문제에만은 "나 역시 답답하고 억울했지만 당시의 상황이 어쩔 수 없었다"고 달래듯이 말하였다고 한다.[**]

김구에 대해서 서영해는 상해 임시정부 시절부터 귀국할 때까지 절대적인 존경과 지지를 보였다. 그러나 김구가 격변하는 상황에 잘 대응하지 못하는 것이 안타까웠는지 김구의 측근들에게 다음과 같이 자주 불만을 토로하였다고 한다.

* 한국사 데이터베이스, 「미국이 세운 서울의 군정이 임시정부 인사들을 기용할 것이라는 소식을 프랑스 외무부에 전달」, 1945년 10월 4일.
** 〈주간한국〉「최초의 불어 소설 쓴 서영해는 이런 인물 下」 제1161호, 1987.3.29, pp.27~28.

귀국 후 경교장에서 다시 만난 김구(앞줄 가운데), 이승만(앞줄 오른쪽 두 번째),
서영해(뒷줄 왼쪽 다섯 번째 안경 낀 분) 세 사람

"지금이 어느 때인데 경교장(京橋莊)에 느긋이 앉아서 찾아오는
사람들의 인사나 받고 있는가. 3천리 방방곡곡을 누비고 다니
며 직접 남들을 찾아보고 외교도 적극적으로 펴야 할 텐데, 혁
명가가 고향에 돌아오니 오히려 무기력해진 것 같다."

서영해가 부푼 꿈을 안고 귀국해보니 국내정세는 난장판이었다.
국토분단이라는 먹구름이 덮여 있었고, 민족지도세력 간의 갈등과
좌우익진영의 대립 등 암투와 혼란이 가중되고 있었다. 이승만에
대한 서영해의 평가는 "대세를 판단하는 안목은 높이 평가하나 독
선과 아집이 심하다"는 것이었다. 이승만이 남한만의 단독정부 수

립을 추진하는 데 대해 면전에서 격한 말로 다음과 같이 비난을 퍼부었다고 한다. "지금 권력을 잡을지는 몰라도 앞으로의 민족사에서는 빗자루로 쓸어버려야 할 것이다." 서영해의 불 같고 거침없는 성격에 비추어 볼 때 능히 가능한 말이었다.

1948년 4월 중순 서영해는 김구, 김규식이 주장한 남북협상에 통신사 기자의 자격으로 참가했다. 협상 참가를 위해 북한으로 가기 전에 그는 다음과 같은 말을 했다고 한다.

> "남북협상을 반대하는 이 박사의 주장도 충분한 이유가 있다. 자칫하면 크렘린의 정치연극에 놀아날 수도 있다. 그렇지만 어떻게 얻은 독립인데 다시 민족이 갈라진단 말인가. 끝까지 통일된 조국을 위해 최선을 다해야 하니 실패의 위험이 있더라도 백범 선생을 따르지 않을 수 없다."

한반도 분할통치는 이미 1945년 2월의 얄타회담에서 미·소 간에 결정된 사항으로 김구·김규식이 추진했던 남북통일정부 수립을 위한 노력은 시대의 대세를 거스르는 일이었다. 비록 그들의 통일된 조국을 위한 열정은 이해할 수 있으나 실현되기가 힘들었다. 김구는 남한만의 단독정부 수립에 반대하였기 때문에 "나는 통일된 조국을 건설하려다가 38선을 베고 쓰러질지언정 일신의 구차한 안일을 취하여 단독정부를 세우는 데는 협력하지 않겠다"고 다짐하였다. 따라서 김구를 추종했던 서영해도 광복 후 수립된 정부에 설 자리가 없었다.

구라파서 중시하는 조선임을 자각하자

(『자유신문』, 1947.7.10.)

체불(滯佛) 30년의 서영해 씨 귀국담

파리로 제네바로 망명을 다니며 조선의 독립을 위하여 조선을
소개하고 다니던 『쎄놀 서(徐)』라면 담이 크고 키가 적은 것보
다 '조선의 애국청년'으로 모르는 이가 없을 만큼 그의 활동은
구주에서 널리 알려져 있는데, 수일 전 그는 해방 후의 고국을
찾아왔다.

그는 동래출신의 서영해(44세) 씨로 29년 만에 귀국, 고려통신
사를 파리에 두고 런던과 프라하에 지사를 두어 조선사정 소개
에 힘써온 분이다. 어제 9일 '귀국한 지 처음으로 27일 만에 외
출을 하였습니다'고 우중(雨中)의 서울 거리를 거닐은 그의 감
회는 여러 가지로 이상한 바가 있었을 것인데 다정다감한 그는
다음과 같이 감상을 말하였다.

전후의 구라파 수습 문제도 크지만 동양과 조선에 대한 구라파
의 관심도 대단하다. 특히 1942년 영국의 처칠 수상이 중국의
주영대사 곽태기(郭泰祺) 씨를 통해 중경의 임정으로 하여금 조
선 문제를 구라파에 알리게 한 때부터 최근의 조선이 국제무대
에 '클로즈업'되었고 그 후 오늘의 해방을 가지는 것은 '카이로'
회담에서부터이다.

앞으로 자주독립이 언제 될지 내가 말할 문제는 아니나 미국이나 소련이나 다 같이 공통된 이해를 가지고 있는 만큼 현재 우리 조선의 지위와 세계사적 입장을 똑똑히 바라보고 우리 자신을 비판하지 않으면 안 될 것이다. 우리 조선 문제도 그렇거니와 최근의 사우디아라비아 문제, 팔레스타인 문제, 또 유고 문제 등이 단순히 생기는 것이 아니고 거기에는 언제나 상당한 자원을 가지고 있는 데서 문제는 발전되어 양 세력에 눌리어 좀처럼 해결이 나지 않는 것이다. 그러니까 약소민족의 대동단결이란 그만큼 필요한 것이고, 또 국제적 외교의 실력을 기르는 것이 무엇보다도 필요한 것이다.

국내에 들어와 보니 내가 파리 일본대사관에서 박해를 당하여 쫓겨 다닐 때에 나를 밀고하고 조선민족을 부인하던 그러한 종류의 인물들이 공공연하게 나와 다니는 것과 정신을 잃은 허깨비의 정치객들이 많은 것에는 눈에서 쌍심지가 날 지경이었다. 우리의 역사는 왜적이 망쳐놓은 그 사실을 바라보고 다시 만들어야 할 때가 이때이거니와 유명한 불란서의 학자 '베르그송' 같은 이는 독일점령군이 그렇게 애걸하고 간청하여 글을 쓰고 연설을 하라고 했으나 총칼 앞에 엄연히 이것을 거부한 그 민족성을 우리는 철저히 배우지 않으면 안 될 것이다. 서울에 각 정당이 많은 것에 놀랐으나, 정당이란 일조일석에

되는 것이 아니고 불란서의 시례를 보면 각 정당에는 상당히 깊은 뿌리가 박혀 있고 진리와 철학을 배경으로 하고 있는 것에 비추어 볼 때 국내사정은 너무도 혼란함을 느끼었다. 애국의 시인 '발레리'는 국장(國葬)으로 그를 대우했고, '앙드레 지드'는 84세의 노령으로 아직도 건필을 자랑하고 있으며, 유명한 화가 '피카소'는 공산당원으로 일하나 불란서를 조국으로 사랑하고 있다.

그는 이번 영국의 모 외교협회의 초청을 받아 조선을 소개할 재료를 얻고자 귀국하여 금년 말까지 체제할 터이며, 파리의 유명한 '파야르' 출판회사(Édition Fayard)에서 '능수버들' 외 여러 책을 출판하여 조선의 민족과 문학 등을 불문단에 소개하였다고 한다.

귀국 후
서울에서의 생활

서영해는 귀국해서 부산에 있는 고향의 형제자매들과 친척들이 제일 먼저 보고 싶었겠지만 서울에 있는 임정요인들을 찾아가 인사를 드렸다. 1919년 3·1 독립만세 운동 이후 고향을 떠난 후 실로 28년 만에 떨리는 가슴을 안고 부산으로 내려갔다.

그러나 그의 부친 서석주 옹이 작고한 이후 그의 가족은 뿔뿔이 흩어졌고, 한때 장터처럼 붐볐던 초량의 서약국 자리는 흔적도 없이 사라지고 없었다. 다른 형제들은 이미 작고했거나 일본, 북한 등으로 고향을 떠나 소식이 두절된 상태였고, 교사 생활을 하고 있던 막내 동생 서조수(徐祚洙, 1971년 작고)만 만날 수 있었다.

형제자매가 뿔뿔이 흩어진 부산은 서영해가 청운의 푸른 꿈을 안고 떠났던 1919년의 모습이 아니었다. 사실은 서영해 본인도 많이 변해 있었다. 28년의 외국생활로 인해 국내 사정도 어두웠고 자신도 모르게 사고방식도 유럽식으로 바뀌어 있었다. 그의 막내 계수인 김영애(金暎愛)의 말에 따르면 "몇십 년 만에 조국을 찾은 시아주버니가 너무 별스럽고 괴팍해 보여서 무척 어려웠다"고 하였다. 젊은이들에게 먼저 시비를 걸고, 거리를 지나면서도 흥분하고, 관리를

귀국 후 부산에서 다시 만난 친척들과 기념촬영(뒷줄 가운데가 서영해, 아이를 안고 있는 사람이 막내 동생 서조수이다.)

귀국 후 부산에서 친척들이 모두 모여 기념촬영

비난하는 그의 유별난 언행들은 지나간 세월의 공백 탓일 것이다. 오히려 서영해의 그런 모습이 당시 주변사람들에게는 돈키호테처럼 보였을 것이다.

낯모르는 젊은이들에게 다가가 '걸음걸이가 그게 뭐냐. 젊은이답게 기백을 가져라!'라고 야단을 치거나, 거리에 널려 있는 쓰레기를 보고는 '프랑스에서는 쓰레기를 태워 한 마을에 더운 물을 공급한다. 가난을 벗어나려면 부지런함과 머리를 함께 갖추어야 한다'고 역설하였다.

부산에 내려오는 기차간에 한 경찰이 서영해가 읽고 있는 불어로 된 원서를 낚아채면서 '당신 뭐하는 사람이요? 어디서 왔소? 이 책은 무슨 내용이요?'라고 심문하듯이 따지자, 그는 '파리에서는 자동차를 거리에 잘못 세워놓고 술을 마셔도 그 흥을 깰까 봐 순경이 조용히 자동차 열쇠를 달라고 해서 바로 주차시켜준다. 일본경찰에 그토록 시달려왔던 우리의 경찰이 나쁜 버릇부터 먼저 배우느냐?'고 비분강개하였다고 한다.*

어쨌든 그의 귀국 소식은 부산 사람들에게는 큰 뉴스였고, '부산이 낳은 인물' 중의 하나로 친척과 친구들로부터 환대와 호기심 어린 떠들썩한 대접을 받았다. 귀국해서도 그동안 바쁘게 살아온 그의 생활태도는 바뀌지 않았다. 몸집은 작았지만 탄탄하였고 걸음걸이나 행동은 무척 민첩하였다. 아침마다 냉수마찰을 하였고, 고향에서도 사람을 만나거나 강연을 하는 등 잠시도 쉴 틈이 없었다.

---

* 〈주간한국〉, 「최초의 불어 소설 쓴 서영해는 이런 인물 下」, 1987.3.29. pp.28~29.

해방 후에도 그의 반일 감정은 대단해서 '왜놈 말은 입에도 담지 마라! 우리 손으로 만들었더라도 왜놈 음식은 입에도 대지 마라!'라는 말을 누누이 하였다고 한다.

그는 해방 후 이전투구의 정치판에는 직접 뛰어들지 않고 흘러가는 정세를 관망하였다. 대학생들과 일반인들을 대상으로 불어교과서를 직접 만들어 불어를 가르쳤고, 국내 언론기고와 강연 활동을 펼쳐 나갔다. 1947년 2학기부터* 연희전

경성여의전 강사 위촉장
(1947년 9월 1일)

문(연세대학교), 경성여자의학전문학교(고려대 의과대학 전신), 이화여전 등에서 강사로 위촉되어 주로 불어를 가르쳤다.

특히 그는 일본인이 만들었던 불어교과서를 던져버리고, 본인이 타이프로 쳐서 『초급 불어』라는 불어책을 직접 만들어서 강의하였다. 당시 종이 질도 좋지 않고 인쇄시설도 미비했던 시절에 일일이 타이프로 쳐서 교과서를 만들고 불어 특유의 기호표시는 만년필로 직접 표기하였다. 비록 낡고 보잘것없는 교과서였지만 우리만의 교과서를 만들겠다는 그의 의지와 집념을 느낄 수 있는 부분이다.

---

* 일부 자료에는 서영해가 1947년 봄 학기부터 강의를 한 것으로 되어 있으나 사실과 다르다.

"이때까지 일인들이 만든 교과서를 일소하고 우리 손으로 만든 교과서를 쓰는 것은 그만큼 우리 독립에 대한 일 하나를 이루어 놓은 것이라고 생각하여 나는 이 일에 즉시 착수하였다."

대학교 강의 외에도 그는 을지로4가에 개인 사무실을 차려놓고 청계천 수표동 교회에서 일반인들을 대상으로 강의를 하면서 후진을 양성하였다. 이때 그에게 불어를 배운 주요 인물들은 이동원 전 외무부장관, 김동길 전 연세대 교수, 대구출신의 최광석 전 KBS 대북방송담당 전문위원 등이 있었다.

그는 수표동 교회에서 일주일에 세 차례 불어강의를 하였으며, 무료로 강의하였다. 그는 불어 강의 도중에 그동안 국제무대에서 겪었던 경험담과 국제정세에 대한 분석 등 무척 해박하고 날카로운 인식을 펼쳐 보이며 젊은이들에게 시국과 국제정세를 보는 안목을 넓혀주려고 노력하였다. 최광석의 경우 수업 첫날 서영해에게 '수강료는 얼마나 되느냐?' 하고 물었다가 '내가 돈을 벌자고 이런 일을 하는 줄 아느냐!'고 큰 소리로 야단을 맞았다고 한다. 그 후 최광석은 서영해의 열렬한 추종자가 되어 유럽에서 함께 활동하는 계획에 동참하였다.

불어 강의 이외에도 서영해는 활발한 언론활동과 강연활동으로 바쁜 생활을 이어나갔다. 27년 동안 전 유럽을 무대로 활동해왔던 터라 국내 무대는 오히려 협소하고 따분했을지도 모른다. 1947년 8월 『신천지』에 「전후 불란서 문화계의 동향」을 발표하였고, 같은 해 11월에는 전국문화단체총연합회가 주최한 개천절 기념 강연회에 강사로 참여하였으며, 1948년 2월에는 『신세대』에 「불란서에서 만난 잊혀지지 않는 여인」을 기고하였다. 아울러, 그해 4월 5일 서울에서 조선신문학원 창립 1주년 기념식 때 해외연락위원으로 구주대표위원을 맡아 구미 각국의 신문, 도서구입 및 구미유학생 파견 등의 자문활동을 하였다.

귀국 후 국내 어느 모임에서

한국 여인 황순조와의 결혼,
짧은 만남 긴 이별

국내에서 바쁘게 활동하던 서영해에게 모처럼 봄날이 찾아왔다. 그가 꿈에도 그리던 한국여인을 만나게 된 것이다. 엘리자와 헤어진 후 서영해는 입버릇처럼 '곱게 치마저고리 차려입은 조선여인과 에펠탑 밑을 거닐고 싶다'고 말하곤 하였는데, 꿈에 그리던 그 상대는 그보다 스무살 아래의 신여성 황순조였다.

그녀는 1941년 일본유학을 마치고 귀국했을 때부터 집에서 혼인을 서둘렀으나 '눈에 드는 신랑감이 없다'며 거절하였다. 신학문을 배우고 귀국한 그녀에게는 암울했던 일제치하의 한국 남자들이 눈에 차지 않았을 것이다. 하지만 독립운동을 하기 위해 상해로, 파리로 건너가서 서양문물을 배우고, 언론활동을 통해 해박한 지식과 유려한 언변을 가진 서영해의 높은 기개와 투사로서의 풍모는 스무살의 나이 차이에도 불구하고 그녀를 사로잡기에 충분하였다.

도쿄가정전문학교 공부를 마치고 귀국 후 부산의 명문교인 경남공립여중 교사로 있던 황순조는 당시 범일동에서 한약국을 하던 황기학(黃起鶴)의 2남 5녀 중 셋째였다. 인연이 되려다 보니 그녀의 아버지 황기학은 서영해의 선친인 서석주의 문하생이었다. 두 사람의 만남은 서영해의 동생과 친척들이 적극 주선하였다.

이러한 인연으로 두 사람은 급속도로 가까워졌고, 40대 중반의 독립운동가와 26세의 당차고 똑똑하고 꿈 많은 신여성의 결혼식이 1948년 3월 24일 부산에서 거행되었다. 당시로서도 매우 파격적인 나이 차이에도 불구하고 '천생연분'으로 만난 두 사람은 '이 사람을 만나려고 나는 지금까지 기다려온 모양이다'라고 공공연하게, 때로는 자랑스럽게 이야기하곤 하였다.

결혼기념 사진(1948.3.24.)

신부의 키가 신랑보다 커서 결혼기념 사진을 찍을 때 서영해는 상자를 밟고 서서 찍었다. 황순조는 남편의 작은 키에 대해 '워낙 학식과 위엄이 넘쳐 항상 크고 대단한 사람으로, 남편이라기보다는 선생님이나 아버지처럼 대했다'고 회고하였다. 신혼살림은 서울에 차렸고, 서영해는 결혼 후에도 학교 강의와 언론기고, 외부강연 등으로 바쁜 생활을 보내었다.

그러나 두 사람의 인연은 오래가지 못하였다. 운명이 또 두 사람을 갈라놓았기 때문이다. 뒷장에 자세히 설명이 되겠지만, 국내에 제대로 된 설자리가 없었던 서영해는 김구의 노선에 따라 통일된 남북정부 수립을 위한 활동을 해외에서 펼치기 위하여 그의 아내와 함께 파리로 가서 생활하기로 마음먹었다. 27년간 살아왔던 프랑스에서의 삶이 그에게는 한국보다 더욱 편하고, 그동안 닦아놓았던 프랑스와 유럽에서의 언론활동과 인맥을 통해 통일정부 수립을 위해 모종의 역할을 할 수 있을 것으로 전망하였다. 부수적으로 파리의 멋진 풍경과 신문물을 아내에게 보여주고, 제2의 신혼생활을 맞이하고 싶었을 것이다.

17대 황순조
1979.3.1 ~ 1984.2.28
제17대 경남여고 교장 재직 시의
황순조 모습

그러나 파리로 가기 위해 상해에 들렀을 때 중국이 공산화되면서 두 사람은 생이별을 하게 된다. 중국 국적의 여권을 가지고 있었던 서영해는 한국으로 오는 귀국선에 탈 수 없었다. 아내를 부산으로 먼저 보내면서 뒷일을 도모하였으나, 두 사람은 1년 6개월의 짧은 부부의 인연을 마지막으로 죽을 때까지 영원히 만나지 못하였다. 신여성 황순조는 홀로 남편을 기다렸으나, 서영해는 끝내 돌아오지 않았다. 그녀는 1985년 1월 암으로 투병 중 63세를 일기로 조용히 두 눈을 감았다.

국내정치에 대한 환멸과
프랑스로의 재출국

결혼한 이후 한 달도 안 되어 서영해는 앞에서 이미 언급한 바와 같이 김구, 김규식이 주장한 남북협상에 참가하기 위해 1948년 4월 중순 통신사 기자의 자격으로 북한을 방문하였다. 기자단과 다른 대표단원들은 백범 일행보다 먼저 출발하였다. 남북 정당사회단체 대표자 연석회의(남북협상회의)는 1948년 4월 19일부터 23일까지 평양에서 개최되었으나, 김구의 노력에도 불구하고 남북협상은 아무런 성과도 얻지 못하였고, 원통하고 분한 마음으로 돌아온 김구는 정치적 이미지에 큰 타격을 입었다. 김구가 이끌던 한국독립당 내에서도 그의 방북에 반대하는 의견이 분분하였던 터였다.

그해 5월 서영해는 김구, 김규식이 이승만의 단독정부 수립에 반대하여 조직한 통일독립촉진회에 가입하였으나, 이미 대세는 남북 모두 단독정부 수립으로 기울고 있었다. 남북협상 결렬과 평양행이 막힌 운신의 제한에 서영해는 큰 좌절감을 느꼈다. 1948년 8월 15일 수립된 정부에서도 그가 설 자리는 아무 곳에도 없었다.

오매불망 우리나라의 독립만을 위해 열심히 살아왔던 서영해가 바라본 조국의 현실은 암담하였다. 이전투구였던 정치판은 각자의 이익에 따라 이합집산하고 있었고, 폭력과 암살이 난무하였다. 더욱이 파리에서 그를 일본 대사관에 밀고하고 일본인을 자처하던 사람들이 공공연히 서울에서 활동하는 것을 보고는 경악을 금치 못하였다.

"국내에 들어와 보니 내가 파리 일본대사관에서 박해를 당하여 쫓겨 다닐 때에 나를 밀고하고 조선민족을 부인하던 그러한 종류의 인물들이 공공연하게 나와 다니는 것과 정신을 잃은 허깨비의 정치객들이 많은 것에는 눈에서 쌍심지가 날 지경이었다."*

서영해는 일체의 정치활동에 관여하지 않고 대학교 강의와 강연활동에만 전념하였다. 그러한 가운데 다시 파리로 돌아가서 예전에 독립운동을 했던 것처럼 유럽을 무대로 '남북통일 운동'을 해야겠다는 결심이 굳어졌다. 아울러, 그는 단독정부 수립의 부당성을 국제연합에 알리는 대표단의 선발대로 중국을 거쳐 프랑스로 갈 예정이었다. 프랑스 측 자료에 따르면 1948년 4월 중순에 이미 프랑스 외무성에 비자신청을 하였고, 그해 6월에 비자가 발급되었을 것이나 무슨 이유인지 그의 프랑스행은 늦어지고 있었다. 여권발급은 중국 당국이 하는 것이고, 비자발급은 주중 프랑스 대사관이 하는 것이기 때문에 문제는 중국 당국에 있었다. 일부 기록에 따르면 그가 파리로 가기 위해 상해에 왔을 때 국민당 당국에 의해 사회주의

---

* 『자유신문』, 「구라파서 중시하는 조선임을 자각하자」, 1947.7.10.

자로 몰려 체포되고 말았으며, 체포당한 후 그는 당시 주화대표단장(駐華代表團長)이었던 민필호에게 구원을 요청하는 편지를 발송한 것으로 알려져 있다.*

백범은 서영해가 남한단독정부 수립을 반대하는 한국독립당의 대표단 선발대로 7월 15일 상해를 거쳐서 파리에 도착한 것으로 발표하였으나 사실이 아니다.** 상해에서 여권발급이 지연되고 있던 서영해를 위해 민필호 단장이 장개석의 측근인 오철성 비서장에게 석방을 요구한 적이 있으며, 서한을 통해 그에게 신속한 여권발급 요청한 기록은 있다. 그러나 동 서한의 해제 결과 서영해의 석방을 요구하는 내용은 전혀 없었다.

"서영해는 파리에서 신문사 일을 한 사람입니다. 프랑스 측의 허가를 받아 고려통신사 등록증을 우리 측에서 제공할 테니 하루 빨리 서영해에게 여권을 발급해주시기 바랍니다."(1948년 8월 10일)***

---

* 김광재, 「광복 이후 상해 仁成學校의 재개교와 변천」, p.262(한국근현대사연구, 2010년 가을호)에는 서영해가 프랑스에 갔다가 중국으로 귀국한 후 김구의 암살 소식을 듣고 귀국하지 않고 상해에 눌러앉았다는 기록이 있으나, 서영해는 국민당 당국에 의해 체포되어 유엔총회에 참석하지 못하였다.
** 남조선민보(〈경남신문〉의 전신), 1948년 8월 7일(정부조직은 오불관언(吾不關焉), 급(急)은 임정승인이 요체) 김구의 인터뷰 내용 "서영해 씨가 지난 6월 15일 상해를 출발하여 이미 파리에 도착하였다. 서 씨는 오래전부터 파리에 있었으며, '대스코프' 대사의 후의로 파리대사로 있었던 분이다."
*** 〈조선일보〉, 「항저우 우리 집은 독립운동가 합숙소였죠」, 2017.4.14.(민필호 선생의 둘째 아들 민영백 회장의 인터뷰 내용)

鐵公秘書長崇善接奉京(37)議13652號
大示敬悉關于徐嶺海君從事新聞工
作事前在巴黎時業已取得法當局許可
玆謹將法當局發給徐君之高麗通
訊社登記證附呈敬懇我
公將該證件轉知行政院新聞局查照
後原件賜還俾得早獲出國護照不
勝謝禱耑此敬請
崇官
閔石麟敬啓八月十日
附呈徐嶺海高麗通訊社證明二件

〈번역문〉(탈초 및 번역: 국사편찬위원회 하혜정 연구위원)

吳(鐵城) 비서장님. 그간 잘 계셨는지요?
보내주신 편지를 잘 받아보았습니다. 서영해 군이 신문 관련
업무에 종사하여, 전에 이미 파리에서 프랑스 당국의 허가를
받았다는 사실을 잘 알았습니다.

이에 프랑스 당국에서 서군에게 발급한 고려통신사 등기증을
첨부하여 올립니다. 공께서 이 증명서를 행정원 신문국에 전하
여 알려주시고, 조사 후 원 문건을 돌려보내서 빠른 시일 내에
출국여권을 획득할 수 있게 해주시면 너무 감사하겠습니다. 이
상 부탁드립니다.

민석린 삼가 올림. 8월 10일.

붙임: 서영해 고려통신사 증명 2건

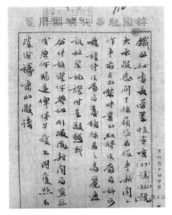

석린(石麟) 민필호 주화대표단장이 오철성(吳鐵城) 중국국민당
비서장에게 서영해의 여권발급을 요청하는 서한(1948년 8월 10일)

　　민필호 단장 덕분에 서영해는 그동안 지연되었던 여권을 발급받
았으며, 1948년 10월 중순경 김구가 지시한 사항을 프랑스 정부에
전달하고 본인의 고려통신사 재개 문제를 알아보기 위해 혼자서 파
리로 갔다. 프랑스 외교문서에 따르면 1948년 12월 1일 서영해는
파리에서 프랑스 외무부 아시아·대양주 국장을 면담한 기록이 나
온다. 이 자리에서 그는 미국과 러시아 모두를 비난하였으며, 미국
의 자본주의와 러시아의 공산주의 이데올로기 모두에 예속되지 않
기를 바란다고 언급하였다.

서영해는 프랑스 외무부 국장을 면담한 자리에서 다음과 같은 세 가지 사항을 제안하였다.

"첫째, 파리에 설립되어 있지만 활동을 거의 하지 못하고 있는 고려통신사의 운영재개 지원문제. 둘째, 김구 선생의 비용으로 한국인 교수를 파견하여 파리 동양어학교에 한국학 강좌를 신설하는 문제. 셋째, 김구 선생이 모든 비용을 부담하여 프랑스 대학에 5명의 한국인 장학생을 파견하는 문제."

프랑스 방문을 마치고 1949년 1월경 상해로 돌아온 그는 아내 황순조를 잠시 만난 다음, 서울로 가서 프랑스 방문결과를 김구에게 보고한 것으로 추정된다. 그리고 유럽에 가서 활동할 동지들을 규합하였다. 이후 다시 상해로 돌아온 그는 아내와 동지들의 프랑스 비자를 받기 위해 동분서주하였다.*

서영해는 국내에서 활동하면서 알게 된 최광석(崔光石, 전 KBS 자유대한의 소리 대공방송 전문위원), 홍철수(洪喆銖), 김기현(金基顯, 전 영남일보 편집국장) 등 세 명의 동지들을 규합하여 함께 프랑스로 가기로 하였다. 세 명의 젊은이들은 '선생님과는 어떤 어려움이라도 극복하며 조국을 위해 일하겠다'고 맹세하였다. 그들은 모두 결혼한 사람들로서 함께 출국하여 유럽지역에 거점을 만들어 통신사와 외교활동을 펼치기로 하였다. 최광석은 중동과 아프리카, 홍철수는 프

---

* 프랑스에서 상해로 돌아온 이후 서울에 와서 김구를 실제로 만났는지는 관련된 기록이 없어 추정할 뿐이다.

랑스와 영국, 김기현은 북유럽을 각각 담당하기로 하였다.

서영해의 여권은 중국국적의 여권이었고, 아내 황순조의 여권은 한국 여권이었다. 상해에 도착한 서영해는 예전에 양아들로 들었던 중국인 친지들을 찾아가서 인사하고 파리로 가는 선편을 알아보았다. 함께 가기로 한 동지들 중에 최광석 부부만 나중에 상해에서 합류하였고, 나머지 사람들은 가족들이 반대하고 여권이 나오지 않아 출국을 하지 못하였다. 김구는 떠나는 서영해에게 아들 김신을 시켜 여비를 챙겨주었다.

서영해는 그때까지 법률상으로는 중국국적을 가지고 있었고 파리에서 오랫동안 살아온 기록이 있어 프랑스로 가는 비자를 받을 수 있었으나, 그의 아내와 최광석 부부는 비자를 받기가 쉽지 않았다. 상해에서 대기하는 동안 서영해는 황순조를 상해에 있는 동포학교인 인성(人成)학교에서 학생들에게 수예(手藝)를 가르치도록 주선하였다. 비자가 나오지 않아 초조해 하고 있는 가운데 1949년 5월 상해가 중국공산당 치하에 들어가 버리는 예상치 못한 사태가 발생하였다.

1945년 중일전쟁이 끝나고 장개석의 국민당과 중국공산당 간의 내전이 1949년까지 계속되었다. 1949년 4월 장개석이 남경을 포기하고 12월 8일 대만으로 퇴각하면서 서영해 일행은 상해에서 고립되게 되었다. 모택동의 중국공산당은 1949년 10월 1일 중화인민공화국을 선포하였고, 상해에 있던 우리 교포들은 모두 억류되었다.

1949년 5월 초 우리 상해총영사관은 대만으로 철수하였고, 상해지역 교민들의 안전한 귀국을 위해 이승만 정부는 광동 총영사관의 이정방(李鼎邦) 영사를 급파하여 중공(中共)의 신사군(新四軍)이 점령하고 있는 상해에서 교민귀국 등의 영사 업무를 수행하게 하였다. 이 영사는 교민들과 함께 마지막 송환선 플라잉 인디펜던스(Flying Independence) 호를 타고 그해 10월 11일 부산항에 도착하였다.

황순조와 최광석 부부 3인은 한국 국적으로 송환선에 탈 수 있었으나, 중국 국적을 가진 서영해는 송환선에 승선이 거부되었다. 더구나 그해 6월 26일 김구가 암살을 당하는 대사건이 발생하여 서영해 본인도 귀국 시 신변의 불안을 느낄 수밖에 없는 상황이었다. 1년 6개월 정도 함께 살았던 신혼부부는 상해에서 눈물의 이별을 할 수밖에 없었다. 헤어지는 아내에게 서영해는 다음과 같이 말하였다.

"사람의 목숨은 하늘에 달려 있다고 하나 자신의 의지에 따라 늘일 수도 줄일 수도 있다고 생각하오. 다시 만날 때까지 부디 천명과 건강을 유지하도록 하시오. 그래서 오늘 같은 안타까움도 웃어넘길 만큼 행복하게 살아봅시다."*

하지만 두 사람은 끝내 만나지 못하였다. 정말 드라마 같은 이야기로서, 사람의 운명 중에 이처럼 모질고 애절한 사연도 흔치 않을

___
* 〈주간한국〉, 1987.3.29. p.32.

것이다. 냉정하고 만사에 빈틈이 없던 서영해도 아내와 헤어지는 순간만큼에는 눈물을 글썽이며 떠나는 아내의 손을 쉽게 놓지 못하였다. 귀국 후 황순조는 1952년 부산제일여자고등학교에 복직하여 교편생활을 계속하면서 부산지역 여성교육자로 큰 발자취를 남겼다. 그러면서 평생을 서영해가 돌아오기만을 기다리다가 1985년 1월 향년 63세로 한 많은 생을 마감하였다.

서영해는 그의 첫 번째 아내 엘리자와 이별하게 된 것도 독일의 오스트리아 침공 때문이었고, 두 번째 아내 황순조와 헤어지게 된 것도 중국 공산군의 상해 점령과 중국 전역의 공산화가 그 원인이었다. 세계사의 큰 흐름에 따라 한 개인의 인생이 거대한 파도 속의 낙엽처럼 얼마나 힘없이 표류할 수 있는지를 서영해만큼 잘 보여주는 사례도 드물 것이다. 그의 삶은 '아라비아의 로렌스와 닥터 지바고를 합쳐놓은 것 같다'라는 평가가 괜히 나온 말이 아닌 것 같다.

상해 인성학교와
서영해

1949년 이후 행적이 밝혀지지 않았던 서영해가 1956년까지 상해 인성학교에 있었다는 사실이 한 장의 사진으로 밝혀졌다. 상해 조선인민 인성학교 1955년도 졸업기념 사진에 서영해의 모습이 있었던 것이다. 그 학교는 파리로 가기 위해 잠시 대기하고 있을 때인 1949년에 그의 아내 황순조를 수예(手藝)교사로 취직시킨 곳이기도 하다.

인성학교는 1916년 2월 한인거류민 자제들의 초등 교육을 위해 설립되었다가 1935년 일제에 의해 강제로 폐교되었다. 그 이후 1946년에 다시 문을 열어 1979년까지 존속하면서 상해지역 교민 자제들의 민족의식 배양과 상해 한인사회의 구심적 역할을 하였다. 인성학교의 기본교육 방침은 '학생들에게 굳건한 민족의식을 심어주고, 나아가 독립·민주·자유·행복을 추구하는 인재를 양성'하는 것을 목표로 하여 우리의 독립운동과 밀접한 관련이 있었다.

1919년 상해에 임정이 수립되자 그 산하에 들어갔으며, 한국어와 한국역사를 중심으로 한국혼을 불어넣는 교육을 중심으로 하였

上海朝鮮人民仁成學校一九五五年度畢業紀念公演七七

서영해의 상해 조선인민 인성학교 교사 재직 시 1955년도 졸업기념사진.
1956.7.7.로 표시되어 있으며, 교사 6명과 졸업생 12명의 사진이다.

後: 金正吉, 金曉淑, 徐愛卿, 金玉仁, 洪安義, 洪英梅, 金眞子

中: 尹克卿, 徐嶺海, 陳春浩, 金榮民

前: 金聖雄, 李光國, 金斗七, 俞貞淑, 鄭驪琴, 金美順, 柳慈淑

1955. 7. 7

사진 뒷줄 왼쪽부터 김정길, 김효숙, 서애경, 김옥인, 홍안의, 홍영매, 김진자
중간 왼쪽부터 윤극경, 서영해, 진춘호, 김영민
앞줄 왼쪽부터 김성웅, 이광국, 김우칠, 김정숙, 정려금, 김미순, 유자숙

고, 학교 내에 보습과를 설치해서 소학교 졸업생 및 국내에서 유학 온 학생들에게 중국 상급학교에 입학하기 전에 영어, 한문, 산학 등을 교육시켰다. 1920년 여운형의 동생 여운홍이 교장으로 부임하여 학교의 유지, 발전을 위한 기금 모금을 시작하였으며, 1924년에는 학교 건축을 위한 성금모금 통지문을 국내외 인사들에게 발송하여 마련된 재원으로 제대로 된 학교건물을 마련하였다.

한국독립운동사 전공인 국사편찬위원회 김광재 편사연구관이 2009년 11월 24일 상해 출장 시 인성학교에서 행정관리를 하던 분의 아들인 김용철(金用哲, 2010년초 작고) 씨를 만나서 들은 바에 따르면, '서영해는 북한으로 갔으며 김일성종합대학에서 불문과 교수를 지내면서 불어 통역을 하기도 하였다'고 진술하였다고 한다. 이로 미루어볼 때 서영해는 북한으로 간 것이 사실인 것 같다.

한 가지 의문점은 '1956년까지 상해에 있었으면서 서영해는 왜 한국에 있는 아내 황순조를 찾아가지 않았을까?'이다. 독일 점령하의 파리에서도 임정과 연락하였던 그가 아무리 중국 공산당 치하에 살고 있었더라도 이런저런 경로를 통해 황순조와 연락할 수 있었을 것이다. 아니면 자신의 연락이 아내에게 위협이 될 수 있다고 판단했었을까. 서영해가 김일성 치하에서 구체적으로 어떤 활동을 하였는지, 언제 사망하였는지… 등등 많은 것이 미스터리로 남아 있다.

06

서영해가 남긴
사랑, 사람, 사상

황순조의 사부곡

서영해의 오스트리아 손녀 수지의 한국 뿌리 찾기

국립중앙도서관의 영해문고

서영해의 이념과 사상

황순조의
사부곡思父曲

     황순조는 결혼과 동시에 교직을 그만두고 서울의 신혼집에서 서영해의 활동을 뒷바라지하였다. 그러다가 서영해가 프랑스에서 남북통일 운동과 언론활동을 계속하기 위해 몇몇 지인들과 함께 프랑스로 가려고 상해를 경유할 때 중국이 공산화되면서 안타깝게도 남편과 생이별을 하였다.

  서영해를 상해에 두고 홀로 귀국한 황순조는 6·25 동란을 겪은 후 교단에 복직하여 40년 동안 그의 소식을 기다렸다. 그러나 서영해로부터 어떤 소식도 없었다. 주위에서 이따금 재혼하라는 권유도 있었지만 끝까지 마음을 돌리지 않았다.

  황순조는 서영해가 남기고 간 수많은 장서와 서류들을 장마가 끝나면 하나씩 꺼내어 햇볕에 내다 말리며, 서영해가 언젠가 돌아오기를 기다리는 애절한 마음을 달래기 위해 〈솔베이지 송(Solveig's Song)〉을 자주 들었다. 친정식구들은 청승맞게 〈솔베이지 송〉 그만 듣고 재혼이나 하라고 재촉하였지만 황순조에게는 그것만이 유일하게 외로움을 달랠 수 있는 방법이었다. 가끔씩 남편의 사진을 꺼내 보면서 1년 6개월의 짧은 신혼 생활의 추억을 되새겨보곤 하였다.

〈솔베이지 송〉은 노르웨이 작곡가 그리그(Edvard Hagerup Grieg, 1843~1907)의 작품으로서 너무 아름다운 남녀의 사랑 이야기이다. 경남여고 교장으로 재직 시 학생들이 등나무 아래(현 경남여고 역사관 자리)에서 독서토론회를 하고 있는 모습을 보고 다가와서 아래와 같은 〈솔베이지 송〉에 담긴 슬픈 사연을 설명해 주었다고 한다.

노르웨이 어느 산간의 마을에 가난한 농부 페르귄트(Peer Gynt)와
아름다운 소녀 솔베이지가 살고 있었다.
둘은 사랑했고 결혼을 약속했다.

가난한 농부였던 페르귄트는 돈을 벌기 위해 외국으로 간다.
갖은 고생 끝에 돈을 모아 고국으로 돌아오다가
국경에서 산적을 만난다.

돈은 다 빼앗기고 살아난 남편은
그리도 그리웠던 솔베이지를 차마 볼 수가 없어서

다시 이국 땅으로 떠나 걸인으로 평생을 살다가
늙고 지치고 병든 몸으로 겨우 고향으로 돌아와

어머니가 살던 오두막의 문을 여니
어머니 오제는 이미 죽었다.

어머니 대신 사랑하는 연인 솔베이지가 백발이 되어,

다 늙어 버린 노인 페르귄트를 반겨 맞는다.

병들어 지친 페르귄트는
그날 밤 솔베이지의 무릎을 베고 누워
조용히 눈을 감는다.

꿈에도 그리던 연인 페르귄트를 품에 안고
'솔베이지의 노래'를 부르는 솔베이지!
그녀도 페르귄트를 따라간다.

이와 같이 〈솔베이지 송〉은 영락
없이 황순조의 마음을 그대로 반
영하고 있었다. 그녀는 홀로 서영
해를 기다리며 부산의 여성 교육
자로서 큰 발자취를 남겼다. 동래
여자중학교, 경남공립여자중학교
등을 거쳐 경남 교육위 장학사, 부
산진여자중학교, 경남여자고등학
교, 부산동여자고등학교 등의 교
장을 역임하였다. 부산의 첫 여성
장학사였고, 부산 지역의 첫 여자
교장으로서 '사람에 버릴 사람 없

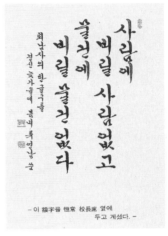

황순조 교장의 교육 신념

고, 물건에 버릴 물건 없다'라는 회남자(淮南子)의 글귀를 직접 붓글
씨로 써서 걸어놓고 교육의 지표로 삼았다.

아울러, 1960~1970년대에 부산지역 여성교육 발전을 위해 다방면의 활동을 하였다. 1966년 11월 부산의 유일한 중등학교 여자교장이었던 그녀는 사단법인 여성문제연구회 부산지회장으로 취임하여 1968년 11월까지 3년간 봉사하였다. 1978년에는 「성교육의 프로그램」이란 글을 『새교육』에 발표하는 등 후학을 가르치는 데 힘썼다. 경남여고 53회 졸업생 김지원 씨의 회고에 따르면 황순조는 엄하고도 자상한 교장선생님이었다. 공식석상에서는 매우 엄하였지만, 교정에서 학생들이 놀고 있을 때는 다정하게 다가와서 '샤프란' 등의 꽃말에 대해 자상하게 설명을 해주곤 하였다고 한다.

학생들은 교장선생님이 결혼을 안 하고 그냥 혼자 살고 있는 것으로 알고 있었다. 그녀의 남편이 유럽을 무대로 치열한 독립운동을 펼쳤던 서영해라는 사실을 전혀 몰랐다.

두 사람 사이에 아이가 없었기 때문에 입양을 하라는 권고가 있었지만 사양하다가, 1982년 난소암 진단을 받고 막내 시동생 서조수의 둘째 아들 서정남(徐正男)을 입양 아들로 삼았다. 그리고 같은 해 4월에 마치 죽음을 예견이라도 한 듯 그동안 애지중지 간직했던 서영해의 장서 500여 권과 본인의 소장 책자들 총 859권을 서울 남산의 국립중앙도서관에 기증하였다. 1983년 음력 9월 9일 양아들 서정남이 제주(祭主)가 되어 서영해의 첫 제사를 치렀고, 병환 중인 황순조는 1985년 1월 조용히 눈을 감았다.

황순조는 경남여고 교장으로 재직 시 국어교사인 류영남 선생에게 모든 자료를 넘겨주고 출판을 부탁하였다.

"류선생, 나는 살 만큼 살아 여한이 없지만 이대로 눈을 감으면 내가 그분을 팽개친 것 같아 마음이 맺힌다오. 부디 책으로 만들어 서(徐)씨 가문에 이런 사람이 있었다는 것을 후손들이 알게 해주었으면…."(출처: 〈주간한국〉 제1159호, 1987.3.15.)

서영해, 황순조 부부의 유품을 경남여고 역사관에 기능한 류영남 박사(2018.3.12.)

서영해의 오스트리아 손녀,
수지Suzie의 한국 뿌리 찾기

　서영해에게는 유일한 혈육인 '스테판'이 낳은 두 명의 오스트리아 국적의 손녀가 있다. 스테판은 빈 응용예술대학에서 건축을 전공하여 건축가가 되었고, 같은 대학에서 만난 독일 출신의 '다그마르 스텝케 비센더(Dagmar Steppke-Wiesender, 1945~1991)와 결혼하여 수지(Suzie Wong, 1970~)와 스테파니(Stefani Wong, 1981~) 두 딸을 두었다.

　수지는 빈 대학에서 미술사를 전공한 후 박물관과 골동품 복원사업 회사 등에서 일하다가 2005년부터 오스트리아의 수도 빈 국립도서관 대외관계 및 마케팅 담당 공무원으로 일하고 있다. 열한 살 아래인 스테파니는 빈 대학에서 생태학과 행동생물학을 전공하고 빈동물원 생물연구원으로 근무하고 있다. 두 사람의 성이 왕(Wong)으로 되어 있는 것은 그의 할머니가 중국인 의사와 재혼하여 성이 바뀌었기 때문이다. 두 자매는 할아버지 서영해를 단순한 언론인으로만 알고 있었고, 전 유럽을 무대로 활동했던 한국의 유명한 독립운동가였는지는 나중에 알게 되었다고 한다.

　할아버지가 누구인가는 두 자매가 풀어야 할 오래된 수수께끼였다. 파란 눈을 가진 두 사람의 할아버지가 동양인이었다는 것, 더구

〈주간한국〉(제1161호, 1987.3.29.)에 소개된 할아버지 서영해에 대한 기록을 들고 있는 수지와 스테파니 자매

나 오스트리아에서 너무도 멀리 떨어진 한국 출신이란 것은 그들 존재의 뿌리에 대한 끝없는 궁금증을 불러일으키기에 충분하였다. 그들은 할머니 엘리자와는 연락이 두절된 채로 살아와서 할아버지에 대해 아는 바가 거의 없었다.

아버지 스테판은 1970년대부터 빈 주재 프랑스와 한국대사관을 통해 자신의 아버지 서영해에 대해 수소문하였다. 그가 프랑스어로 책을 저술하였고 기자였다는 사실 정도를 알아내었지만, 한국 독립운동가였다는 사실은 알지 못하였다.

수지는 2009년 인터넷을 통해 할아버지 서영해의 책이 국립중앙도서관에 있다는 것을 알게 되었다. 이후 막연하게 알고 있던 할아버지에 대해 두 자매가 좀 더 적극적인 관심을 가지게 된 계기는

2015년 빈에 교환교수로 가 있던 전주대 김진아 교수를 만나게 되면서부터이다. 김 교수는 국내신문에 난 서영해의 행적을 영어로 번역하여 두 자매에게 설명해주었다. 이로써 그들은 할아버지에 대해 구체적으로 알아볼 수 있는 실마리를 찾게 되었다.

이후 큰 손녀인 수지가 국내 신문사에 연락하여 한국에 사는 친척주소를 확인하고, 국가보훈처에 서영해의 직계자손으로 보훈신청을 하였다. 2017년 국가보훈처는 두 자매를 서영해의 직계 후손으로서 보훈대상자로 지정하였다.

둘째 손녀 스테파니는 2016년 4월 11일 파리에서 개최된 한불수교 130주년 기념 '자유한국과 프랑스, 평화를 꿈꾸다'라는 주제로 개최된 국제학술 심포지엄과 특별전시회에 참석하였다. 이 행사에는 김규식, 윤봉길, 조소앙 등 유명한 독립운동가들의 손녀들이 함께 모였다.

2017년 10월 17일 수지는 생애 최초로 할아버지와 할머니가 결혼한 지 80년 만에 처음으로 한국을 방문하여 친척들도 만나고, 영해문고가 있는 국립중앙도서관, 독립기념관 등을 찾아가서 할아버지 서영해의 발자취를 확인하였다. 두 자매는 앞으로 한국의 역사와 문화를 배우고, 할아버지 서영해에 대한 책도 출간할 계획이다. 그 책은 할아버지의 독립운동사가 아닌 그들의 '가족사'에 대해서 쓸 계획이라고 한다.

수지와 스테파니는 금년(2019년) 4월에 예정된 방문에 이어 임시정부기념관이 세워지는 2020년에 한국을 다시 방문할 계획이다. 이들에 대한 이야기는 〈주간경향〉의 광복 70년 특별기획 「수지의 뿌리찾기 아리랑, 독립운동가 서영해 손녀 찾았다」(2015.8.18.) 등 국내 언론에도 많이 알려지게 되었다. 파리의 잊혀진 독립운동가 서영해의 파란만장했던 삶이 그들의 뿌리 찾기를 통해서 다시 한 번 세상의 주목을 받게 되었다. 현재 서영해의 직계 혈육은 2011년에 태어난 둘째 손녀 스테파니의 딸인 프리다 왕(Frieda Wong)이 잇고 있다.

위: 아버지 스테판(제일 왼쪽)과 함께한 수지
(앞 열 우측에서 2번째)와 스테파니(앞 열 제일 우측)
아래: 서영해의 오스트리아 후손들
(좌로부터 손녀 Suzie, 증손녀 Frieda, 손녀 Stefanie)

국립중앙도서관의
'영해嶺海문고'

      서울시 서초구 반포동에 있는 국립중앙도서관에는 서영해가 소장했던 책들을 보관하고 있는 '영해문고'가 있다. 황순조 여사가 1985년 임종하기 3년 전인 1982년 4월에 남편 서영해의 장서 500여 권과 본인의 소장 책자들 등 총 859권을 당시 서울 남산에 있었던 국립중앙도서관에 기증함에 따라 설치되었다.

    필자가 직접 확인한 바에 따르면 현재 소장되어 있는 자료는 총 679권이고, 이 중 176권은 황순조 여사가 일본 도쿄가정전문대학에서 공부할 때와 그 이후 수집한 책들이다. 따라서 이 문고의 명칭은 '영해-순조 문고'가 더 정확한 명칭이 될 것이다. 기증권수와 보관권수의 차이가 나는 것은 대부분이 책이지만 그중에는 일부 상해와 유럽 지도, 팸플릿 등 책으로 분류하기 어려운 기증품들이 있어서 일 것이다.

    책의 보관 상태는 양호하나 워낙 세월이 많이 흐른 책들이어서 부스러지기 일보 직전의 책들은 투명 비닐 봉투에 특별히 보관되고 있었다. 국립중앙도서관에서 소장하고 있는 오래된 외국도서들은 열람자들이 매우 한정되어 있고, 열람횟수도 그렇게 많지 않은 상황이다.

서영해의 손때가 묵었던 책 503권은 그 구성을 살펴보면 심리학, 철학, 사회주의와 파시즘 등 정치 사상서들이 주종을 차지하고 있다. 나머지는 언론, 교육, 각국의 문화와 속담집, 시집, 수필, 불어·독어·영어·스페인어와 같은 사전류 등으로 다양하게 구성되어 있다. 대부분이 불어로 된 책이고 영어, 독어로 된 책들과 함께 독립운동관련 선전문들, 예를 들면 'Korea must be free', 'La Corée libre' 등과 같은 소책자들도 있다.

아울러, 서영해가 임시정부로부터 받아서 불어로 번역하여 국제연맹에 제출하려고 했던 '국제연맹제출 조일관계사료집(國際聯盟提出 朝日關係史料集)'도 중요한 자료이다. 이 문건은 총 4부로 구성되어 있으며, 제1부는 고대부터 병자수호조약까지의 한일관계, 제2부는 병자수호조약에서 한일 강제늑약까지, 제3부는 한일 강제늑약에서 1919년 2월까지, 제4부는 3·1 독립운동 이후 한국의 독립운동 실태를 종합적으로 정리한 자료이다.

국립중앙도서관 소재 영해문고 전경 및 소장 책자 모습

그리고 불어로 된 본인의 저서 『어느 한국인의 삶의 주변』, 『거울, 불행의 원인』과 본인이 직접 타이프로 쳐서 만든 『초급불어』가 있다. 이 밖에도 1890년 12월 24일 파리에 도착한 한국인 프랑스 유학생 1호 홍종우가 우리나라 소설 춘향전을 불어로 번역한 『향기로운 봄(Printemps parfumé)』과 같은 희귀 책자들도 있다. 이 책의 크기는 손바닥만 하나 삽화와 글자체 등 인쇄술의 정교함은 요즘에 뒤지지 않을 정도이다.

영해문고에 소장되어 있는 일부 책자들은 비록 외국어로 되어 있긴 하지만 매우 희귀한 자료들로서 그 사료적 가치가 높다. 몇 가지 특이한 자료들로는 서영해 본인이 직접 손으로 타이프 쳐서 만든 『초급불어』 책자이다. 불어 특유의 음운부호는 만년필로 일일이 표시하였다. 서영해는 이 책을 만든 것도 독립운동의 일환임을 서문에 밝히고 있다.

"나는 근 30년간의 긴 세월을 불란서에서 지내다가 해방의 희소식을 듣고 그리운 고국에 들어온 지 불과 수일에 내 친우가 나에게 진심으로 권하여, 좋은 불어 교재서를 꾸며 보라는 것이다.

물론 이때까지 일인(日人)들이 만든 교과서를 일소하고 우리 손으로 만든 교과서를 쓰는 것은 그만큼 우리 독립에 대한 일 하나를 이루어 놓는 것이라고 생각하여, 나는 이 일에 즉시 착수하였다.

불과 3주일이라는 단시일에 이를 완성한 만큼 조루(粗漏)한 점이 없지 아니하리라고 스스로 두려워도 하는 바이다. 다시 생각하면 그 이상의 시일을 요한다 할지라도 사실에 있어서 더 좋은 저서가 되리라고 단정할 수 없는 일이다.

오로지 이 한 권을 조국의 독립정신에 이바지하는 지성으로 이 책을 세상에 내어놓은 것임을 솔직히 말씀드리는 동시에, 학계의 여러분들의 너그러운 편달을 바라는 바이다.

1947년 7월 30일 서영해."

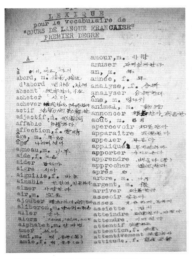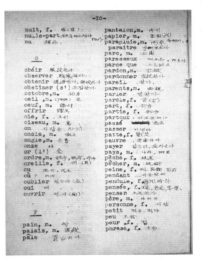

서영해가 직접 작성한 초급불어

나는 近三十年의 간 歲月을 佛蘭西에서 지내다가 解放의 喜消息을 듣고 그리운 故國에 드러온 지 不過 數日에 내 親舊가 나의게 眞心으로 勸하되 좋는 佛語 敎材書를 꿈여 보라는 것이다.

勿論 이때까지 日人들의 만든 敎科書를 一掃하고 우리 손으로 만든 敎科書를 쓰는 것은 그만큼 우리 獨立에 對한 일과 나를 이룩어 놓는 것이라고 主覺하기 나는 이일에 即時着手가 되엿다.

不過 三週日이란 短時日에 이를 完成코 만큼 粗漏한 곳이 없이 간이하리라고 스사로 두려워도 하는 바이다. 다시 主覺하면 그 以上에 時日을 要한다 할지라도 事實에 잇서서 더 좋은 著書가 되리라고 新호 할수없는 일이다. 오로지 이란 著는 祖國의 獨立精神에 이바지하는 至誠으로 이册을 出巴穉인 것을 率直히 말씀드리는 同時에 學界 여러분에 너그러운 鞭撻을 바리는 바이다.

——— 9 ———

一九四七年 七月三十日.

徐 嶺 海

초급불어에 친필로 작성한 서영해의 서문(1947.7.30.)

또 한 가지 중요한 자료는 『백범일지』로서, 원본에 김구 선생 친필 서명이 들어 있으며, 백범과 서영해의 긴밀한 관계를 잘 알 수 있는 자료이다. 책에는 "서영해 지제 혜존(徐嶺海 志弟 惠存), 무자원단(戊子元旦) 백범 김구(白凡 金九)", 즉 "뜻을 같이하는 동생 서영해에게 이 책을 드리니 간직해 달라, 1948년 새해 아침"이라고 적혀 있다.

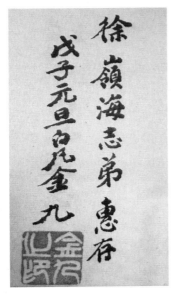

백범일지 친필서명(백범이 서영해에게, 1948년 새해 아침)

서영해의 광범위한 학문의 영역과 지식의 깊이는 영해문고에 남긴 500여 권의 수준 높은 서적들이 말해주고 있다. 임시정부의 독립운동가 가운데 이렇게 많은 장서를 보유하면서 온전하게 후대에 남긴 사람도 많지 않을 것이다. 더구나 파리에서 활동할 때의 책들은 이것들보다 훨씬 많았을 것이다. 서영해는 해방 후 귀국하면서 중요한 서적들만 챙겨서 배편으로 보냈다. 요즘도 이삿짐이 유럽에서 한국에 도착하려면 한 달 정도가 걸린다. 당시에는 두세 달 걸려서 한국에 도착하였을 것이고, 도착하면 다시 이삿짐 차량으로 세관에 가서 인수하여야 한다. 해외에서 생활해본 사람이라면 이삿짐 정리와 보관이 만만치 않음을 잘 알 것이다.

어렵게 한국에 도착한 서적들이 부산이나 서울에 보관되었겠지만 다시 프랑스에서 생활하기 위해 상해를 거쳐 갈 때, 어쩌면 일부 책자들은 다시 짐 보따리에 싸여서 서영해와 함께 이동하였을지도 모른다. 아무튼 우여곡절 끝에 이 책들은 주인을 따라 다니다가 국립중앙도서관에 '영해문고'라는 보금자리를 마련하여 더 이상 해외에 떠돌아다니지 않게 되었다. 참으로 다행한 일이다. 앞으로 이 책들을 잘 연구하고 활용하는 것은 우리들의 몫일 것이다.

서영해의
이념과 사상

　　서영해는 1956년 7월 중국이 공산화된 상해에서 인성학교에 근무한 기록을 마지막으로 행방이 묘연하다. 중국에서 병사했다는 설, 제3국으로 갔다는 설, 북한으로 가서 살다가 사망했다는 설 등 다양한 추측이 있다.

　　서영해와 함께 프랑스 유학을 갔던 서산 정석해의 자서전에 따르면 "후일 해방이 된 후 연희대학에도 잠깐 있었으나 그 뒤 월북한 것으로 알려져 있다. 그는 어찌나 불어를 잘했던지 프랑스인이 평양에 갔다가 프랑스인보다 불어를 잘하는 이가 있더라는 소식도 전해진다"라고 기록하고 있다.*

　　정석해 교수는 서영해보다 세 살이나 많지만 같이 파리에서 공부한 사이로 서로가 '친구'라고 불렀던 만큼 가까운 사이였기 때문에, 정석해의 기록이 서영해의 행방에 대한 거의 유일한 기록이다.

　　필자가 통일부 북한자료실을 방문하여 모두 확인한 결과 서영해의 흔적은 북한의 어떤 자료에도 없었다. 북한의 웬만한 인물들은 다 수록되어 있는 『조선대백과사전』에도 찾을 수 없었다. 북한에서

　＊『서산 정석해, 그 인간과 사상』, 연세대학교출판부, 1989년, p.40.

외교관 활동을 하였으며, 평양외국어대학교 불어과를 졸업하고 불어에 능통한 고영환 국가안보전략연구원 부원장에게도 문의한 결과 '전혀 모르는 분'이라는 답변을 받았다.

상해 임정요인인 김규식, 조소앙, 조완구, 류동열, 윤기섭, 오하영, 엄항섭, 최동오 등 8인의 인사들이 안장되어 있는 평양 신미리 애국열사릉에도 서영해의 이름은 찾을 수 없었다.

소문대로 북한에서 살다가 죽었다고 하여 서영해가 과연 공산주의자였던가? 결론부터 말하면 그는 민족주의자였으며, 프랑스 사회주의 철학의 영향을 많이 받았던 것으로 평가된다. 아울러, 그는 반제국주의자였으며, 반전체주의자, 반파시스트였다.

영해문고에는 『Socialisme français(프랑스 사회주의)』(C. Boughe 저, 1933년), 『Socialisme utopique et socialisme scientifique(공상적 사회주의와 과학적 사회주의)』(Friedrich Engels 저, 1924년), 『Le Socialisme(사회주의)』(J. Lebas 저, 1935년)와 같은 사회주의 서적들이 그의 관심사를 반영하고 있다.

1948년 12월 1일 서영해가 파리에서 프랑스 외무부 아시아·대양주 국장을 면담할 때 미국과 러시아 모두를 비난하고, 미국의 자본주의와 러시아의 공산주의 이데올로기 모두에 예속되지 않기를 바란다고 언급한 점에서도 그의 정치적 신념을 잘 알 수 있다.

서영해는 1935년 파리에서 개최된 제1회 '문화 보호를 위한 반파시스트 작가회의(le Congrès des écrivains antifascistes pour la Défense de la Culture)'와 1937년 스페인 마드리드에서 개최된 제2회 대회에 중국 대표 자격으로 참석하였다. 이 대회는 스페인 프랑코파에 맞선 전 세계 반파시즘 지식인 연대 모임으로서 프랑스의 저명한 문인 앙드레 말로를 포함한 26개국 200여 명의 작가들이 참석하였다. 그가 중국대표로 기록되어 있는 까닭이 일본의 한국 식민지화와 관련이 있다는 것은 관련 논문*에서도 잘 밝혀져 있다. 즉, 일본 정부는 식민지화된 한국 국민에게 여권을 발급하지 않았고, 많은 한국인들은 증명서 없이 나라를 떠나야 했다. 서영해는 프랑스로 유학을 가기 위해 중국인 가정에 입양하는 편법을 사용하였고, 그래서 그는 중국 국적을 가지게 되었다. 서영해가 200여 명의 작가 명단에 들어 있었다는 것은 당시 유럽에서의 그의 지명도가 매우 높았음을 말해 주고 있다.

또한 서영해가 공산주의자이며, 중국 홍군 소속이라고 일부 스페인 언론과 작가들에게 소개되었지만, 그는 공산주의자가 아니었다. 그 이유는 위의 논문에서도 밝힌 바와 같이 첫째, 대한민국 임시정부는 장개석의 국민당을 지지하며 도왔기 때문에 서영해도 국민당과 연대하여 공산당과 싸웠을 것이다. 중국 공산당은 1927년부터 1937년까지 국민당에 항거하여 싸우는 시골 게릴라 형태를 띠고 있었다. 따라서 서영해가 굳이 공산주의자라고 내세울 이유가 없었다.

둘째, 나중에 상해에서 서영해의 부인이 추방당하였는데, 만약 그가 진정한 공산주의자였다면 그의 부인이 추방당하는 일도 없었을 것이다.

일부 자료에 1936년 스페인 내란이 일어났을 때 그가 스페인 프

---

* Exilio: espacios y escrituras(망명: 공간과 글쓰기) 국제학술회의 의사록, 마드리드 Complutense 대학, 2010년 5월 24일~28일.

1937년 마드리드에서 개최된 반파시스트 작가회의에 참석한
노르웨이, 덴마크, 멕시코, 쿠바 지식인들과 함께한 서영해(1937.7.22.)

랑코 정권을 도와서 체코슬로바키아로부터 무기를 들여왔고, 1939
년 내란이 종식되자 극진한 대접을 받고 마드리드 명예시민증을 받
았다고 소개되고 있으나, 평소 반파시스트적인 그의 성향을 고려할
때 전혀 신빙성이 없는 내용이다. 스페인 내전 당시 정치구도는 왕
당파-성직자-프랑코 장군파의 보수주의 편과 반제국주의-반전체
주의-공산주의-국제여단(Brigadas Internacionales, 1936~1939)* 편이 맞
서는 구도로 되어 있었다.

---

* 스페인 내전 당시 스페인 제2공화국 정부를 지원하기 위해 세계 각국에서 모인 의
용군으로 이루어짐. 53개 국가에서 약 3만 2천여 명이 극우 파시즘을 막기 위해 지
원함.

불같은 성격에 목에 칼이 들어와도 바른 말은 하는 그의 태도로 미루어 볼 때 북한의 김일성 정권에 고분고분 협력하며 살았을 것 같지도 않다. 그는 남한에 기반을 둔 남로당파도 아니었고, 독립운동 경력이 전무한 소련파도 아니었으며, 더구나 중국공산당과 협력한 연안파도 아니었다. 그는 오직 한평생 조국의 독립과 통일을 염원했던 순수한 민족주의자였으며, 공산주의에 반대한 민주주의자, 약탈적 자본주의를 싫어했던 따뜻한 가슴을 가진 사회주의자였다.

정부는 그의 독립운동에 대한 공헌과 숭고한 뜻을 기려 1995년 8월 15일 건국훈장 애국장을 수여하였다. 그가 펼친 독립운동의 무게감에 비해 훈장의 격이 낮기 때문에 언제가 합당한 훈장을 다시 수여하여야 할 것이다.

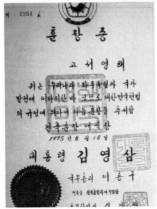

서영해에 대한 훈장(건국훈장 애국장)과 훈장증

2018년 봄, 우연히도 파리에서 활동했던 위대한 외교 독립운동가 서영해를 만나게 되었다. 알고 보니 그동안 독립운동사나 학계, 언론계에서 거의 조명되지 않았던 큰 인물이었다.

2019년 3·1 독립운동과 임정수립 100주년을 맞이하여 그동안 잊혀졌던 파리의 독립운동가 서영해의 삶과 독립운동의 궤적을 최초로 한 권의 책으로 출간하게 되어 개인적으로도 영광이고, 독립운동사 측면에서도 큰 소득이 될 것으로 생각된다.

서영해는 우리 독립운동의 양대 축인 미국과 유럽 중 유럽지역의 독립운동을 대표했던 인물이다. 위에서 살펴본 바와 같이 "미국에 이승만이 있다면, 유럽에는 서영해가 있다"는 말이 있을 정도로 중요한 인물이었지만, 그동안 철저히 잊힌 것은 그가 27년간 해외에서만 활동했고, 해방 후 국내에서 활동했던 기간이 짧았으며, 이런저런 우여곡절 끝에 상해에서 행방불명이 되었기 때문이다.

일제강점기 동안 우리 독립운동가들의 외교활동의 중심지는 미국이었음은 두말할 나위가 없다. 이에 못지않게 유럽에서의 독립운동 중심지는 단연 프랑스였다. 더구나 우리 임시정부가 상해의 프랑스 조계에 위치하였다는 사실만으로도 프랑스와는 이미 특별한 관계에 있었다. 두 차례의 세계대전을 겪으면서 국제정치의 중심이 유럽에서 미국으로 넘어가기는 하였지만, 구대륙의 중요성은 여전히 간과할 수 없었다.

미국에는 이미 우리 교포사회가 형성되어 나름 재정적인 후원을 받아 독립운동을 전개하기가 상대적으로 용이하였지만, 서영해의 독립운동 무대였던 프랑스에는 교민들이 거의 없었기 때문에 동포사회로부터 재정적 후원도 기대할 수 없었고, 상해의 임정으로부터 독립운동 자금을 받았다는 기록도 전혀 찾아볼 수 없었다. 따라서 서영해 혼자서 독자적으로 생계를 꾸려나가면서 고군분투하였다는 점에서 그의 유럽에서의 독립운동이 더욱 높이 평가되어야 할 것이다.

서영해의 본격적인 독립운동은 1929년 파리에 고려통신사를 설립하면서 시작되었다. 1934년 임시정부 국무위원회에서 주불외무행서에 임명되었고, 1945년 3월 25일자로 주불대표, 즉 주프랑스대사로 임명되었다.

그는 수많은 언론기고와 집필활동을 통해 일제의 한국식민통치의 부당성과 만행을 고발하고, 우리의 전통문화와 역사를 서구에 알리는 데 기여하였다. 임시정부의 유럽담당 대표로서 유럽각국의 정세를 임시정부에 보고하고, 우리의 독립운동에 대한 지지를 이끌어내기 위해 대한민국 임시정부의 입장을 국제연맹과 유럽에서 개최되는 각종 국제회의에 전달하고 여론을 환기시켰다.

임정이 18세의 서영해를 프랑스에 유학시켜 달성하려던 소기의 목적을 그는 27년간의 프랑스 생활을 통해 완수하였다. 27년간 유럽대륙을 누비며 활동한 덕분에 그는 '망명자'의 대명사가 되었다. 아직까지도 스페인 등에서 개최되는 학술회의에 그의 이름이 오르내릴 정도이다.

그의 말년의 행적은 아직도 묘연하다. 북한에서 살다가 사망한 것으로 추정될 뿐 객관적인 근거는 아직 발견되지 않은 상태이다. 아직도 어딘가에서 "우리의 혁명동지들아! 3·1운동 이후로 자상어육의 당파싸움으로써 원통한 실패를 얼마나 거듭하였더냐! 제발 당파싸움을 고치자!"라고 호통을 치고 있는 듯하다.

해방 이후 우리 민족은 남북으로 분단이 되어 오늘에까지 이르고 있다. 남북 간 화해와 협력을 통해 평화와 번영의 새 시대를 열기 위한 노력이 진행되고 있는 것은 매우 고무적이다. 남북분단이 된 지 73년이나 되었다. 앞으로 얼마나 더 있어야 남북이 진정으로 하나 된 민족, 동북아 평화와 번영의 주역으로 우리 한반도가 우뚝 설 수 있을지는 알 수 없다.

김구의 암살과 남북협상파의 몰락 이후 남과 북은 각자의 이념과 체제하에 발전을 추구해왔다. 남북 모두 이제 성장의 한계점에 도달하였다. 우리 민족이 하나가 되었을 때 진정한 발전의 동력을 얻을 수 있고, 세계 평화와 번영의 시발점이 될 수 있을 것이다.

이제는 유일한 분단국가로서의 오명을 벗고, 남과 북, 여당과 야당을 막론하고 새로운 21세기를 열기 위한 토대를 마련해야 할 때이다. 순국선열들이 한결같이 주장해왔듯이 통일이 되어야 완전한 독립이 이루어지는 것이다. 그런 측면에서 남북이 통일된 완전한 독립국가로 성숙되기 위해서는 아직도 시간이 필요하나, 그 희망에 벅찬 미래도 아주 멀리 있어 보이지는 않는다.

국내에서, 해외에서 독립운동을 위해 목숨까지 바친 독립투사들의 원혼이 우리를 굽어 살피고 있다. 자랑스러운 유산을 물려받은 우리 후손들이 해야 할 일은 우리의 국호에 걸맞은 위대한 "대한민국"을 건설하는 일이다.

우리가 철저하게 잊고 있었던 독립운동가 서영해는 한평생 정의를 위해 굳건히 투쟁하였고, 모든 형태의 전체주의와 독재체제에 대항하여 펜을 휘둘렀다. 그럼에도 그는 영원한 평화주의자였으며, 해외체류 기간 내내 조국과 민족만을 생각했던 진정한 애국자였다.

개인적으로는 두 번씩이나 가족과 헤어지는 아픔을 겪어야 했다. 독립운동을 하기 위해 단신으로 고군분투하는 과정에서 가족들을 보살필 여유가 없었다. 비단 이는 서영해의 일만이 아니라 독립운동가 가족들의 공통된 사항임을 우리는 잘 알고 있다. 소위 '일신의 안위를 버리고, 독립운동이라는 대의를 위해' 활동하는 과정에서 개인과 가족들의 삶이 희생된 것이다.

이제 모든 걱정, 근심 내려놓고 그의 두꺼운 안경 너머로, 그리고 역사의 망각 뒤에서 평화로이 잠들기를 기원한다. 자랑스러운 후손들이 그의 뜻을 기리고, 그의 위업을 언젠가 완성할 것이기 때문이다.

3·1 독립운동과 임시정부 수립 100주년을 맞이하여 그동안 우리 국민들에게 철저하게 망각되었던 '서영해'라는 인물을, 진정한 독립운동가의 삶의 궤적을 찾아내어 한 권의 책으로 펴내게 되어 감개

무량하다. 그리고 무엇보다 1985년 황순조 여사가 임종하기 전에 염원했던 '남편의 유고들이 책으로 출판되어' 더욱 뜻깊게 생각한다. 이 책이 비록 완벽하게 그의 삶을 조명하지는 못하겠지만, 가급적 완벽에 가깝게 관련 사료들을 검토하고 사실에 기초하여, 각종 언론과 인터넷에 무분별하게 떠도는 잘못된 기록들을 바로잡고자 하였다.

앞으로 새로운 자료발굴로 내용을 보완해나갈 것을 약속하며, 순국선열들과 파리의 잊혀진 독립운동가 서영해 선생에 대한 필자의 추념과 존경심을 담아낸 레퀴엠(requiem), 즉 진혼곡이 되기를 희망한다.

부록

1. 자필유고-해외에서 지번
   십오성상을 돌아다보며

2. 서영해 관련 프랑스 언론
   기고문, 기사 등

해외에서 지낸 십오성상十五星霜을 돌아다보며*

내가 구라파 대륙에 첫 발을 내디딘 것은 1920년 12월 13일 아침에 지중해에 있는 남불(南佛)에서 제일 큰 항구인 마르세이(Marseille)에 하륙(下陸)할 때다.

대저 나이 20 전에는 어찌 그렇게도 간이 크며 어렵고 무서운 것이 없었던지 태산을 끼고 북해라도 능히 넘을 것 같았다. 기미년 조선청년의 환경도 환경이겠지만 나로서는 그때 당시에 불과 15세의 소년으로 따뜻한 부모 슬하의 이별도 주저하지 않았으며, 흉중에는 깊이 남 모를 천진한 어린 포부를 가지고 용맹스럽게 세계정복을 떠난 것이다.

어떻게 세계정복을 할지는 꿈에도 생각하였을 리가 없었다. 그런데 늘 화려하고 굉장하다고 말만 들었고, 별의별 공상으로 그려보던 이 구라파 땅에 직접 발을 디딜 때, 나의 첫 소감은 비상(非常)히 기뻤다. 무엇이라고 형용할 수 없는 이상한 감상이 문득 생기며 가슴이 두근두근하더니, 생각 없이 솟아나는 눈물은 두 눈에 그렁그렁하여진다.

---

* 이 글은 서영해 선생이 쓴 글 원문에 충실하도록 작성하였으나, 일부는 현대적 감각에 맞게 수정, 편집하였다.

이때야 내 평생 처음으로 앞길을 살펴보니 전도는 막막한데 태산 같은 책임감은 무게를 내려누른다. 마치 내가 1년 반 전에 압록강 철교를 통하여 국경을 넘을 때에 생긴 깊고도 슬픈 감상에 지지 않을 만큼 큰 감상이었다. 가까운 장래에 이 두 깊은 감상을 자유스럽게 그려낼 기회가 있기를 바라며, 본 필자는 자기가 지내온 15성상의 해외체류 생활을 돌아보며 멀리 고국에 계신 독자제위께 특히 불란서 각 사회생활과 정황을 소개하고자 한다.

낯설고 물 설은 만리타국에서 말 한마디 통하지 못하는 객지이다 보니 첫날부터 고생일 것은 미리 짐작한 바였다. 마르세이에 도착하던 당일로 기차를 타고 떠나서 그다음 날 아침에 프랑스 수도 파리에 도착하였다. 정차장에는 안면이 없는 동포 여러 명이 영접을 나왔는데, 그분들의 다정한 안내로 여관을 정하고 40여 일의 노독(路毒)을 풀 겸 당분간 아무 작정 없이 매일 거리구경이나 다니며 쉬는 중이다.

상해 영국조계 신시가지를 본 내 눈에는 파리가 예상하는 바와 같이 그렇게 굉장해 보이지 않는다. 그런데 대관절, 말을 빨리 배워서 공부를 시작하여야 할 터인데, 여러 동포와 상의하고 파리에서 북으로 79킬로미터에 있는 '와즈'도(Oise département)의 주도(州都)인 보베(Beauvais)라는 곳의 '리쎄(lycée)'에 들어가기로 작정하였다.

리쎄란 무엇인가? 필자는 이 기회에 프랑스 교육제도를 간단히 소개코자 한다. 프랑스 현행 교육제도는 대개 3단계로 나눌 수 있는데, 즉 초등교육, 중등교육, 고등교육이다. 초등교육은 의무적인데 무료교육이요, 중등교육과 고등교육에는 수업료를 지불한다.

초등교육 범위 내에는 유치원, 초등소학교, 초등보습학교, 고등소학교 등이 있다. 유치원에서는 6세까지의 아동들을 수양하는데, 문자와 숫자를 가르치기보다는 유희와 노래를 가르치며, 동시에 보모들은 자기네의 감독하에 있는 유아들의 건강과 나쁜 습관 등을 주의하여 살펴서 부모에게나 또 관할 위생계에 보고한다.

초등소학교에서는 6세로부터 12세까지의 아동을 수양하는데 보통상식을 목표로 하고, 국어와 산술을 중심으로 하여 가르친다. 그래서 12세나 13세 되는 양년 내로 졸업시험을 쳐서 합격이 되어야 초등소학졸업증서를 얻는다. 13세가 되도록 시험에 합격을 못한 아이들에게는 그저 초등소학수업증명서를 준다.

초등보습학교는 1~2년 내에 졸업을 할 수 있는데, 이 학교에서는 위의 초등소학교를 13세까지 수업을 하고 가정의 형편을 따라 곧 노동계로 들어가는 아이들에게 직업의 길을 열어주는 곳이다. 목공(木工)이나 토공(土工)이 되겠다든지, 점원(店員)이 되겠다든지 하는 아동들에게 각자가 정한 직업에 필요한 상식을 전문으로 가르치며, 동시에 국어와 산술지식을 더 넓혀준다.

고등소학교도 역시 초등교육 범위 내에 있는 학교인데, 이 학교의 성질로 보아서 초등소학교의 연장학교라고 하였으면 제일 좋겠다. 이 고등소학교는 3년제인데 수업료를 징수한다고도 볼 수 있고, 무료라고도 볼 수 있다. 초등소학교 졸업생들만 들어가는 학교로서 입학시험에 합격이 된 아동은 무료 교육을 받고, 낙제된 아동은 학비를 내야 한다. 그런데 가정이 정말 구차하다든지, 또 동생이 많은 아동에게는 시험합격여부를 불고하고 무료교육을 시킨다. 통계상으로 보면 이 고등소학교 졸업생들의 대부분이 농공상

육해공(農工商陸海空), 기타 각종 초등사업학교 등의 직업학교에 입학을 한다.

이상 직업학교는 물론 수업료가 있는데 관비(官費) 경쟁시험에 합격이 되면 무료수업을 한다. 또 구주전쟁(1차 세계대전) 시의 노병정의 자제라든지 자식이 많은 가정의 아이들에게는 학비감액이나 경우에 따라서 무료수학까지도 시킨다.

중등교육기관 범위 내에서는 전술한 각종 직업학교와 중학교 또 고등중학교 등이 있다. 각종 직업학교는 초등교육을 마친 학생을 수양(修養)하는 곳인데, 그 명칭과 같이 각자 직업에 특수한 상식을 가르치는 곳이니 이에 더 장황한 설명을 할 필요가 없다.

그런데 내가 들어가고자 작정한 '리쎄'는 중학교 또 고등중학교라고 번역할 수 있다. 뿐만 아니라 이 '리쎄' 내에는 초등학교까지 구비해 있다. 그래서 이 '리쎄'를 한 번도 낙제하지 않고 완전히 졸업하자면 만 11년을 요한다. 우리나라에서는 초급반을 1학년이라고 하여 2학년, 3학년 이렇게 올라가지만, 프랑스 '리쎄'에서는 초급반을 10반이라고 하여 9반, 8반 이렇게 내려간다. 그러므로 유치원을 마친 6세 이상의 아동이 이 '리쎄'에 들어오면 10반생이 된다.

그래서 저 상급 1반과 철학반 또 수학반까지 올라가는 동안에 평상시험, 학기시험, 연말시험의 성적을 평균해서 만점을 얻어야 상급반에 진급할 수 있다. 1반이 되는 해에는 학교에서도 여전히 시험을 보지만, 특히 1반이 되는 연말에 각 대학에서 자기 관리구내에 있는 학생들을 한곳에 모아놓고 직접 엄중한 시험을 보게 한다. 이 시험에 합격이 되어야 '리쎄' 철학반 또 수학반에 진급을 허락한다.

이 진급시험에 참석하자면 만 16세가 되어야 한다. 이 철학반이나 수학반을 마치는 연말, 즉 '리쎄'를 완전히 졸업하는 해에 또다시 소관 대학에서 '리쎄' 졸업지원자를 한곳에 모아놓고 엄밀한 시험을 보게 한다. 그래서 이 시험에 합격이 되어야 비로소 '바쐬리예'란* 학위를 얻게 되며 대학에 입학할 자격이 있다.

당초 이 '리쎄'는 초급으로부터 상급까지 모두가 유료교육이다. 이 '리쎄'는 유산계급 자제들을 위한 초등교육과 중등교육기관이라 하여도 좋다. 이 '리쎄' 학생들은 대개가 장구한 공부로서 정식으로 고등교육을 목적으로 하는 아동들이다. 그러면 이 '리쎄'를 거치지 못한 아이들은 정식 고등교육을 받을 수가 없는가? 하면 그렇지도 않다. 초등교육만 받은 자라도 언제든지 대학에서 치르는 이 두 시험에 합격이 되어 '바쐬리예' 학위만 얻으면 정식으로 고등교육을 받을 수 있다.

내가 1926년에 '리쎄' 1반생이 된 연말에 파리대학에서 이 시험을 보게 되었는데 시험장에 50이 가까워 보이는 후보생이 있었다. 이 사람은 본시 초등 의무교육만 받았었는데 50이 되도록 '리쎄' 문 구경도 못하였고 오직 자기 가족 호구를 위하여 노동을 하면서 틈틈이 독서를 하여 이 시험에 참석하는 사람이었다. 정식이란 것은 학위를 바라는 자가 밟지 않으면 안 되는 형식이고, 기실인즉 고등지식보다 더한 고등지식도 다 자기에게 달렸다.

특히 파리에서는 모든 문명기관이 구비하여서 자기만 소원한다면 무료로 못 얻을 고등지식이 없다. 그런데 불란서 좌익정당에서

---

* 1808년 나폴레옹시대부터 시작된 논술형 대입자격시험인 '바칼로레아(baccalauréat)'를 지칭하는 듯함.

는 이 '리쎄'까지 무료 의무교육기관으로 만들자고 한다. 이 좌익파가 10여 년간 고투한 결과 지금의 '리쎄' 5반까지는 무료로 입학할 수 있다. 이에 대한 더 상세한 설명은 밑으로 불란서 각 정당 프로그램을 소개할 때로 미룬다.

고등교육기관 범위 내에는 첫째, 대학이 있고, 둘째, 각 고등전문학교가 있다. 불란서 전국은 현재 17개 '아카데미', 즉 대학구(大學區)로 나뉘어 있는데 그중에 제일 중요하고 권위가 많은 대학은 파리대학이다. 역사상으로 보면 파리대학은 벌써 12세기 중엽에 시작된 학교이다.

당시 전국 교육권을 손아귀에 쥐고 있던 천주교에서 경영하는 학교가 많았지만, 그중에 제일 유명한 학교는 소르본(Sorbonne) 학교였다. 소르본이란 이름은 이 학교 창립자인 가톨릭 승려 소르본 씨의 이름에서 온 것이다.

본래 신학교수로 신망이 높았던 소르본 씨가 이 학교를 세운 목적은 신학박사가 되기를 지원하는 구차한 청년학사들을 수양하자는 데 있었다. 그 후 사방에서 유명한 신학자들이 신학을 연구코자 이 소르본 학교에 집중하게 되었으므로 소르본 학교는 위대한 신학교로 세인이 알게 되었으며, 따라서 전국학계에 최고지위를 잡게 되었다.

이 소르본 학교가 생기기 전에도 파리에는 유명한 학자들이 집중하는 중심지였다. 학자들이 집중하는 동시에 의견교환이 활발해지며, 각자 주장이 분명해짐에 따라 자연히 학과분리의 필요를 깨닫게 되었다. 오래지 않아 불란서 학계는 4과(科)로 나누어졌으니, 즉

문과, 법과, 의과, 신과(神科)이다.

소르본 학교가 생기자 그 지위가 학계의 수위(首位)에 오르게 되니 소르본 학교라 하면 이 4과를 통칭하게 되었다. 과연 소르본 학교는 중세 이후로 그 권위가 나날이 커져서 16세기에 와서는 그 신망이 전 세계에 퍼졌다. 그러다가 중세 말에 이르러서 르네상스 운동이 시작되자 소르본 학교의 권위는 점점 쇠약하게 되었다. 그 이유는 필연코 소르본 학교가 자기의 옛날 표어만 고집할 줄 알았고, 시대의 요구에 순응 병진할 줄 모른 까닭이다.

당시에 열렬한 학파들이 생겨서 소위 '휴머니즘' 문예 부흥운동을 일으켰는데, 소르본 학교는 과거 영광에 취하여 하나님만 찾고 있었다. 그 뒤에 위태한 풍파에 둘러싸여 명재경각(命在頃刻)의 경우를 당한 게 한두 번이 아니다. 그러다가 나폴레옹이 제국대학이란 이름으로 법·의·이·문·신(法醫理文神) 5과를 구비하여 소르본 학교를 다시 조직하였고, 나폴레옹 제국이 넘어지자 대학 이름만 고쳐서 불란서 대학이라 하였다.

불란서 제3공화국이 성립된 뒤에야 비로소 파리대학은 헌법적으로 완전한 조직이 되었다. 현행 이 파리대학 범위 내에는 법과, 의과, 수리과(數理科), 문과, 약학과, 고등사범대학교, 기타 각 고등교육기관과 또 고등교육에 부속된 기관 등이 있다. 이 중에도 특히 고등사범학교와 고등공예학교에는 정원경쟁입학시험이 있는데, 천재양성소라고 하여도 좋다. 지금 '소르본'이라 하면 오직 파리대학교 문과, 수리과만 가리키는 말이다.

각 대학에는 학무성에서 직접 임명한 대학총장이 있다. 대학총장은 대학평의회 회장으로 모든 대학사무를 지배한다. 각과에는 과장

(科長)이 있는데 각과 교수들이 자기과 동료 중 1인을 후보로 정하고 학무성의 승인을 받는다. 마지막으로 또 한마디 하고 싶은 말은 불란서에서는 공학(共學)을 오직 고등교육기관에서만 볼 수 있다는 것이다.

지금 가만히 생각하니 내가 구라파에 와서 제일, 부지중에, 재미있게 지낸 때가 첫 7년 동안 이 '리쎄' 기숙사생활을 하던 때였다. 이 기숙사생활을 생각만 하여도 벌써 저 중학생 시대의 추억이 처음부터 끝까지 활동사진처럼 상세하게 눈앞에 진전이 된다.

붉은 벽돌로 맵시 있고도 웅장하게 새로 지은 5층 교사는 나에게 첫날부터 큰 인상을 주었다. 응접회(應接會)의 인도로 교장선생을 면회코자 사무실에 들어가니 넓고도 깨끗한 방 정면에는 한 60이 넘어 보이는 노인이 책상 앞에 앉아 있었다. 머리는 뒤꼭지까지 벗겨졌으며, 안경은 코 끝 위에다가 얹혔는데, 얼굴은 평화스럽고 자세는 자못 점잖았다.

문이 열리는 소리가 나자 약간 고개를 숙이고 눈을 들어 안경 위로 넘겨서 들어오는 사람을 보더니 두 손을 내들고 앞으로 나왔다. 한 손은 나의 왼편 어깨 위에다 놓고, 또 한손으로는 나의 오른편 손을 잡더니 얼굴에는 웃음을 띠고, 다정한 목소리로 무엇이라고 말씀을 하시는데, 아~ 참 답답해라, 한마디도 알아듣지 못하였다. 이때가 곧 내가 불란서 사람과 첫 접촉을 하던 때였다.

불란서 중학교에는 언제든지 기숙사가 구비되어 있다. 학교의 주변에 높은 벽돌담이나 철봉 울타리가 있는 것을 보면 아마도 학생들의 과도한 장난을 예방하자는 것 같아 보인다. 내가 들어온 이 보베 중학교는 1897년에 완성되었는데 건물과 설비로 보아 충실한 중학교 중의 하나이다. 각 사무실과 복습실은 밑층에 있다. 2층, 3층에는 교과실, 실험실, 도서관 등이 있고, 4층, 5층에는 침실과 기숙생들을 시중하는 기관이 있다.

식당은 학교 후원에 따로 명랑(明朗)하게 지었는데, 천여 명이 능히 들어앉을 수 있다. 후원의 또 한쪽 조용한 귀퉁이에는 맵시 있게 따로 지은 병사(病舍)가 있다. 기숙생이 새로 들어올 때는 반드시 깨끗한 출입복 한 벌과 튼튼한 교내복 한 벌, 외출 신발 및 평상 신발 각 한 켤레, 내의 4건, 속바지 4건, 손수건 6개는 적어도 학교에 갖다 맡겨야 한다.

학교에서는 세탁과 바느질까지 하여서 기숙생을 시중하는데, 일요일 아침에는 반드시 모든 내의를 갈아입히며, 일주일에 두 번씩 손수건을 갈아준다. 모든 침구는 학교에서 제공해주는데 1개월에 한 번씩 홑이불만은 갈아준다. 매주 목요일 아침에는 일제히 목욕을 시킨다. 혹 몸이 불편한 학생이 있으면 곧 병사(病舍)에 옮겨가서 교의(敎醫)의 진찰을 받으며, 간호사의 감독하에 치료를 받는다.

별도 병은 없으나 건강상 복약하는 학생은 약을 병사(病舍)에 갖다 두면 일정한 복약시간에 간호사가 일부러 찾아와서 복약하게 한다. 또 매 학기에 한 번씩 공의(公醫)와 교의(校醫)가 와서 학생들의 신체검사가 있다. 각 침실은 40명씩 자게 만들었는데, 침실 가운데는 감독의 침상이 있다.

아침 5시 반이면 벌써 야순번(夜巡番)이 와서 감독을 일으킨다. 감독은 기침(起寢)하여 세수를 마친 뒤에 6시 종소리가 나자 손뼉을 쳐서 학생들을 일으킨다. 학생들은 곧 이불을 걷어 들어 침상 속까지 보이게 한 뒤에 세수를 시작하여 의복을 입는데, 신발에 약칠이라든지, 의복에 솔질이라든지, 머리에 빗질이라든지, 모든 것을 정밀히 하여야 한다.

감독의 눈도 감독의 눈이지만, 총감독 선생이 각 침실 담당 직원(원문에는 하인下人)을 데리고 아침마다 침실에 나와 볼 때에 세수를 정밀히 하지 못한 학생에게는 대책망(大責望)뿐만 아니라(크게 꾸짖을 뿐만 아니라) 조행점(澡行点)이 떨어질 염려가 있다.

6시 반 종소리가 나자 학생들은 행렬을 지어 일제히 운동장에 내려간다. 그 길로 복습실로 들어가서 그날 학과를 준비한다. 8시 20분 전에 식당에 가서 15분 동안 아침밥을 먹는데, 대개는 우유 차(茶)와 빵떡을 준다. 아침밥을 먹은 뒤에 곧 상학(上學)준비를 하고 있다가, 8시 종소리가 나면 감독의 인도하에 행렬을 지어 교실에 들어간다.

9시 5분 전까지 상학(上學)을 마치고 곧 교실을 바꿔 9시에서 10시까지 제2 공과(工課)가 있다. 15분 동안 휴식이 있고 10시 15분에서 11시 15분까지 또 제2 공과(工課)가 있다. 그다음에는 정오까지 복습시간이다.

12시 종소리가 나면 학생들은 운동장에 나와서 손을 깨끗이 씻고 또 행렬을 지어 식당에 들어간다. 모든 행동은 감독의 호령에 따라서 하는데, 들어가라 해야 들어가고 앉으라고 해야 앉는다. 점심은 불란서 사람의 제일 중요한 식사인데, 우리 학교에서는 대개 처음 경쾌한 시작식(始作食)이 있고, 둘째 분량이 풍부한 고기와 채소가 있고, 셋째 과자나 실과(實果)가 있다. 정해준 분량 외에 조금 더 먹는 것은 상관이 없지만 과하게 더 먹는 것은 위생상 허락을 하지 않는다. 그러나 정해준 분량을 다 먹지 아니하면 '왜 먹지 아니하느냐?'고 성화도 맞지만 감독이 곧 교장에게나 학감에게 보고를 해서 의사의 진료까지 시키는 수가 있다.

필자는 중학교 기숙사에 있을 때에 너무 먹어서 걱정이었다. 점심은 30분 동안에 먹는데 12시 30분이면 벌써 행렬을 지어 운동장에 내려간다. 그래서 오후 1시 반까지 휴식을 하고 또 복습실에 들어가서 30분 동안 학과를 준비한다. 2시에서 3시 5분 전까지 또 3시에서 4시까지 오후에 두 학과가 있다. 4시에서 5시까지는 휴식이 있고, 5시에서 8시까지는 계속적으로 복습이 있는데 통학생은 7시에 귀가한다.

모든 복습은 복습선생의 감독으로 진행이 된다. 저녁은 8시에 먹는데 첫째, 국이 있고, 둘째 고기나 어물과 채소가 있고, 마지막으로 실과나 과자 등이 있다. 저녁도 30분 동안에 맞추고 그 길로 학생들은 각 침실로 올라간다. 한 30분 동안에 잘 준비를 하여 침상에 드러누우면 감독이 반드시 시찰을 나온다. 그리고 10시, 12시, 아침 2시 또 5시 반에 야순번이 조그마한 등불을 들고 조용하게 각 침실을 돌아다닌다.

교장선생은 간간히 식당, 침실, 복습실, 교실에 와서 한 번씩 보시고 간다. 다시 말하자면 불란서 '리쎄'에서는 매일 5시간의 학과가 있고, 5시간 반의 복습 시간이 있다. 이 공부시간이 어린 학생에게 너무 과도하다고 수년 전부터 도처에서 정량운동(政良運動)이 시작되었다. 체조시간은 1주간에 2시간을 넘지 않는다.

불란서에서는 토요일이 반공일이 아니고 목요일이 반공일이다. 목요일에는 공과(工課)는 도무지 없으되, 오전은 복습만 하고 오후는 산보나 운동을 한다. 성적이 나빠서 벌을 당한 학생은 이 목요일 오후에 벌숙제(罰宿題)를 한다.

중학교 머리에는 물론 교장이 있는데 중학교 학감 직무를 지낸 사람이라야 교장 될 자격이 있다. 그 밑에는 학감이 있는데 중학교 교수 직무를 수년간 지낸 사람이라야 학감 될 자격이 있다. 중학교수는 천재양성소라 할 만한 고등사범학교 졸업생, 또는 박사 되기보다 더 어려운 중학 교수시험에 합격한 자로만 될 자격이 있다. 대학교수도 이 중학교수 중에서 연구와 저술을 따라 되는 것이다.

그다음에는 복습 총감독이 있는데 적어도 학사학위는 가지고 있어야 된다. 조선생(助先生)도 역시 학사학위를 가진 사람으로 학생 복습을 도와주며 감독하는 선생이다. 또 그 밑에는 학생감독이 있는데 대개는 중학 출신으로 대학 재학생들이다. 학비를 벌고자 중학교 기숙사에 와서 운동장, 식당, 침실에서 학생을 감독해주며 공부하는 청년들이다.

학생은 세 부류의 학생이 있는데, 기숙생이 있고, 반기숙생이 있고, 통학생이 있다. 반기숙생은 먹고 자는 건 자기 집에서 하고 공부와 복습은 학교에서 하는 학생들이다. 통학생은 공과(工課)만 마친 뒤에 곧 자기 집으로 돌아간다.

기숙생과 반기숙생에게는 교과서를 학교에서 무료로 공급하지만 통학생은 교과서를 자기가 사야 한다. 내가 재학 당시에 보베 리쎄에는 700여 명의 학생이 있었는데, 그중에 530명이 기숙생이고 반기숙생은 불과 70명이며, 그 외는 모두 통학생이었다. 또 한마디 하고 싶은 말은 하기(夏期)에 불란서 초등학교 학생들에게 45일의 방학을 주고, 중등학교 학생들에게는 2개월 반의 방학이 있고, 대학생에게는 4개월의 방학이 있다.

내가 이 '리쎄'에 처음 들어와서 불어를 배우는데 부득이 독선생 (獨先生)*을 정해놓고 A(아), B(베), C(쎄), D(데)부터 시작하였다. 첫 날부터 학생들이 참새 무리처럼 지껄이며 무슨 이상한 구경이나 만난 듯이 나를 둘러싸고 손짓과 형용(形容)까지 하여가며 별난 수작을 다한다.

이렇게 불란서 아이들과 섞여서 노는 것이 나에게는 공부하는 것보다도 더 재미가 있었다. 비록 손짓과 형용으로 하는 이야기일망정 피차 간 의견을 짐작하여서라도 통하지 못한 일이 없었다. 편을 갈라서 유희를 하는 데에도 한 번만 벙어리 식으로 설명만 하여주면 틀림없이 재미있게 운동을 하였다.

운동장에서 유희할 때는(놀 때는) 말은 한 번만 들으면 귀에 남아 있는데 일부러 돈까지 주고 독선생(獨先生)에게 배운 말은 어찌 그렇게도 잘 잊어버리는지 매일 선생님께 꾸지람을 받는다. 운동장에서 학생들끼리 쓰는 말은 태반이 욕설과 상(常)말인데 얄미운 아이들은 상말만 일부러 양념까지 쳐서 정성껏 가르쳐주며 선생님께 가서 물어보라고 신신부탁까지 하여 준다.

흔히 상말인 줄 모르고 운동장에서 들은 그대로 상말을 쓰게 되면 선생님은 깜짝 놀라며 그것은 불란서 말이 아니라고 야단을 친다. 그렇지만 자기에게서 배운 말은 당장에 쓸 곳이 없고 학생들에게서 들은 말은 나의 일용(日用) 생활상에 몰라서는 안 되는 말이다.

나의 독선생(獨先生)님은 우리 학교 복습선생으로 그때 60이 다

* 한 사람 또는 정(定)해진 몇 사람의 공부(工夫)를 혼자서 맡아 가르치는 선생(先生).

된 양반인데, 지금 가만히 생각하니 불란서 시골 선생의 표준인물이다. 본시 구차한 농가의 출신으로 부지런하고 의지가 굳어서 고학을 하여 대학까지 마치고 중학교 복습선생의 직무에 오른 사람이다. 매사에 형식은 원수(怨讎)로 알며, 튼튼하고 순진하기는 비할 곳이 없는 선생이다.

입은 옷은 몇십 년 전에 지은 의복인지 담요같이 두터운 재료로 지었는데, 모양(式)은 박물관에나 가야 만나볼 옷이다. 자기 말을 들으면 "의복이란 튼튼하고 깨끗이 입으면 그만이지 일부러 돈 더 주고 유행식이라 하여 약하게 지어 입는 그런 얼빠진 청년들이 어디 있느냐!"라고 한다.

뿐만 아니라 선생이 우리들을 훈련할 때는 자기 말에 힘을 더 주는 것처럼 항상 고인(古人)의 이어[俚語, 항간(巷間)에 떠돌며 쓰이는 속(俗)된 말=상말]를 선두(先頭)로 읊는다. "오늘 할 수 있는 일을 내일로 미루지 말라!는 격언이 있다" 하고, 어느 화요일 오후에 한 학생을 책망할 때는 꼭 내가 본국 고향에 있을 때에 이웃집 김 선생이 우리 집 사랑(舍廊)에 와서 간간히 우리를 만나 훈계할 때마다 "속담에 호랑이에게 물려가도…" 하며 시작하던 생각이 부질없이 일어난다.

근검하고 절약하는 데 있어 이 김 선생에 지지 않을 우리 선생님도 먹는 데는 아마도 아끼지 않으시는 모양이다. 시가(市街)에서 선생이 광주리를 들고 값을 다투어가며 장을 보는 것을 여러 번 보았다. 일요일이면 물고기 낚시를 가든지 또 버섯을 캐러 간다. 자기가 자기 부인보다 음식을 더 잘 만드는 줄은 내가 선생의 초대를 받아 어느 일요일에 자기 집에 가서 점심을 먹을 때 알았다.

"서군에게 참 불란서 음식을 한번 맛 보이자니 힘이 드는군! 우리 집에서 음식이야 잘하지. 그러나 오늘 저 반찬에는 그래도 내 손이 가야!"하면서 선생이 앞치마를 입고 나와서 나를 영접(迎接)해주신다.

선생님의 부인과 젊은 따님은 상을 차리느라고 바쁘고, 나의 동무인 자기 두 아들은 채전(菜田, 채소밭)에서 일을 하다가 손을 씻고 들어온다. 아마도 나를 귀한 손님이라고 하여 그러는지 백설 같은 새 상보를 상(식탁) 위에 펴고, 젓가락과 식도는 눈이 부시게 번쩍인다. 생기가 팔팔 나는 다섯 가지 색깔의 꽃병은 밥상 복판에 올려져 있다.

모든 가족은 옷을 깨끗이 입고 벌써 밥상에 둘러앉았는데, 오직 선생님만 부엌에서 떨거덕거리더니 앞치마를 입은 채로 소매를 걷고 들어와서 앉는다. "빠빠는 손님이 왔는데도 저렇게 차리고 상에 앉으니 내가 좀 미안해요." 젊은 따님은 나를 돌아다보면서 웃는다.

"너희들 젊은 사람들은 예의를 차리는 것이 좋아. 나는 이렇게 하고 있어야 편하지. 어서 시작하지." 나는 부인과 따님 사이에 앉히고 자기는 내 정면에 두 아들 사이에 앉았다. 쟁반에 꽃같이 보기 좋게 차려놓은 시작음식(前菜, 오르되브르)을 보고 선생은 나지막이 웃으며 하시는 말씀이 " 오~~ 손님이 온다고 이렇게 곱게 만든 모양이군. 그러나 보기만 좋지 맛이야 내가 만든 반찬을 당하나. 자~~ 서군 먼저 들지"하면서 쟁반을 내 앞에 들이민다.

"우리는 이렇게 간단한 생활을 하니 허물 마시고 많이 잡수오"하면서 사모님이 나에게 또다시 음식쟁반을 들이민다. 그러는 동안에 선생이 부엌에 가서 김이 무럭무럭 오르는 솥을 들고 들어와서 자기 앞에 놓고 앉는데, 냄새만 맡아도 침이 절로 넘어간다.

커다란 거위 한 마리를 밤과 버섯을 넣고 약한 불에 2시간 동안이나 볶은 것이라 하는데, 선생이 칼을 들고 살점만 베어서 우리에게 주고 자기는 뼈다귀(골통)만 들고 하시는 말씀이 "사실은 이것이 더 맛있거든! 젊은 사람들이야 형식을 좀 찾는 것이 괜찮아. 그러나 늙은 사람은 아무렇게나 먹어도 상관이 없어!"하시면서 눈을 흘겨서 나를 한번 보더니 거위 뼈다귀를 두 손에 들고 입으로 막 뜯는다.

미상불(未嘗不, 아닌 게 아니라 과연) 고기 맛이 비상하다. 그래서 선생님께 치하를 드리니 "오~~ 조선서도 그런 것 못 먹어봤지!"라고 하시고, "불란서 음식이 당신 구미에 맞습니까?"하시면서 부인이 묻는다. 그래서 점심이 끝날 때까지 조선 이야기를 하게 되었다.

두어 마디 아는 불어로 무엇이라고 어떻게 대답을 하였는지 모르겠으나 남이 한 말은 다 알아들은 감상이 있다. 60이 넘은 선생님의 구미가 한창 먹을 나이의 우리 젊은 사람의 구미보다 갑절이다. 반주(飯酒)를 일면(一面) 마셔가며 말도 잘 하시지 않고 열심히 드신다.

내가 이 보베 중학교 재학 동안에 이 선생님의 다정한 보호는 평생에 잊을 수 없다. 하루는 교장선생이 불러서 사무실에 들어가니 내 선생님이 거기 먼저 와서 앉았다. 아마도 나를 두고 무슨 논의가 있은 것 같아 보였다. 교장선생이 구두시험 겸 말 몇 마디를 나에게 물어보시더니 "내일부터는 이 선생님께서 배우는 공과(工課, 공부하는 과정) 외에 10반, 9반에 가서 어린아이들과 같이 상학(上學, 학교에서 그날의 공부를 시작함)하시오" 한다.

그래서 그다음 날부터 교장선생이 정해주신 과정대로 10반에도 가며, 9반에도 가서 상학하게 되었다. 교실 벽에는 찬란하게 색칠한 동요 그림이 붙어 있는데 꽃밭에 들어가는 감상이 있다. 10반에는 모두 6세 아동들인데 벽을 등지고 나지막한 걸상에 얌전하게 둘러 앉았다. 한 30이 되어 보이는 여교원이 어린아이들을 달래가며 "베아 바(B.A. ba), 베으 베(B.E. be)" 이것을 가르치는데, 나도 아이들과 같이 고함을 질러가며 따라 읽었다.

9반에도 젊은 여교원이 7세 아동들을 가르치는데 아이들이 제법 글자를 붙여 읽으며, 단편 동요를 책에 있는 대로 노래를 부른다. 한 학기 동안에 이렇게 공부하다가 그다음 학기에는 10반, 9반을 거쳐 8반, 7반에 들어갔다. 8반, 7반에는 교실 정돈부터도 10반, 9반과 다를 뿐만 아니라, 한 40 된 남교원이 고함을 빽빽 질러가며 규칙이 엄숙하게 글을 가르친다.

아이들은 어떻게 장난이 심한지 선생이 등을 돌리면 서로 밀고 당기고 하며 야단이다. 중요한 학과는 불어, 산술, 역사 등인데 그 정도가 8, 9세 또 10세 되는 아동에게 좀 거북한 것 같다. 7반에서 6반으로 진급하는 데 엄밀한 시험이 있기 때문인지, 이 7반에 11세가 되도록 진급 못한 아동이 있었다.

나는 불어를 전문으로 배우기를 원했기 때문에 오직 불어 과정에만 참석하였다. 지금까지는 불어공부를 남이 하자는 대로 하였지만, 1922년 가을학기부터는 가만히 생각하니 이래서는 안 될 것 같았다. 교장선생을 방문하고 나의 의견을 제출한 뒤에 6반에 가서 계속적으로 불어를 공부하며, 또 6반에서 처음 나전어(羅典語 → 羅甸語, 라틴어)를 시작하였다.

지금까지는 그렇게 어려워 보이지 않던 불어가 정작 정신을 차려서 철저하게 연구를 하자, 그다음부터는 어떻게 어려운지 기가 꽉꽉 막힌다. 동시에 각과의 보습시간을 늘려 이듬해 가을학기에는 제4반에 정식으로 들어갈 준비를 열심히 하고 있었다. 내가 세상에 나서 의식적으로 성실한 공부를 시작하기는 그해가 처음이다.

이렇게 열심히 준비를 하였지만 4반에 들어가서 13~14세 되는 아이들을 당할 수 없었다. 간간히 칠판에 나가서 산술문제 같은 것을 설명할 때는 어떻게 말을 잘못하였는지 학생들은 물론 선생까지도 앙천대소(仰天大笑, 하늘을 보고 크게 웃음)로 웃을 때가 있다.

교실에서 잘 알아듣지 못한 공과(工課)는 보습선생을 청하여 설명을 따로 들어가며 악전고투를 하였다. 모든 곤란이 불어 부족의 관계인데 제2학기부터는 처음과 같이 큰 곤란은 없었다. 각 학기 방학 때나 기타 여가가 있을 때마다 보습 공과시간을 또 한층 더 늘려서 그다음 해에는 제2반에 들어갈 준비를 고집스럽게 하던 중이다.

나에게는 상급에 진급시험이 없었고 오직 따라갈 수만 있으면 임의대로 아무 반에 가서라도 상학을 할 수 있었다. 2반은 과연 굉장히 힘이 든다. 보습선생의 도움을 받아가며 이 1년 동안에 한 공부는 험악한 태산을 넘는 감상이다. 그러다가 이 이후는 모든 공부가 다행히 순순(順順)하게 진행이 되었다.

내가 이 중학교 재학 동안에 여러 가지 기억(원문은 '紀念')이 있는데, 그중 하나는 선생님께 말을 불경(不敬)히 하여 퇴학을 당할 뻔한 일이었다. 내가 2반에 있을 때다. 어느 날 교실에서 조선에 대한 역사 선생의 간단한 설명이 있었는데, 독본에 본즉 조선 인구는 불과 6백만이요, 민족은 매우 게을러서 조상이 전해준 박약한 문명까지도 지금은 형체도 볼 수 없다 하였으며, 기타 여러 가지 우리 민족에 대하여 욕이 되는 기사가 있었다.

학생들은 얼굴을 돌려 나를 보고 웃는다. 나는 화를 내며 일어나서 조선민족이 2천만이며, 4천여 년 역사가 있다는 말을 하고, 학생들에게 거짓말을 가르치는 것이 미개한 일이라 하였다. 물론 아직까지 불어가 능치 못하였고 또 골이 난 터이라 무슨 불경한 말을 더 하였는지 기억이 없으나, 선생이 대로(大怒)하여 내 소매를 잡아당기며 교실에서 쫓아내었다.

나는 책을 마룻바닥에다 던지며 밀려나왔다. 교장선생까지도 분해하시며 퇴학시킨다며 야단이다. 나를 항상 보호하시는 내 독선생님께서도 각 방면으로 활동을 많이 하였지만, 나도 교장선생과 역사 선생께 친히 가서 백배사죄를 하고 간신히 퇴학을 면하였다.

동시에 교장선생께서 조선에 대한 강연을 한번 하라고 명령을 하셨다. 내가 과거에 조선역사를 배운 일도 없고 또 당장에 참고할 책 한 권도 수중에 없으니 어떻게 준비를 하여야 될는지 기가 꽉 막힌다. 무슨 핑계를 하고 거절도 할 수 없어서 부득이 중국과 미주 각지에 있는 우리 (동포) 사회에 곧 편지를 하여 강연 자료부터 구하였다.

내가 조선역사 상식을 얻기도 이 기회가 처음이다. 그래서 4개월 동안에 틈틈이 준비를 하여 하루는 교장선생을 방문하고 강연준비를 마쳤다 하니, 벌써 한 학기가 지난지라 선생께서 잊어버리신 모양인지 못 알아들으신 것처럼 나를 한참 쳐다보시더니 "옳지, 그래

그래!" 하시더니 얼굴에 웃음을 띠고 어떻게 준비를 하였느냐고 묻는다.

나는 전후 사정을 설명하여 조선역사에 무식한 것이며, 동양으로부터 자료를 구해 온 것이며, 강연 원문을 보습선생에게 교정을 받아 2주 동안 틈틈이 연습을 하였다는 것을 말하였다. 교장선생님은 곧 웃으시면서 그다음 목요일 오후 6시로 정하시며, 기숙생들이 산보 갔다가 들어오거든 강연을 하라 하신다.

기다리고 기다리던 목요일 오후 6시도 어느덧 다다랐다. 강당에는 2반, 1반, 철학반 학생들과 교장, 학감 외에 몇 분 선생님이 있었고, 또 전에 본 적이 없던 신사 몇 분도 참석한다. 나는 온 정신을 집중하여 근 한 시간 동안 말을 하였다. 이것이 나의 첫 불어 강연이다. 교장선생의 다정한 답사가 있었는데 그 내용은 아래와 같은 세 가지이다. 첫째, 외국에 가 있는 불란서 청년이 자기 조국에 대하여 서군과 같은 태도를 가지라 함이요, 둘째 구주대전(1차 세계대전) 전에 출판된 교과서는 시대에 맞지 않을 뿐만 아니라 모순이 많다, 셋째는 조선민족이 게으르다고 책에 씌어 있지만 그것이 사실이 아닌 것은 서군 개인행동이 직접 증명하는 바이라고 하신다.

나는 이 말을 들을 때에 본국 부친께서 학비를 보내시는 서류편지를 받는 것보다 더 기뻤다. 내가 1929년에 불어로 책 1권을 저술하였는데, 이 강연 원문을 소설적으로 확장시킨 것이다.

또 한 가지 중학생 시대의 재미있는 기억은 내가 2반급(班級)을 마치는 해의 여름에 일어난 일이다. 그해 여름학기에 우리 학교의 어떤 젊은 선생이 의외로 1개월 반 동안 해변피서회(海邊避暑會)를 조직하였다. 우리 학교에서는 근 40명의 학생이 참가하였는데, 그중에 나도 들었다.

7월 25일 아침에 우리는 학교에서 이불과 홑이불을 얻어 가지고 감독과 함께 차를 타고 떠나서 그날 오후 2시경에 '쌩 말로(Saint Malo)'라 하는 불란서 서북 해변 촌에 있는 조그만 한 피서지에 도착하였다. 정차장에서 한 20분 동안 차로 올라가니 높은 언덕에 삼림이 울창한데 네모가 반듯하고 멋없이 크게 지은 4층 벽돌집이 외롭게 혼자 서 있다.

이 집은 구주대전 전에 해군병원으로 쓰던 집인데 벌써 4~5년 동안 비어 있다 한다. 그래서 우리 학교 선생 한 분이 담당 관청에 교섭하여 1개월 동안 무료로 빌렸다고 했다. 우리는 도착하는 즉시로 옷을 벗어 풀밭 위에 놓고 집 청소를 시작하였다.

먼지는 거짓말 좀 보태서 한 자나 되고, 거미줄은 방방 곳곳에 걸려 있다. 먼저 부엌 청소부터 마치고 나니 어디서 한 60명이나 되는 학생들이 들어오는데 그중에 반은 여학생이다. 남학생 중에는 중국 청년이 하나 있는데, 인사를 하고 보니 마철보(馬鐵寶) 군이라 한다.

여학생들은 부엌에 들어가서 음식을 장만하는데, 남학생들은 옷을 벗고 우리와 같이 집 청소를 하려 든다. 우리는 4층으로부터 시작하여 불이 펄쩍 나게 방 소제(房 掃除, 방 청소)를 하는데, 비로 쓸고, 행주로 닦고, 물로 씻고, 70여 명이 웃어가며 일을 하노라니 오후 7시 종소리가 나기 전에 그 큰 집 청소를 깨끗하게 마쳤다.

우리는 그 길로 산보를 하여 해변에 내려가서 목욕을 하고 올라오니, 여학생들이 마당에다 널판으로 식탁을 차려놓고 우리 오기를 기다리는 중이다. 3일이나 굶은 것처럼 맛있게 저녁밥을 먹고 설거지를 마친 뒤에 자러 올라갔다. 여학생들은 아까 식탁으로 쓰던 널판을 2층에 들고 올라가서 침상처럼 차려놓고 그 위에서 누워 자는데, 우리는 3층, 4층에 올라가서 마룻바닥에다 그냥 이불과 홑이불을 깔고 자게 되었다.

그다음 날 종일토록 집 청소와 정원 청결을 더 정밀히 잘하였다. 매일 아침 7시에 일어나는 길로 해변에 내려가서 10분 동안 체조를 하고 20분 동안 해수욕을 한 뒤에 집에 올라와서 아침을 먹는다. 여학생은 집에서 15분 동안 체조를 하고 아침을 준비한다.

그다음에는 12시까지 자유스럽게 공부도 하고, 편지도 쓰고, 독서도 하는데 여학생들은 10시 반에 들어가서 점심밥을 짓는다. 오후에는 산보와 유희 기타 각종 운동을 하다가 5시에는 남녀학생이 일제히 한 시간 동안 해수욕을 한다. 여학생들은 그 길로 올라가서 저녁밥을 준비하는데, 남학생들은 삼림에 들어가서 산보 또는 유희를 하다가 8시에 저녁을 먹는다.

음식은 여학생들이 만들지만 모든 설거지는 남학생들이 편을 갈라서 차례로 한다. 그리고 10시에는 일제히 불을 끄고 누워 잔다. 어느 날 오후에는 비가 와서 산보도 못 나가고 백여 명이나 되는 우리는 밑층 넓은 방에 모여 앉아서 집이 떠나라고 웃어가며 별별한 유희를 하고 있는데, 무슨 장난 끝인지 중국 학생 마철보(馬鐵寶) 군이 동무들에게 내기에 지고 부득이 비를 맞고 길에 나가서 첫 번째 지나가는 여자와 무슨 수단을 쓰든지 키스를 하게 되었다.

마군은 천성이 온후하고 활발한 청년인데 어찌할 줄을 모르고 얼굴이 붉어지며 주저하고 있는 중이다. 학생들은 마군을 밀어내며 속히 나가서 약속(원문은 約條)을 실행하라고 야단이다. 이때에 나는 마군의 귀에다 한 방책을 주었더니 마군이 찬성하며 그 길로 곧 뛰어나간다. 우리는 2층, 3층, 4층 창문 밖으로 머리를 내밀며 길에 나가서 비를 맞고 선 마군을 바라본다.

저 중국 청년이 어떻게 하나 하고 동정을 살핀다. 미구(未久, 오래지 않아)에 두 젊은 내외가 한 우산 밑에 비를 피하느라고 두 몸이 한 몸이 되도록 서로 붙어서 발자국을 맞추어 내려온다. 우리 집 앞에 오자 창밖에 머리를 내민 무수한 소년들과 비를 맞고 우두커니 서 있는 중국청년을 보고 무슨 일이 있는 줄을 자기네들도 추측하였을 것이다.

이때 마군은 점잖이 나아가서 공손히 인사를 하고, 자기가 피서회(避暑會)에 따라온 학생인 것과 동무들과 내기에 져서 약속대로 제일 처음 지나가는 여자와 키스를 하게 되었는데, 이 내기에 약속을 원만히 실행하고 못하는 것은 오직 그 부인의 점잖은 양해에 달렸다 하며 간청하였다.

젊은 내외는 자꾸 웃으며 남자는 자기 부인에게 키스하라고 권하는데, 여자는 자기 남편 얼굴을 쳐다보다가 마군과 키스를 한다. 창밖에 머리를 내밀고 있던 백여 명의 학생들은 하늘이 진동하도록 박수를 한다. 이때에 감독 한 분이 내려가서 젊은 내외에게 감사를 드리고 마군을 데리고 들어온다.

대저 중학생 시대에 그 재미있게 분투하던 생활을 일일이 그려내자면 끝이 없겠다. 그런데 내가 이 보베의 리쎄 2반까지 무사히 마치고 학교를 옮겼다. 파리서 서쪽으로 88킬로미터에 있는 '쌀틀(Chartres, 샤르트르)'이란 소도시 고등중학교에 전학하였다.

5년이나 이 보베(Beauvais) 중학에서 공부하는 동안에 외국 사람이라고 사정(私情)을 많이 보아주는데, 처음에는 편리하였으나 나중에는 "으례(依例)히 사정을 보아주느니" 하고 방심이 되는 것이 한편으로 걱정이 되었다. 내가 공부를 부지런히 하지만 그래도 뒤에서 등을 밀어주면 공부를 더 잘할 것은 사실이다. 더구나 리쎄 1반은 중요한 반인데, 낯선 학교에 가서 사정없이 엄숙한 공부를 하고 싶은 것이다.

이 '샤르트르' 고등중학교에서 1반을 마치고, 1926년 6월에 파리 대학에서 고등중학 철학반 진급시험에도 무사히 통과하였다. 이 철학반에서 1학기 동안 공부를 계속하다가 사세부득(事勢不得)으로* 한창 재미있게 진행되어가는 학업을 중도이폐(中道而廢, 중간에 그만둠)하게 되었으니 어찌 분하지 아니하랴.

나는 이때부터 파리에 완전히 올라와서 별별한 짓을 다 하여가며 호구책(糊口策)을 구하러 다녔다. 객지에 있는 몸은 언제든지 다소간 고생이다. 적은 고생은 지낸 뒤에는 생활에 양념 같아서 오히려 재미있어 보이며, 또 사람마다 저도 큰 고생을 하였다고 은연중 자랑한다. 그러나 큰 고생은 고통이 뼈에 박힌지라 그려내려고 하여도 형용할 말이 없고, 남이 알아듣지도 못한다.

큰 고생은 말할 여지도 없으며 생각만 하여도 치가 떨려서 한심(寒心, 정도에 너무 지나치거나 모자라서 가엾고 딱함)만 나온다. 그러나 간간히 깊은 가슴에서 진동을 할 때는 그 음파가 붓끝과 혀끝에 미칠 때가 있다. 일언이폐지(一言以蔽之, 한 마디로 그 전체의 뜻을 다 말함)하고 우리는 크게 되어 남에게 부럽게 보일지언정 결코 자기 고생

---

* 1925년 10월 11일 부친 서석주 옹의 별세로 유학비 송금이 끊어짐.

한 이야기를 내놓고 남에게 가련하게 보일 것이 아니다.

그러므로 나는 이 앞으로 가급적 고생한 이야기는 피할 터이요, 오직 고국에 계신 독자제위께 참고 또 소일(消日)거리가 될 만한 것만 쓰고자 한다.

외국사람이 파리에 처음 와서 표면의 파리를 보고 경솔히 함부로 흥야(興也)라 부야(賦也)라 하지만, 표면의 파리도 옳게 보려면 말을 알아야 하고 또 상당한 시일을 요한다. 파리는 불란서의 서울일 뿐만 아니라 구라파의 정치 서울이요 전 세계의 지식 서울이다. 과연 파리를 알고 볼수록 안팎으로 굉장한 서울이다.

최근 통계표에 나타난 숫자상 파리를 보면 면적은 500평방킬로미터이고 인구는 289만 1,020명인데, 그중에 외국 사람이 27만 9,011명이다. 불원(不遠)한 장래에 파리시에 합병될 시외 인구를 합하면 493만 3,855명이다. 이 굉장한 대도시의 동맥인 각종 교통기관은 혈맥처럼 연계부절(連繼不絶)로 지상과 지하에 순환하고 있다.

지상에는 12노선의 복선전차가 동서남북으로 시내, 시외를 돌아다닌다. 지상에는 첫째, 178노선의 버스가 있는데 매선에 매일 출발 자동차가 10대라 한다. 둘째, 67노선의 복선 전차가 있고, 셋째 12,286대의 택시가 있다. 3년 전의 통계를 보면 택시 수가 근 2만이었다. 이 외에도 무수한 개인 자동차가 있다.

하기(夏期)에는 파리 복판에 흘러내려 가는 '센(Seine)'강 위에 수상 교통선이 있다. 파리 주민의 휴식을 위해서는 146개의 대중소 공원이 있고, 2개의 큰 삼림이 있다. 상식을 위해서는 특성을 가진 120개의 도서관 외에 각 구립도서관 등이 있다.

저녁마다 볼 수 있는 공개강연회에서는 각종 문제를 광명정대하게 토론한다. 오락을 위해서는 유명한 것만 쳐서 63개의 저명한 극장이 있고, 또 무수한 활동사진관 중에서 굴지(屈指, 손가락을 꼽아 헤아림)할 만한 것만 69개가 있다. 이 외에도 음악회, 무도회 등은 부지기수다.

이미 통계표상에 나타난 파리를 소개하는 바이니 숫자 몇 개를 더 추가하고자 한다. 1934년 한 해 동안에 체포된 각종 범인이 36,140명이요, 살인사건이 20건이다. 공안관계로 경찰이 단속한 사건이 21,411건이며, 불란서에 입적청원을 제출한 외국 사람이 19,150인이다. 노상에서 자동차에 치인 자가 3,758명인데, 그중에 258명은 사망하였다 한다.

또 시가에서 주인 없이 방황하는 개 4,958마리를 잡았다 한다. 그러나 파리에 호적을 둔 7만 마리의 개 주인은 매년 파리시에 3백만 불의 세금(원본에는 稅納)을 바친다. 이상은 관청 통계표상에 나타난 파리이고, 우리 외국사람 눈에 처음 띄는 파리는 어떠한가?

복잡한 시가에 사치하게 정돈이 된 것과 미술적으로 진열해 놓은 상점의 상품, 맵시 있는 여자의 유행식(패션) 등이 눈에 먼저 나타난다. 밤이면 그 찬란한 불빛, 과연 파리 시청의 백년대계 정책인 천하제일의 화려한 서울을 만들자고 하는 노력이 크게 보인다.

그러나 파리 명물 중 하나는 아마도 카페 집이다. 첫째, 그 수효가 12,000이나 되니 명물이라 하겠다. 둘째 그 화려한 치장을 보아서 명물이요, 셋째, 파리 카페의 과거 역사를 보아서 명물이다. 노동자의 선술집처럼 된 아주 적은 카페는 말할 것 없지만, 그 외의 카페 집은 대소를 막론(원문은 '勿論')하고 신식으로 화려하게 차리지 않으면 고객이 같은 값을 주고 그리로 가지 않을 것이다.

큰 카페 집은 천여 명이 능히 들어앉을 수 있는데, 그 설비는 참 찬란하다. 자고로 이 카페 집에는 한가한 손님들이 모여서 술 한 잔 앞에 놓고 쓸데없는 공론(公論)으로 세월을 보내는 곳이다. 각 사회 계급의 신사들이 저녁에 나와 앉아서 휴식도 하며, 친구를 만나서 담화도 하는 곳이다.

19세기 말만 하여도 당시에 유명한 시인들과 문호들이 일정한 카페 집에 수시로 나와서 소일을 하였으며, 또 구차한 문사(文士)들이 겨울에 일기가 춥고 하면 갈 곳은 없고, 카페에 들어가서 차 한 잔 받아 놓고 종일토록 글을 써서 걸작에 오른 저술이 허다하다.

그래서 후세에는 과거에 모모(某某) 씨가 출입하던 카페라 하여 지금까지도 그 모습(원문에는 '자세')대로 하는 카페 집이 있다. 금일 파리의 큰 카페 집은 그 위치와 장소를 따라서 다소간 특성이 있다. 상업중심지인 '오페라' 주위에는 부자들과 외국유람객이 많이 출입 하는 카페가 있고, 세계에서 제일 화려하다고 자랑하는 '콩코드' 광장 부근에 있는 카페에는 정객(正客)과 신문기자가 많이 출입한다.

옛날부터 화가 촌으로 유명한 '몽파르나스'에는 미술가와 문객(文客)들의 카페가 있으며, 대학 중심지인 '셍미셸(Saint Michel)' 큰 거리에는 학생이 많이 출입하는 카페가 있다.

대개 예를 들자니 이런 것이요, 결코 이것이 일정한 규칙은 아니다. 그러나 이 화려한 파리 카페에 한 공통적 특색이 있다. 부르주아 사회의 소산으로 청춘을 자랑하며 고독을 느끼는 소녀들이 의복 단장을 맵시 있게 하고 앉아서 오가는 손님에게 향기로운 추파를 스스럼없이(원문은 '싫엄없이') 건넨다.

그 능란한 수단에는 어리석은 청년들과 경험 없는 외국 사람들이 까딱하면 넘어진다. 크고 화려할수록 고객이 많이 모여드는 이 파리 카페는 저녁마다 손님이 꽉꽉 들어찬다. 신문 잡지나 책을 보는 사람, 무슨 깊은 생각을 하며 글을 쓰는 사람, 친구와 다정하게 이야기를 하는 사람, 담배나 피우고 앉아서 시간을 어떻게 보낼 줄 모르는 사람, 구경을 하는 자들, 모두가 다 좀 싱거워 보인다.

필자도 오늘 저녁에는 이 글을 쓰려고 '몽파르나스'에서 제일 큰 카페 집 '라 꾸폴(La Coupole)'에 나왔다. 미술가들이 많이 출입하는 곳인 만큼 가지각색의 사람이 많다. 머리를 길러서 어깨까지 내리게 한 남자들, 머리를 높여 깎아서 멋있게 가리마를 찬 여자들, 또 수염을 길러서 영감처럼 하고 다니는 청년들, 가끔 얼굴에도 분칠, 붉은 칠, 검은 칠, 푸른 칠까지 교묘하게 하고 다니는 여자들, 참 기괴망측한 자들이 많다.

사방에서 들리는 소리는 태반이 외국말이요, 불란서 말은 몇 마디 되지 않는다. 파리 큰 카페 집에 외국 사람이 많이 출입하는 것은 다 아는 바나, 특히 이 '몽파르나스' 카페에는 외국인 천지다. 세계 각국 사람들을 카페에서 다 만나 볼 수 있다. 이전에는 이런 것을 예사로 보았지만 오늘 저녁에 유심히 살펴볼수록 퍽 재미가 있다.

이 외국 사람들이 다 파리에 무엇을 찾아 왔는가? 이 중에는 우리처럼 지식을 찾아 온 사람도 있을 터이요, 자유를 찾아 온 사람도 있을 터이요, 오락을 찾아 온 사람도 있을 터이요, 돈을 찾아 온 사람도 있을 것이다. 혁명운동에 실패한 망명객으로부터 구미각국의 일류 난봉꾼들이 이 파리에 우글우글 끓는다.

과연 파리에 무엇이 없는가? 어느 방면을 보든지 파리는 인기를 끌어당기는 곳이다. 나는 이렇게 생각을 하며 재미있게 구경을 하다가, 문득 시선을 내 옆에 앉은 한 청년에게 집중시켰다. 이 청년은 나보다 전에 나와 앉았는데, 얼굴이 둥글고 약간 거무스름한 것을 보든지, 면도를 이상하게 한 것이나, 또 너무 최신식으로 지어 입은 의복을 보아서 암만해도 서반아(스페인) 계통 남미 사람으로 파리에까지 온 것 같다.

혼자 앉아서 매우 심심한 모양이며 손에 여송연을 들었는데 성냥이 없는지 불은 붙이지 아니했다. 나는 친절하게 성냥을 내어주며 담뱃불을 붙이라고 하였더니 청년이 기뻐하며 자기 담배갑을 나에게 들이밀고 담배 한 개피를 같이 붙이기를 권한다. 나도 심심하던 바라 사양 없이 담배 한 개를 붙여 물고 인사를 하고 보니 '베네수엘라' 사람이라 한다.

베네수엘라의 한 큰 사탕공장 주인의 아들로서 금년에 6개월 동안 구라파에 구경 왔는데 벌써 파리에서만 2개월 넘게 지낸 모양이다. 불어와 영어는 자기 나라에서 배웠다고 하는데, 보통 말은 유창하게 한다. 나는 이런 이야기 저런 이야기를 하다가 그동안 파리에 와서 무엇을 보았으며, 그 감상담을 듣기를 청하였다.

"파리에서 제일 유명한 것이 오락인 줄 압니다!" 하며 청년은 빙긋 웃는다. "오락이 유명한 것 중 하나이지요!" 하고 나도 빙긋 웃었다. "참 파리에 별구경이 다 있습디다. 이렇게 문명한 나라에 그렇게 문란한 구경이 있으리라고는 꿈에도 생각 못 하였습니다. 첫날부터 여관주인이 한 안내자를 소개하여 주기에 1개월 동안 같이 다니며 별 괴상망측한 것을 다 보았습니다. 그런데 아마도 그 안내자가 좀 부정(不正)하였던지 돈을 몹시 썼습니다….”

“네~ 파리 안내자를 다 정당한 사람으로 볼 수 없지요. 외국 사람이 파리에 와서 안내자를 잘못 만나놓으면 돈이 생명이 없지요” 하며 나는 청년의 구미를 맞추어 주었다.

“그래서 그 안내자를 돌려보내고 지금은 혼자 돌아다니며 구경을 합니다.”청년은 문득 말을 멈춘다. 눈을 반쯤 깔고 얼굴에 웃음을 띠며 무슨 생각을 한참 하더니, “글쎄, 어제는 별일을 다 당했지요. 점심을 먹고 오페라 앞에 있는 큰 카페 집에 나와 앉았는데, 어떤 젊은 여자가 나를 보고 쌩긋 웃고 지나갑디다. 의복 입은 것을 보아서는 천한 여자는 아닌데, 이상하게 호기심이 잔뜩 난 판인데, 그 여자는 또 돌아다보며 웃지요. 그래서 나는 차(茶) 값을 치르고 그 뒤를 따라갔습니다. 그렇게 돌아보고 웃던 여자가 정작 자기를 따라온 것을 보더니 시침을 뚝 떼고 본체만체하며 맵시 있게 걸어 갑디다. 그러다가 어떤 활동사진관(영화관) 앞에 가서 멈추고 서더니 사진광고 그림을 구경하기에 나는 곁에 가서 공손히 예를 표하며, 혹시 전에 어디서 보던 부인이 아닙니까? 하고 물었습니다. 자기도 ‘전에 안면이 있는 신사인 줄 알았는데 자세히 보니 아닙니다’ 하며 또다시 시침을 뚝 떼지요. 그래서 나는 별로 보실 일이 없으면 활동사진 구경을 같이 하자고 청하였더니, 점잖게 몇 번 주저와 사양을 하다가 못 이기는 체하고 따라 들어옵디다. 이 여자는 어떠한 사람인가? 하고 알고 싶어서 틈을 엿보고 있던 중인데, 마침내 실내가 컴컴해지는 기회에 물었습니다. 여자는 한숨을 짓더니 자기는 올해 30세 미만이지만 운명이 불길해서 벌써 과부가 되었으며, 남편 없는 생활이라 자연히 설움과 고통이 많다고 간단히 대답할 뿐입니다. 영화가 끝나자 젊은 여자는 나에게 감사를 드리며 자기 집에 가서 차 한 잔 같이 하자고 간청합니다. 여자의 간청을 거절할 수도 없지만 나는 이런 기회를 찾던 바라 사양 없이 택시에 올라타고 같이 갔습니다. 깨끗하고 묘한 집 안에 꽃밭처럼 차렸는데, 고운 여자 혼자 살기에는 꼭 알맞은 집입디다. 과자와 술을 내놓고 일면 권하면서 자기는 잠깐 들어가서 화장을 다시 하고 나오는데 선녀인지 사람인지 분간을 할 수 없었어요. 살결이 드러나 보일 듯한 의복을 몸에 딱 붙여 입었는데 얼핏 보면 벗은 몸 같았습니다. 그리고 내 곁에 와서 앉는데 자기 몸이 내 몸에 어찌 아니하였지만 그 따뜻한 체온은 무죄(無罪)한 내 정신을 산란하게 만들었습니다. 한참 조용하게 있다가 슬픈 목소리로 가련한 자기 신세를 이야기하는데, 제아무리 목석인들 어찌 동정을 아니 하겠습니까. '소소한 가을바람, 단풍 잎사귀를 조롱할 때마다 아스라이 고적(孤寂)은 무죄(無罪)한 이 내 가슴에 충만하였고, 연약한 이 몸이 험악한 이 세상에 의지할 남편 하나 없다는 것이 슬퍼요!' 하면서 그 고운 두 눈에는 진주 같은 눈물이 그렁그렁하여집디다… 이때에 마침 초인종 소리가 덜렁덜렁 납디다. 젊은 여자는 근근이 일어나서 힘없는 발걸음으로 문을 열고 나갔습니다. '오늘은 꼭 갚아 주어야 되겠습니다. 며칠만 더 참아주세요. 두 달이나 참았으면 그만이지 또 어찌 참는단 말이요, 안 되오, 오늘은 꼭 갚아야 됩니다…' 이렇게 문밖에서 불경(不敬)한 남자 목소리와 기운 없는 여자 목소리가 주거니 받거니 하며 한참 나더니 젊은 여자는 수건을 눈에다 가리고 왼편 손에는 청구서 한 장을 들고 홀짝홀짝 울면서 들어옵디다. 그래서 나는 무슨 일입니까? 하고 위로도 할 겸 물으니 '아~ 참 무도(無道)한 상인들! 돈밖에는 몰라요! 하루도 더 참을 수 없다 하며 돌아가지 않겠다 하니 어찌하오!' '얼마나 되는 돈인데요?' 하고 나는 다시 물었습니다. '그것 아시면 무엇해요! 하고 청구서를 자기 무릎 위에다 놓습디다. 나는 그 청구서를 들여다보며 '800불이면 큰돈도 아니구려' 하고 밖으로 나가서 내 손으로 갚아주었습니다. 그러고 들어오니 여자는 힘없이 앉았다가 '모처럼 오신 손님께 이런 불쾌한 일을 당하게 하니 볼 면목이 없습니다' 하며 고개를 숙입디다. 나는 가까이 앉아서 등을 가만히 쓰다듬어주며 위로를 하니 문득 여자는 그 고운 머리를 내 가슴에 푹 파묻고 힘없는 숨소리는 그 형세가 점점 급해갑디다. 모락모락 올라오는 그 향기에 아마 나도 취해버렸는지 그다음 일은 기억이 없습니다…. 몇 시간 뒤에 나는 이 여자를 떠나면서 지폐(원문은 紙錢) 몇 장을 베게 밑에다 두고 나왔습니다. 돈은 좀 썼지만 참 신선놀음하였어요!"하며 의미 깊은 입맛을 쭉 다신다. 이 이야기를 듣고 나는 웃음을 참지 못하여 앙천대소(仰天大笑)를 하였다.

"여보시오. 속아도 참 재미있게 속았소! 그 고등매춘녀 수단에 그만 넘어갔구려. 사람 보아서 별수단이 다 많습니다. 하여간 그만하기 다행이요! 잘못 만나 놓으면 의복까지 빼앗기고 큰 망신을 당하는 수가 있습니다."

이 어리석은 청년은 그래도 그 여자는 그럴 수 없다 하며 자기는 이제 돈도 떨어져서 불일내(不日內)로 귀국하겠다고 한다. "여보시오. 당신이 지금 보신 파리는 표면 파리인데, 그 표면 파리도 남의

216

정신에서 보셨구려. 나중에(원문은 '日後') 참 파리 구경을 다시 오십시오" 하며 나는 남은 술을 마저 마시고 이 청년을 떠났다. 때는 마침 새벽(원문에는 '아침') 2시 반이 넘었는데도 불구하고 이 너른 카페 집에 손님이 아직도 꽉 들어찼다.

파리 '몽마르트'라면 유곽촌으로 유명하다. 파리에서 제일 높은 지역에 있어서 그 유일한 흰 기와성당(白瓦敎堂)은 파리 도처에서 보인다. 이 교당을 둘러싸고 있는 말할 여지 없이 좁고 험한 골목들은 화려한 파리를 조롱하는 것 같다. 뿐만 아니라 이 골목 좌우편에 있는 나지막한 집들은 그림에서만 볼 수 있는 중고시대(中古時代)의 주택 같다.

대낮(원문은 白晝)에는 개 짖는 소리 하나 들어볼 수 없이 조용하다가 밤 10시가 되면 붉고 푸르고 높은 불들이 집집에서 보인다. 홀연히 부활을 하는 것처럼 사방에서 흥미 있는 음악소리와 처량한 가곡들이 들린다. 이것은 요릿집, 무도장, 청루(靑樓) 등이 문을 여는 광경이다.

부자들이 밤에 극장이나 영화관에 구경을 갔다가 의례로 이런 데 와서 밤참을 먹는다. 외국 유람객들이나 청년들도 이런 데서 밤을 세워가며 노는 곳이다. 어떤 요릿집은 외향은 토막(土幕, 움막집) 같은데 그 내부에 들어가 보면 퍽 깨끗하고 찬란하다. 침침한 색등불은 구수하게 실내를 밝히는데 벽상(壁上)과 천정(天井)에는 구미를 충동시키는 그림들이 붙어 있다.

처량한 가곡을 들어가며 식락(食樂)에 빠진 손님들은 태평천지를 이루었다. 무도장은 그 분위기부터 무한히 음란하다. 별별한 형용을 다 해가며 멋지게 덤비는 흑인 음악가로부터 이상하게 춤을 추는 남녀고객까지 모두가 잡놈들이다. 이런 곳에 와서 놀자면 자연히 큰돈을 쓰게 된다. 또 청루(靑樓)가 많은 곳인 만큼 불량배가 많이 있고, 도덕(道德)이 적은 곳이니 언어를 불통하는 외국 사람은 특별히 조심할 필요가 있다.

그런데 필자의 눈으로 보아서는 파리에서 제일 재미있는 곳이 대학 중심지인 '라뎅구역(Quartier Latin)'이다. 학문의 수도로서 명일(明日, 내일) 인류사회의 적임자를 양성해내는 만큼 재미있는 곳이다. 세계 각국 유학생들이 이 구역에 다 모였는데, 하학(下學, 수업을 마침) 시간이 되면 거리에나 책방에나 도서관에나 공원에까지 도처에 의기가 양양한 청년 남녀학생들이 들어찼다.

그들의 활발한 걸음걸이, 걱정 없는 웃음소리, 울뚝불뚝한 그 장난, 모두가 이 '라뎅' 지구에는 생(生)이 넘쳐서 펄펄 뛰는 것 같다. 청년은 본시 인자심이 풍부하며 천성적으로 대항을 좋아해서 그런지, 대저 추호만 한 일이라도 자기네들 눈에 불공평하게 보이면 이론을 캘 여가도 없이 파리 학생들은 곧 거리에 나와서 시위운동을 한다.

파리 대학생 대부분은 좌우 양 정당으로 나뉘어 있다. 흔히 정치문제나 사회문제로 이 두 정당이 충돌이 되면 거리에까지 나와서 단장접전(短杖接戰)을 하여 수십 명의 부상자를 낼 때가 있다. 그런데 이 대학생 정당들이 시위운동을 하는 것을 가만히 보면 대개 4기로 진행이 된다.

처음에는 끓는 물같이 부글부글하며 양진(兩陣)에서 맹렬히 서로 공격 접전을 하여 매일 수명의 부상자를 낸다. 그다음에는 엄중경계를 하는 경관을 능청스럽게 숨어다니며 습격을 한다. 3기에는 인쇄물 전쟁인데 만나면 서로 잡아먹을 듯이 으르렁하면서도 좌우당(左右黨) 피아가 직접 행동은 피한다. 떼를 지어 돌아다니며 대량의 선전인쇄물을 배포하며, 또 자당(自黨) 기관 신문지를 외우고 다니면서 판다.

그러다가 마지막에는 몇백 명 혹은 몇천 명이 장난 겸 일렬로 행렬을 지어서 시가에 노래를 부르며 돌아다닌다. 이것이 곧 옛날부터 유명한 파리대학생의 장사행렬(長蛇行列)이다.

"베를린-로마-도쿄 축.
중국에 대한 위협은 세계에 대한 위협이다"

오늘날 극동에서 전개되고 있는 드라마는 세계 전체와 연관된 문제이다. 마드리드 전선에서 중국 천진의 도시까지 일본 천황의 병사들이 국제법을 보호하고 있는 프랑스 분견대를 공격하였는데, 베를린-로마-도쿄의 3축이 자유 국가들의 안전을 위협하고 있음을 알 수 있다. 평화를 소중하게 생각하는 모든 사람들에게 당연히 불안감을 안겨주는 현재의 상황에 대해 극동문제에 정통한 한국의 젊은 작가인 서영해 씨에게 전문적인 의견을 물어보는 것이 매우 흥미로울 것으로 생각된다. 다음 페이지에 나와 있는 베르트랑 고띠에(Bertrand Gauthier)의 충분히 고증된 기사는 무엇보다 우리 독자들에게 일본 제국주의의 마키아벨리적 행동들을 적나라하게 밝혀주고 있다.

전 세계에 우월한 영향력을 행사하기를 기다리며 동아시아를 정복하는 것이 일본 제국주의의 근본적인 정책이다. 1895년의 청일전

---

* 〈르가르〉지는 '포토저널리즘'을 표방하며 1932년 창간되었다. 나중에 나온 미국의 〈라이프〉(Life, 1936)지나 프랑스의 〈파리-마치〉(Paris-Match, 1949)지의 효시가 되었다. 1962년 폐간되었다가 1995년 다시 복간되었다.

쟁과 함께 일본은 이 프로그램을 실현하는 데 착수하였는데, 매우 체계적으로 1904년의 러일전쟁, 1910년 한일 강제합방, 1931년의 만주 정복으로 이어졌다.

1931년 9월 18일부터, 다시 말해 만주 점령 첫날부터 일본 군대의 지도자들은 두 부류로 나누어졌다. 우까끼(Oukaki) 장군처럼 나이가 들고 온건한 사람들은 군사행동을 '현명하게' 만주에 한정할 것과 이미 획득한 지위를 확고히 하자는 입장이었고, 유명한 아라끼(Araki) 장군이 리더 역할을 하고 있는 젊은 장교 그룹은 만주를 넘어서 작전을 전개할 것, 즉 소련에 대항하여 동시베리아 방향으로, 또는 정확히 말해 중국의 황하강 연안까지 진격하든지, 그렇지 않으면 양쪽으로 동시에 진격하자고 주장하였다.

그들은 러시아인들과 중국인들이 열광적으로 방어태세를 구축하고 있는 것을 감안할 때, 일본은 수년 내에 1931년보다 3배나 더 강력한 두 개의 적을 맞닥뜨리게 될 것이라고 과장되게 말하였다. 그와는 정반대로, 그들은 현재 만주에서 추진하고 있는 현 단계의 작전과 동시에 차기 작전을 수행함으로써 소련이나 중국이 일본군에 대항하여 유효한 저항을 할 수 없을 것이라는 것을 확신하였다.

이러한 사실들이 지난 수년간 동경에 있는 일본정부의 정책과 종종 상충되는 광동 주재 일본 군대의 행동을 설명한다. 그러나 민간인 출신 관료들에게 자문을 받는 일본 왕실은 젊은 장교들에게 침묵을 강요하였다. 젊은 장교들은 민간인이든 군 출신이든 온건한 입장을 취한 사람들을 용서하지 않았으며, 이들 중 몇 명은 2년 전에 발생한 젊은 장교들의 반란 때 죽임을 당하였다.

그런 중에 오늘날 중국은 인내심을 가지고 현저한 발전을 이루어 일본은 즉시 더 이상 기다리지 않고, 동아시아에서 이미 이룩한 성공을 위태롭게 하면서까지, 상응한 조치를 취해야 되지 않는지 자문하고 있다. 그러는 동안 유럽에서의 상황은 스페인 전쟁에 의해 심각하게 악화되었고, 일본은 대륙침략의 새로운 단계로 접어들기로 결정하였으며, 중국 북쪽과 황화강까지 어떤 대가를 치르더라도 손을 뻗치기로 결정하였다. 따라서 일본은 소비에트 러시아에 대항하여 차기 군사작전을 펼칠 수 있는 확고한 출발 기반을 마련하게 될 것이다.

　그렇다면 이러한 일본의 위협에 대응한 중국의 태도는 어떠한가? 사실 중국은 오래전부터 중국인들의 필설로 다할 수 없는 분노를 불러일으키게 한 일본 제국주의의 음흉한 계획을 알고 있었다. 중국은 일본이 오직 힘에만 의지하고 있고, 문명화의 척도로 사람 죽이는 기술밖에 없음을 알고 있다. 또한 중국은 일본에 군사적으로 대항해서 잃어버린 영토를 회복하고 현대국가의 일원으로서 합당한 대우를 받을 수 없음을 잘 알고 있다. 일본의 도발을 용기 있게 잘 견뎌내면서 중국은 국가적인 개혁을 시도하였다. 오늘날 중국의 상황은 정신적인 측면에서나 물질적인 측면에서 많이 호전되었다. 전국적인 통일이 결정적으로 확보되었고, 중국인들 사이에 계층에 관계없이 위협받는 조국을 지키겠다는 여론이 이제 확고히 수립되었다.

　우리들은 지난 12월에 있었던 장개석 총통의 시안사변의 유감스러운 모험을 잘 기억하고 있다. 그를 포로로 만들었던 군벌들은 그의 목숨까지 앗아갈 의도는 전혀 없었다. 그들은 단순히 장개석 총통이 일본에 대항해 싸울 것을 요구하고자 하였다. 중국 공산당 군대조차도 포로가 된 장 총통에게 그가 일본에 대항해 싸우고자 한다면 그의 명령을 따를 준비가 되어 있다는 것을 알려주었다. 이 당시 (국민당의) 남경정부는 반란군대에 대항하여 정벌부대를 보낼 필요가 있다고 판단하였다. 그러나 4억 5천만 명의 중국인들은 마치 한 사람의 목소리처럼 다음과 같이 외치면서 그것에 반대하였다. "내전은 안 된다, 일본에 대항하여 싸우자!" 장 총통이 남경에 무사히 돌아왔을 때 중국 인민전선은 이미 묵시적으로 기정사실화되었다. 바로 그것이 최종승리의 중요한 요소이다.

그러나 중국은 여전히 그의 허약함을 잘 알고 있다. 그의 산업은 아직 국내 수요에 충족할 정도로 성장해 있지 않다. 강력한 해군력의 부족으로 전쟁 시에 필수품 공급에 대한 안전도 보장할 수 없다. 따라서 중국은 국가 개조를 달성하기 위해 평화가 필요하다. 보시다시피 중국은 전혀 전쟁을 받아들일 준비가 되어 있지 않다. 중국은 당분간 나중에 있게 될 승리를 확실히 담보할 때까지 일본과의 모든 싸움을 피하려고 할 것이다.

한편, 중국은 더 이상 일본이 중국 북부지역을 관할하겠다는 요구를 참을 수 없는바, 이는 중국을 영원히 일본의 후견 아래에 두겠다는 것과 동일한 것이기 때문이다. 비록 남경정부가 다시 한 번 일본의 압력에 굴복한다고 하더라도 중국인민들이 그것을 용납하지 않을 것이다. 게다가 중국의 지도자들은, 옳든 그르든, 중국이 한편으로는 현재 일본의 침략에 충분히 대항할 수 있는 능력이 있으며, 다른 한편으로는 다양한 자원과 무한한 인력 덕분에 일본에 대한 장기적인 소모전을 펼침으로써 승리할 수 있을 것으로 믿고 있다.

결국, 중국은 일본이 궁지에 몰아넣을 경우 전쟁을 마다하지 않을 것이다. 그런데도 일본은 신중하게 미리 준비한 계획을 가지고 있다. 일본이 마지막 순간에 그것을 수정하지 않는 한, 이번에는 중일전쟁이 불가피할 것이다.

—서영해

Titre: *Regards*
Date d'édition: 1937-08-05, p.3.
Source: Bibliothèque nationale de France, département Droit, économie, politique, JO-52336

L'AXE BERLIN - ROME - TOKIO

Menace sur la Chine, menace sur le Monde

Le drame qui se joue aujourd'hui en Extrême-Orient concerne le monde entier. Du front de Madrid à la ville de Tien-Tsin où les soldats du Mikado viennent d'attaquer un détachement français qui défendait la loi internationale, on trouve l'axe Berlin-Rome-Tokio en action contre la sécurité des nations pacifiques. Il nous a paru intéressant de demander, sur des événements qui angoissent à juste titre tous les hommes qui tiennent à la paix, l'opinion autorisée de M. Seu Ring-Haï, un jeune écrivain coréen, particulièrement informé des questions d'Extrême-Orient. L'article extrêmement documenté de Bertrand Gauthier, que nos lecteurs trouveront à la page suivante, éclaire, par ailleurs, de façon saisissante, l'action machiavélique de l'impérialisme nippon.

CONQUÉRIR l'Asie Orientale, en attendant d'exercer une influence prédominante sur le monde entier, telle est la politique fondamentale de l'impérialisme japonais.

Avec la guerre sino-japonaise de 1895, le Japon entama la réalisation de ce programme, dont il a poursuivi systématiquement l'exécution, en passant par la guerre russo-japonaise de 1904, par son invasion de la Corée en 1910, et par son occupation de la Mandchourie en 1931.

Dès le 18 septembre 1931, c'est-à-dire dès le premier jour de son occupation mandchourienne, les chefs de l'armée japonaise se divisèrent en deux camps : les éléments vieux et modérés comme le général Oukaki conseillèrent «sagement» de limiter l'action à la Mandchourie et de consolider les positions acquises, tandis que les jeunes officiers, à la tête desquels se trouve le fameux général Araki, exigèrent qu'on poussât l'action au delà de la Mandchourie, soit dans la Sibérie Orientale contre les Soviets, soit jusqu'à la rive du fleuve Jaune dans la Chine proprement dite, sinon des deux côtés à la fois.

Ils prétendaient que, étant donné les travaux de défense fiévreusement entrepris par les Russes et par les Chinois dans leurs pays respectifs, le Japon se trouverait dans quelques années en face de deux ennemis trois fois plus forts qu'en 1931. Au contraire, en réalisant la prochaine étape en même temps que l'actuelle étape mandchourienne, ils étaient sûrs que ni la Russie Soviétique, ni la Chine, ne sauraient opposer à la force japonaise une résistance qui vaille.

Cela explique l'action de l'armée japonaise du Kwantoung, souvent contradictoire, avec la politique du Gouvernement de Tokio au cours de ces dernières années. Mais le Mikado, conseillé par des hommes d'Etat civils, imposa silence aux jeunes officiers. Ceux-ci ne pardonnèrent jamais aux éléments modérés civils ou militaires, dont un certain nombre a trouvé d'ailleurs la mort lors de la révolte de ces jeunes officiers il y a deux ans.

Or, aujourd'hui, la Chine a réalisé patiemment des progrès si considérables que le Japon se demande s'il ne faudrait pas passer tout de suite à l'action sans attendre davantage, au risque de compromettre le succès de son ambition en Asie Orientale. Sur ces entrefaites, la situation européenne fut gravement troublée par la guerre d'Espagne, et le Japon a décidé d'entreprendre une nouvelle étape de sa pénétration continentale, et de mettre à tout prix la main sur toute la Chine Septentrionale jusqu'au fleuve Jaune. Ainsi, il aurait une solide base de départ pour ses prochaines opérations militaires contre la Russie Soviétique.

En face de cette menace japonaise, quelle est donc l'attitude de la Chine ?

En vérité, la Chine connaît depuis longtemps les hoirs desseins de l'impérialisme japonais qui ont soulevé l'indignation indescriptible du peuple chinois. Elle sait que le Japon ne respecte que la force et ne voit d'autre preuve de civilisation que l'art de tuer. Elle sait aussi qu'elle ne peut recouvrer son territoire perdu et prendre une place digne dans la famille des nations modernes que par une victoire militaire sur le Japon. Supportant alors stoïquement toutes les provocations japonaises, la Chine a entrepris la rénovation nationale. Sa situation est aujourd'hui grandement améliorée, tant sur le terrain moral que sur le terrain matériel. L'unification nationale est maintenant un fait définitivement acquis et la coopération entre tous les Chinois sans distinction de classes ni d'opinions pour défendre la patrie menacée est désormais solidement établie.

On se rappelle la fâcheuse aventure du Maréchal Tchang-Kaï-Shek à Sian-Fou au mois de décembre dernier. Les troupes qui l'ont fait prisonnier n'avaient nullement l'intention d'attenter à sa vie. Elles voulaient simplement exiger de lui la résistance au Japon. L'armée rouge chinoise elle-même fit savoir au Maréchal prisonnier qu'elle était prête à accepter son commandement à condition qu'il décidât la résistance au Japon. A cette époque, le Gouvernement de Nankin jugea nécessaire d'envoyer une expédition punitive contre les' «troupes rebelles». Mais les 450 millions d'hommes du peuple chinois s'y opposèrent comme un seul homme au cri de : «Pas de guerre civile, résistance au Japon !». Quand le Maréchal revint sain et sauf à Nankin, le Front populaire chinois était déjà un fait tacitement accompli. C'est là un facteur fondamental de la victoire finale.

Cependant la Chine est toujours consciente de sa faiblesse. Son industrie n'est pas encore en mesure de répondre aux besoins nationaux. Faute d'une marine puissante, elle n'a non plus toute sécurité dans son approvisionnement en temps de guerre. Elle a donc besoin de la paix pour achever son œuvre de réorganisation nationale. Comme on le voit, la Chine n'est pas tout à fait prête pour accepter une guerre. Elle essayera d'éviter, pour le moment, tout conflit avec le Japon afin de mieux assurer sa victoire prochaine.

Cependant, la Chine ne peut pas tolérer plus longtemps la prétention japonaise de contrôler toute la Chine Septentrionale, ce qui équivaudrait à mettre la Chine à tout jamais sous la tutelle du Japon! Même si le Gouvernement de Nankin voulait encore une fois céder à la pression japonaise, le peuple chinois ne le lui permettrait plus. D'ailleurs, les dirigeants chinois croient, à tort ou à raison, que la Chine est aujourd'hui capable d'opposer à l'agression japonaise une résistance assez sérieuse et que, d'autre part, en traînant en longueur la lutte contre l'ennemi, grâce à ses multiples ressources et à son immense réservoir d'hommes, la Chine peut venir à bout du Japon par épuisement.

Ainsi donc, la Chine acceptera malgré elle la guerre si le Japon l'y accule. Or, le Japon a son plan mûrement prémédité. A moins qu'il ne le modifie à la dernière minute, la guerre sino-japonaise est cette fois-ci inévitable.

SEU RING-HAI

기고문 2 1933년 12월, 프랑스 국제정세 평론지 〈레스프리(L'Esprit, 정신)〉 pp.391-400

"한국 문제"

한국은 고유한 문화를 가지고 중국어, 일본어와는 전혀 다른 음악적인 언어를 말하는, 2천3백만 명의 인구를 가진 뚜렷한 인종 그룹을 형성하고 있다. 42세기 이상 한국은 독립국가였다.

확실히, 평화를 사랑하는 한국은 지난 긴 세월 동안 이웃 국가인 중국과 일본의 침략을 견뎌내 왔다. 그럼에도 한국은 언제나 주권을 회복하는 데 성공했다. 한국은 1910년 일본 제국주의의 희생양으로 주권을 빼앗겼다. 중일전쟁(1894년)과 러일전쟁(1904년)의 놀라운 승리를 통해 일본은 한국에 1905년 11월 7일 보호조약을 강요하였다. 일본은 이전에 대한제국의 주권과 영토의 온전함을 공개적으로 보장한다고 했던 명백한 약속에도 불구하고 그렇게 하였다. 대한제국 황제와 대신들의 거절과 항의, 비무장한 민중들의 탄원과 봉기, 통곡은 한국을 점령한 일본 군대 앞에 무력하였다.

그때부터 일본은 자국법을 강요하고, 황제를 강제로 심약한 그의 아들에 양위케 하였으며, 대한제국 군대를 해산하였고, 모든 관공서의 행정과 우편, 철도 업무를 장악하고, 일본 화폐를 강제로 유통시켰다. 국민들의 지지로 그 유명한 정의의 군대(의병)가 조직되었으나, 그들의 영웅적인 유해는 아직 외딴 곳에 숨겨져 있다.

아래에는 에밀 오블락(M. Émile Hovelaque) 씨*가 대일 항쟁운동과 그에 대한 탄압 내용을 기술하였다: 한국인들은 (1907년) 헤이그 만국평화회의에서 그들의 독립 청원이 받아들여지지 않았음에도 불구하고 독립을 잃었다는 사실을 받아들인 적이 한 번도 없다. 1906년부터 항쟁이 주기적으로 일어났으며, 특히 1908년 봉기 때는 끔찍한 탄압이 있었음에도 항쟁은 계속되었는데, 일본인들이 약 12,000명의 한국인들을 학살하였으며, 일본 측 인명 손실은 200명에 못 미쳤다. 테러가 유행처럼 이어졌다. 일본 이민자들은 더 이상 주기적으로 암살이 벌어지는 한국에 정착하기를 꺼려하였다. 애국적인 격분이 절정에 달하여 한국인들은 일본정부의 고문관으로 있으면서 일본의 한국 식민화를 찬양했던 스티븐(Steven) 씨를 샌프란시스코에서 암살하였다. 일본의 한국지배가 '불가피하다'고 함부로 말한 한국 총리(영의정)에 대해서도 암살시도가 계획되었다.

1909년 한 한국인에 의해 일본 식민지 정책의 입안자 중 하나인 이토 후작(이토 히로부미)에 대한 암살이 일어났다. 이토는 보호국에서 합병으로 전환한 이유에 대해서, 그동안 주변 열강과 한국인들에게 엄숙하게 약속했던 것들을 단절하면서, 합병은 한국정부가 입지를 공고히 하게 될 때까지 동양평화를 좀 더 확실히 하기 위한 잠정적인 조치일 뿐이라고 확언하였다.

1910년 8월 29일 한국은 합병되어 일본의 한 지방이 되었다. 상트페테르부르크에 있던 한국인 각료(이범진 초대 러시아 주재 상주공사)는 러시아 측의 (일본에 대한) 항의를 이끌어내려다 실패하여 자결하

---

* 『일본(日本)-극동의 민족들』, 플라마리옹 출판사, p.300.

였는데, 이는 1905년에 두 명의 한국인 각료가 포츠머스 조약을 받아들이기보다는 자결로 응답한 것과 같았다. 초대 조선총독이었던 데라우찌 백작은 참혹한 통치를 예고하였다. 1911년, 1912년, 그리고 1914년에 지방에서 반란이 일어났으며, 한 한국의 비밀단체가 전 민중의 봉기를 조직하였으나 실패로 돌아가고 말았다.

합병은 곧 이어 한국을, 정확한 언어로 표현한다면, 거대한 감옥으로 만들었다. 가장 기본적인 자유가 박탈되었다. 교육을 관장하는 일본은 한국 역사를 왜곡하고 고유 언어와 문학을 말살하려고 하였으며, 모든 수단을 동원하여 철권통치를 느끼게 만들었다.

한편으로, 조선총독부는 연감을 만들어 합병 이후 한국의 발전상과 '행복한 통치'를 자화자찬하였다. 몇몇 외국 관측통들은 이따금씩 (일본 정부의) 공식적인 발표를 확인해주기도 하였다. 오늘날 한국은 과거 20년 전의 모습과는 확실히 다르다. 몇몇 다툴 수 없는 물질적인 진보가 이루어졌다. 몇몇 철도 노선과 신작로가 생겨났다. 그렇지만 누구를 위한 진보이며, 한국은 어떻게 통치되고 있는가?

조선헌법이라 불리는 일본의 특별법에 따르면, 총독은 일본의 육군장성이나 해군장성 출신이라야 한다. 그는 일본 의회에 대한 책임을 지지 않으며, 일본 천황의 직속으로 되어 있다. 총독의 행정에 대한 감시나 비판을 할 수 있는 일본 또는 한국 내에 어떤 기관도 없다. 목소리를 내는 한국인은 가차 없이 감옥에 던져진다. 모든 계급의 관료들은 총독에서부터 국립 병원 의사까지 모두 과거 일본군인 출신이다.

일본은 한국에 4개 사단의 주둔군을 가지고 있다. 1915년 공식통계에 따르면 거기에다가 273개의 경찰과 헌병 본부가 있었다. 이 숫자가 현재에는 3배 이상이 되었다.

일본은 종종 한국은 일본인들과 똑같은 법에 의해 통치된다고 선언한다. 이론상으로는 맞지만, 실제로는 '법 적용에 있어서는 특별법이 일반법에 우선한다'는 원칙을 따른다. 일본의 육법전서는 사용되지 않고 있는 반면, 두툼한 특별법이 완전히 적용되고 있다. 이특별법 또는 일반법은 한국인들을 잘 모르는 일본인들에 의해 만들어졌음을 유념할 필요가 있다. '한국인 모반죄'로 불리는 그 유명한 소송 하나만을 보더라도 한국인이 어떻게 법에 의해 보호받고 있는지를 알 수 있다. 정치적 반란자는 일반 범죄자와 같이 고문을 당하고, 대부분 판결은 법정에서 낭독되기보다는 헌병대에서 발표된다.

개인의 자유는 한국에 존재하지 않는다. 개인 서신은 검열당하고, 집들은 끝없는 수색의 대상이 된다. 한국인들은 국내에 자유롭게 이동할 자유도 없다. 그들은 더 이상 일본을 제외한 외국에도 갈 수 없다. 그럼에도 이동한 사람들은 '요주의 인물' 명단에 등록된다.

한국에는 경제적 자유도 없다. 대부분의 유복한 집안은 그의 집에 재산과 재정 상태를 감시하는 일본인 검사관을 두도록 하고 있다. 은행에 계좌를 가지고 있는 한국인들은, 게다가 은행이라고는 일본은행밖에 없지만, 많은 금액을 인출할 시에는 은행 총재에게 인출 목적과 돈의 사용처를 밝혀야 한다. 자유로운 상업 거래와 기업활동에 대한 공식적인 제한은 엄청나다. 모든 상인과 기업가는 상점이나 회사를 개업하기에 앞서 사전에 총독부의 허가를 받아야 한다. 허가는 기간이 길고 억압적이다. 또한 수천 개의 기업들이 개업하기도 전에 사멸되고 만다.

일반적인 도로건설에도 총독부가 간여한다. 총독부는 토지에 대한 공용수용권을 무자비하게 행사한다. 노동자들은 월급도 받지 못하면서 일본 당국이 필요한 날에 노동을 강요당하고 있다. 한국인들에게 가해진 손해나 불의가 어떻든지 간에 계획은 수립되고, 명령은 내려지고, 사람들은 강제 동원된다. 그들의 하소연에 일본인들은 욕설로 답하고, 그들의 애원에 채찍으로 응대하며, 저항하는 자는 감옥에 처넣는다.

일본은 합병 이후 한국의 대외무역이 두 배로 증가하였음을 돋보이게 하고 있다. 하지만 한국은 거기에서 무슨 이득을 얻는가? 일본 선박은 매년 수백만 세제곱미터의 목재를 가져가고, 철과 구리의 대규모 수집은 말할 것도 없이 매일 수천 톤의 석탄을 가져간다.*

게다가 일본은 우리 농민들의 땅을 빼앗아갈 식민지 프로그램을 가지고 있다. 이를 위해 1908년 동양척식주식회사[약칭 동척(東拓)]라는 이름의 금융공사를 설립하였다(자본금 1천만 엔 중 6만 엔은 가장 좋은 공적 토지를 보유한 한국정부에 강요된 채무이다). 일본 정부가 동척을 통제하고 매년 황실 재정에서 선취한 250,000엔의 보조금을 지급하였다. 이 조직의 목적은 한국 땅에 일본 농민들을 이주시키는 것이었다. 1919년 1월 26일 뉴욕타임즈 기사는 다음과 같이 상황을 잘 요약하고 있다: '각 일본인 이주자는 한국으로의 이사비용을 지급받으며, 일정 규모의 경작할 땅, 필수품(식량, 경작물품), 씨앗과 함께 주택

---

* 합병 초기 9년 동안 일본은 중국과 한국 접경에 있는 압록강과 두만강을 통해 총 4백만 달러 가치의 15,195,294세제곱미터의 목재를 가져갔다. 평양지역의 석탄광산은 매년 일본에 120,000달러의 순수익을 가져다주었다. 황해지역의 철광광산과 갑산의 구리광산은 일본에 매년 수백만 달러의 이익을 가져다주었다. 그리고 아주 오랜 역사를 가진 특별한 약용식물인 인삼 판매는 매년 일본에 2,214,000달러의 이익을 가져다주었다.

도 공급받는다. 이 회사는 한국인 농부들의 땅을 구입한다.'

이 기사의 내용은 다음과 같이 계속 이어진다: '일본정부는 아시아적인 방식으로 모든 재무기관을 서울로, 조선은행으로 집중화하여 정부 통제하에 두면서 간섭한다. 영국 중앙은행, 미국 재무부, 프랑스 중앙은행에 비견할 만한 이 막강한 기관은 중간 매개자로서 지사들을 통해 한국에 있는 모든 현금을 고갈시켜서 땅값을 낮추고 있다. 한편, 한국인들은 세금을 지불하고 생존에 필요한 물품들을 마련하기 위해 땅을 팔아야만 한다. 이러한 이유로 땅값은 급격히 낮아지며, 은행 직원들은 판매쇄도로 인해 본래 가격의 5분의 1 가격으로 이 땅들을 매입한다. 가장 비옥한 한국 농지의 5분의 1 이상이 이렇게 해서 은행의 농간 덕분에 일본 이민자들의 손으로 넘어가 있다.'

땅을 매각한 한국 농부들은 무엇을 하고 있는가? 그들은 상업이나 산업에 종사하고 있는가? 불가능하다. 그들은 하나의 탈출구밖에 없다: 조국을 떠나 북만주의 척박한 땅에 먹을 것과 자유를 찾아가는 길밖에 없다. 1926년 11월 2주간 매일 수백 명씩 떠나갔다. 만주의 한국인 농부들의 숫자가 백만 명을 넘은 지 오래되었다.

한편, 한국인들은 땅을 탈취하려는 일본인들의 시도에 대항해 그들에게 남겨진 무기로 투쟁하였으며, 농촌에서의 그들의 방해가 매우 강력하여 총독부와 동척의 모든 노력을 무색게 하여 오늘날 한국에 있는 일본인 농부의 숫자는 50만 명이 조금 넘을 뿐이다.

1919년에 한국은 조만간 좀 더 쓸쓸한 비탄이 뒤따를 집단 환상의 시간을 경험하였다. 3월 1일, 월슨의 민족자결주의 소식이 한국인들에게도 알려졌고, 한국은 환희에 가득 차서 독립을 선언하였다. 이 선언은 처음부터 평화적인 시위였으며, 소극적인 저항의 성격을 띠었다. 지도자들뿐만 아니라 지지자들도 무슨 일이 일어나도 어떠한 폭력도 행사하지 않을 것임과 체포 시에 저항하지 않을 것임을 엄숙히 선언하였다. 선언은 독립의 정신을 잘 나타내고 있다:

우리들 한국인의 대표들은 지금 세계만방에 한국의 독립을 선언하는 바이며, 우리들의 자녀와 손자 손녀들에게 평등의 대의와 스스로 통치할 국민의 무한한 권리를 알려주는 바이다. 우리들의 4천 년 역사에 대한 엄숙한 존경심으로 가득한 가운데, 우리들 2천만 명의 충직하고 단결된 국민들의 이름으로, 우리들은 미래의 우리 아이들의 자유로운 발전을 보장하기 위하여, 이 새로운 시대의 깨어 있는 양심에 부합되게, 독립을 선언하는 바이다. 이는 신의 명백한 영감이며, 현 시대의 살아 있는 원칙이며, 인류의 정당한 권리이다.

횡포한 무력과 약탈정신이 횡행하던 과거 시대의 희생자들인 우리는 지난 10년간 외세의 억압으로 고통받았으며, 생존의 모든 권리를 박탈당하였고, 생각하고 말할 자유를 빼앗겼고, 우리가 살고 있는 시대의 현명한 진보에 동참할 정당한 권리를 거부당하였다.

확실히, 과거의 잘못이 시정되어야 한다면, 현재의 고통이 덜어져야 한다면, 미래의 억압이 회피되어야 한다면, 생각이 자유롭게 표현되어야 한다면, 우리들의 자녀들에게 고통스럽고 수치스러운 유산을 물려주지 않으려면, 무엇보다 급선무는 우리나라의 완전한 독립을 이루는 일이다. 오늘 우리 2천만 한국인들은 형평과 인류애의 원칙으로 무장하여 진실과 정의를 위하여 분연히 궐기하는 바이다. 우리가 가는 길 위에 깨트릴 수 없는 장벽이 어디 있겠는가?

일본이 근거 없는 오만으로 1876년 조약을 위반한 것을 중국 탓으로 돌렸을 때, (일본의) 관료들이 우리의 소중한 언어와 역사를 부끄러운 것으로 여겨 금지하고 한국인들을 피정복민으로 취급하였을 때, 우리들을 야만인들처럼 취급하며 장화 발로 짓이기며, 자신들의 문화의 원류인 우리의 문화를 마비시키는 것과 같은 지능적인 수단을 사용하였을 때, 우리는 일본의 배신행위를 고소할 의도는 전혀 없다.

보다 숭고한 의무가 있기에, 우리는 다른 사람들의 잘못을 찾을 시간이 없다. 우리의 급선무는 우리의 집을 복구하는 것이지, 누가 집을 부수었는지를 논쟁하는 것이 아니다. 우리들이 해야 할 일은 인류의 양심이 명령하는 바에 따라 명백한 절차에 부합되게 미래를 밝히는 것이다. 과거의 잘못으로 우리를 모욕하지 말기 바란다.

우리들의 역할은 인간성에 반하여 구태의연한 폭압적인 방식을 고집하는 일본 정부로 하여금 정의와 공정함에 근거하여, 지도원칙(한반도 통치 원칙)을 진정성을 가지고 수정할 수 있도록 영향을 미치는 것이다. 우리나라를 우리 국민들의 동의 없이 강제 병합한 일본은 이익과 손실의 잘못된 대차대조표를 멋대로 만들어, 점점 깊어가는 증오의 골을 깊이 파이게 하면서, 표현할 수 없을 정도로 우리를 억압하였다.

과거의 잘못은 교양 있는 이성과 숭고한 용기로 바로잡힐 수 없을까? 진실된 이해와 충실한 우정은 (한일) 양 국민들 간의 새로운 관계의 기초를 제공하지 않을까?

우리 2천만 한국인들을 단순한 힘으로 눈멀게 하는 것은 양국 간의 평화를 영원히 소멸시키는 것만을 의미할 뿐만 아니라, 동아시아와 전 세계적인 영구 평화의 중심축이 되고 있는 4억 명의 중국인들로 하여금 일본에 대한 불신과 점증하는 증오의 원인을 제공하는 것을 의미한다. 무력의 시대는 지나갔다. 우리가 주저함이 없이, 의심할 바 없이 꿈꿔왔던 전 세계적인 부흥의 새로운 시대가 도래하였다. 우리 한국인들의 자유를 위해서, 우리 국가정신의 자유로운 발전을 위해서, 우리 땅의 불가침성을 위해서, 기억해야 할 오늘의 굳건한 결의로 우리들은 모두 하나가 되었다. 안으로는 우리 조상님들의 영혼이 우리를 보호하고, 밖으로는 세계의 양심세력이 우리를 도와주기를! 오늘이 우리들의 성공과 영광의 날이 되기를!

이와 같은 정신으로 우리는 다음의 세 가지 결의를 지켜나갈 것이다.

첫째, 정의와 인간성과 명예를 위해서 어느 누구에 대해서건 어떠한 폭력도 행사하지 않을 것이다.

둘째, 마지막 한 사람까지, 마지막 순간까지 우리는 이와 같은 정신을 견지할 것이다.

셋째, 모든 행위는 명예로울 것이며, 우리 한국의 전통인 성실성과 정직성에 일치되게 할 것이다.

우리나라 건국 4252주년 셋째 달 첫날에, 한국인들을 대표하는 33인의 대표가 서명하다.

그러나 일본은 다시 한 번 한국인들에게 왜 그들의 총검을 날카롭게 하고 칼을 예리하게 해야 하는지 이해하도록 만들 필요가 있다고 믿었다. 3주도 채 못 되어 3,200명의 남녀가 감옥에 투옥되었다. 약 10만 명의 사람들이 죽임을 당하거나 부상을 입었는데, 무엇보다 노인들과 젊은 여자와 아이들이 희생되었다. 1919년 3월 26일 서울에서 일어난 3시간도 안 된 시위 기간 동안에 비무장의 사람들이 천 명 이상 죽임을 당하였다. 평화적인 시위를 벌였던 시위자들은 채찍질을 당하고 총검으로 몰렸다. 특히 중요한 지도자급 가족의 부녀자들은 옷이 벗겨져 알몸이 되어 길에 내몰렸고, 군중이 보는 가운데 채찍질을 당하였다. 투옥당한 사람들은 고문을 당하였고, 이러한 비통한 장면을 목격한 몇몇 외국인들의 증언에 따르면 도시에서의 그러한 상황은 시골지역에서는 더욱 비참하였다. 이와 같이 1919년 4월 14일 서울에서 35킬로미터 떨어진 수원에 있는 마을인 '제암리'에서는 39채의 가옥이 무장한 일본 군인들에 의해 아무도 밖으로 못 나오게 포위되었다. 그리고 그들은 가옥에 불을 질렀다. 한국에서 일본인들이 저지른 잔혹성의 끝없는 목록을 축약하기 위해, 나는 여기서 1,002명의 프랑스인 가운데 두 명의 증인을 인용하고자 한다.

첫 번째는 에밀 오블락(Émile Hovelaque)이 일본에서 기사로 낸 것이다:

"1919년 3월에, 지독한 억압에 의해 허망하게 끝난 시위 후에 한국인들은 서울에서 그들의 독립을 선언하였다. 시위운동은 급속히 확산되어 4월 14일 서울에 있는 일본 헌병대를 공격한 5천 명의 한국인들이 글자 그대로 기관총에 의해 풀처럼 쓰러졌다. 동시에 야만적인 진압은 지방 봉기의 원인이 되었다. 미국인 선교사들에 의해 퍼진 이야기들에 따르면 이러한 탄압은 일본에서조차 전반적인 분노를 일으키게 하였으며, 그와 같은 평정 수단은 결함이 있는 것으로 드러났으며, 켄사이카이(Kensaikaï) 당의 당수인 가토 자작은 조선총독부에 대하여 큰 목소리로 항의하였다."

두 번째 증언은 "극동에서 위협받는 평화"*라는 제목의 펠리시앙 샬레(Félicien Challaye)가 출간한 소책자에 언급되어 있다.

"기독교인들이 독립을 선언한 마을에서 일어난 일을 나는 아직도 의심하지 않을 수 없는 사실로 소개하고자 한다. 일본 경찰(일경)이 교인들을 교회에 소집하였는데, 총 36명이었고 나중에 부녀자 한 명이 추가되어 총 37명이 되었다. 일경이 교회 안으로 사격을 가하였고, 나중에 불을 질렀다. 미국 대사가 즉시 미국 부총영사를 차에 태워 보냈고, 나는 그 부총영사를 며칠 후 만날 기회가 있었다. 그는 나에게 시신이 불탄 교회에서 찍은 사진을 보여주며 그 사실을 확인시켜 주었다."

그러나 일본 언론들은 일본 당국이 어떠한 잔혹한 행위도 일으키지 않았다고 주장하였다. 그러자 한국에 있는 한 병원의 원장인 미국인 의사는 일본 언론인들을 자신의 병원에 초대하여 일본 병사들의 잔혹성을 직접 확인하게 하였다. 그러나 일본 언론인들은 그에게 당시 서울에서 히트를 친 한마디 말로 다음과 같이 대답하였다 : "우리들은 진실을 잘 알고 있습니다. 그러나 신문에서 우리는 공식적인 말만 합니다." 일본이 계속해서 핏빛 활동을 하는 것을 지켜보면서, 한국은 문명세계에 간신히 그 목소리를 내고 있을 뿐이다.

—서영해

---

* 펠리시앙 샬레, 『극동에서 위협받는 평화』, 파리 : 인권연맹, 1920년, p.24. 샬레 (1875~1967)는 프랑스 파리대학 철학교수이며 인권운동가였다.

LE PROBLÈME CORÉEN
par Seu Ring Hai

La Corée forme un groupement ethnique distinct, comprenant 23 millions d'hommes vivant selon leur civilisation propre et qui parlent une langue musicale sans analogie avec les langues chinoise ou japonaise. Pendant plus de 42 siècles la Corée fut indépendante.

Assurément, au cours de sa longue existence , la pacifique Corée eut à subir des invasions des pays voisins, de la Chine et du Japon. Mais elle réussit toujours à recouvrer son autonomie. Elle ne devait la perdre qu'en 1910, victime de l'impérialisme japonais. Ses éclatantes victoires sur la Chine impériale (1894), et sur la Russie tsariste (1904) ont permis au Japon d'imposer à la Corée un traité de protectorat, « conclu » le 17 novembre 1905. Il le fit en dépit de ses engagements antérieurs qui garantissaient expressément l'indépendance et l'intégrité territoriale de l'empire coréen. Le refus, les protestations de l'empereur et de ses ministres, les pétitions, les soulèvements, les lamentations d'une population désarmée furent impuissants contre l'armée nippone qui avait occupé le pays.

Dès lors, le Japon dicta sa loi : il força l'empereur à abdiquer en faveur de son fils, un faible d'esprit, mit au gouvernement ses créatures, dispersa l'armée nationale de la Corée, s'empara de toute l'administration civile du pays, des postes, des chemins de fer, imposa sa monnaie. En vain s'organisa, avec le soutien du peuple, la célèbre *Armée juste* dont les héroïques débris se cachent encore dans les lieux écartés.

프랑스 국제정세 평론지 〈레스프리(L'Esprit)〉에 기고된 서영해(중국식 이름 '스링하이')의 글 '한국문제' (출처: 연합뉴스)

Titre: *Esprit* : revue internationale
Date: d'édition: 1933-12, pp.391- 400.
Source: Bibliothèque nationale de France

LE PROBLÈME CORÉEN

par Seu Ring Hai

La Corée forme un groupement ethnique distinct, comprenant 23 millions d'hommes vivant selon leur civilisation propre et qui parlent une langue musicale sans analogie avec les langues chinoise ou japonaise. Pendant plus de 42 siècles la Corée fut indépendante.

Assurément, au cours de sa longue existence la pacifique Corée eut à subir des invasions des pays voisins, de la Chine et du Japon. Mais elle réussit toujours à recouvrer son autonomie. Elle ne devait la perdre qu'en 1910, victime de l'impérialisme japonais.Ses éclatantes victoires sur la Chine impériale (1894), et sur la Russie tsariste (1904) ont permis au Japon d'imposer à la Corée un traité de protectorat, «conclu le 7 novembre 1905. Il le fit en dépit de ses engagements antérieurs qui garantissaient expressément l'indépendance et l'intégrité territoriale de l'empire coréen. Le refus, les protestations de l'empereur et de ses ministres, les pétitions, les soulèvements, les lamentations d'une population désarmée furent impuissants contre l'armée nippone qui avait occupé le pays.

Dès lors, le Japon dicta sa loi il força l'empereur à abdiquer en faveur de son fils, un faible d'esprit, mit au gouvernement ses créatures, dispersa l'armée nationale de la Corée, s'empara de toute l'administration civile du pays, des postes, des chemins de fer, imposa sa monnaie. En vain s'organisa, avec le soutien du peuple, la célèbre Armée juste dont les héroïques débris se cachent encore dans les lieux écartés.

Mais voici comment M. Émile Hovelaque décrit les mouvements de révolte et la répression qui suivit :

«... Les Coréens n'ont jamais accepté la perte de leur Indépendance leurs réclamations auprès du Tribunal de la Haye n'ayant pas abouti, ils se révoltèrent. A partir de 1906, les insurrections se succèdent périodiquement, en dépit de terribles mesures de répression lors du soulèvement de 1908, notamment, douze mille Coréens furent massacrés par les Japonais dont les pertes atteignirent moins de deux cents hommes. Un règne de terreur suivit. Les immigrants japonais n'osaient plus s'installer dans le pays les assassinats se suivaient avec régularité. L'exaspération patriotique arriva à son paroxysme des Coréens tuèrent même à San Francisco un Conseiller du Gouvernement japonais, Mr. Steven, qui avait osé louer l'œuvre japonaise en Corée. Une tentative d'assassinat fut dirigée contre le premier ministre coréen qui avait eu l'imprudence de dire que la domination japonaise étant «inévitable».

En 1909 survint l'assassinat, par un Coréen, du Marquis Ito, un des inspirateurs de la politique coloniale du Japon. Celui-ci en prit prétexte pour changer le protectorat en annexion, rompant ainsi avec ses engagements solennels tant envers les Puissances qu'envers le peuple coréen : le protectorat, avait-il affirmé, n'était qu'une mesure temporaire destinée à mieux assurer la paix en Orient jusqu'à ce que le gouvernement coréen soit affermi.

Le 29 août 1910, la Corée annexée devint province japonaise. Le Ministre coréen à Saint-Pétersbourg, qui avait vainement essayé d'obtenir une protestation russe, se suicida, comme l'avaient fait en 1905 deux autres ministres coréens plutôt que d'accepter le traité de Portsmouth. Le Comte Térauchi, premier gouverneur général, se signala par une administration particulièrement sanglante. Les révoltes locales reprirent en 1911 et en 1912 en 1914, une société secrète coréenne tenta mais sans succès d'organiser une insurrection générale.

L'annexion fit bientôt de la Corée, c'est le mot propre, une immense prison. La liberté la plus élémentaire nous a été enlevée. Le Japon, qui surveille l'enseignement, déforme notre histoire, il cherche à détruire la littérature et la langue nationales et nous fait de toutes façons sentir sa main de fer.

Cependant le rapport annuel du gouvernement général japonais célèbre le progrès continu de la Corée depuis l'annexion et son «heureuse administration». Et les observations de quelques étrangers confirment parfois les déclarations officielles. Certes la Corée d'aujourd'hui n'a plus le même visage que celle d'il y a vingt ans. Quelques incontestables progrès matériels s'y manifestent. Il y a quelques lignes de chemins de fer et des routes nouvelles. Mais au profit de qui sont ces progrès et comment la Corée est-elle gouvernée ?

D'après la loi spéciale japonaise, qui peut être appelée la constitution de la Corée, le gouverneur général doit être un général ou un amiral japonais. Il n'est pas responsable devant le Parlement japonais, mais directement devant le Mikado. Il n'existe aucune institution au Japon ou en Corée qui ait droit de regard ou de critique sur son administration. Tous les Coréens qui élèvent la voix sont immédiatement jetés en prison. Les fonctionnaires de tous rangs sont d'anciens soldats japonais, depuis le général gouverneur jusqu'au docteur de l'hôpital gouvernemental.

Le Japon a en Corée une garnison de quatre divisions. La statistique officielle de 1915 montre qu'il y avait en outre 273 quartiers généraux de polices et de gendarmes. Ce nombre est aujourd'hui plus que triplé

Le Japon déclara parfois que la Corée est gouvernée par les mêmes lois que le peuple japonais. En théorie, oui, mais en pratique on suit cette maxime que «la loi spéciale précède la loi générale dans son application. Les six codes japonais sont en fait inutilisés tandis que les volumineux codes de la loi spéciale sont en pleine vigueur d'application. Il faut aussi rappeler que ces codes spéciaux ou généraux sont faits par des Japonais, peuple étranger aux Coréens. Le fameux procès appelé «Conspiration Coréenne» démontre à lui seul comment un Coréen est protégé par la loi. Les insurgés politiques coréens sont torturés comme des criminels ordinaires et, souvent, le jugement est prononcé à la gendarmerie sans lecture préalable devant un tribunal.

La liberté individuelle n'existe pas en Corée. Les correspondances privées sont censurées et les maisons sous l'objet de perquisitions constantes. Les Coréens n'ont pas le droit de se déplacer librement à l'intérieur du pays. Ils ne peuvent non plus se rendre à l'étranger, sauf au Japon. S'ils arrivent tout de même à partir, leurs noms sont inscrits sur les listes des «personnes dangereuses».

Il n'existe pas non plus de liberté économique en Corée. Presque chaque famille aisée est obligée d'avoir chez elle un contrôleur japonais qui surveille la gestion de ses propriétés et de ses finances. Les Coréens qui ont des dépôts en banques les banques sont toutes, du reste, japonaises ne peuvent en retirer des sommes importantes sans être obligés d'indiquer au Directeur de la banque l'objet et l'emploi de cet argent. La contrainte officielle sur le libre exercice des affaires commerciales ou des entreprises industrielles est écrasant. Tous commerçants ou entrepreneurs sont obligés de demander une autorisation préalable au Gouvernement général avant d'ouvrir un établissement. L'autorisation est lente et vexatoire. Aussi des milliers d'entreprises meurent-elles avant même de naître.

Pour la construction des routes voici d'ordinaire comment s'y prend le gouvernement. Il a recours impitoyablement aux lois d'expropriation des terrains. Les ouvriers sont forcés de travailler sans recevoir de salaire, aux jours convenant aux autorités japonaises. Quels que soient les dommages ou les injustices commis envers le peuple, les plans sont établis, les ordres donnés, les gens convoqués. A leurs plaintes on répond par des injures, à leurs supplications par des coups de fouet, ceux qui résistent sont mis en prison.

Le Japon fait valoir que le commerce extérieur de la Corée a été doublé depuis l'annexion. Mais quel profit en tire le Coréen? Les bateaux japonais emportent nos bois par millions de mètres cubes tous les ans, notre houille par plus de mille tonnes chaque jour sans compter des grandes cargaisons de fer, et de cuivre.*

Le Japon en outre a un programme de colonisation qui tend à déposséder nos paysans de leurs terres. A cet effet une Société financière fut constituée en 1908, sous le nom de «Compagnie du développement oriental» (avec un capital de 10.000.000 yens dont 60.000 yens obligations exigées du gouvernement coréen d'alors représentaient les domaines publics les meilleurs). Le

---

* Pendant les neuf premières années d'annexion, le Japon a fait 15.195.294 mètres cubes de bois d'une valeur totale de 4 millions de dollars dans les vallées des fleuves Yalu et Tumen qui se trouvent l'un et l'autre sur la frontière sino-coréenne. Les mines de houille de la région de Pyng-Yang lui apportent annuellement un bénéfice net de 120.000 dollars. Les mines de fer dans la province de Hoing-Hai, les mines de cuivre de Gapsan plusieurs millions de dollars tous les ans. Et la vente de Gingseng, plante médicale et spécialité de la Corée depuis un temps immémorial, lui est chaque année un profit de plus de 2.214.000 dollars.

gouvernement japonais la contrôle et la subventionne d'une somme annuelle de 250.000 yens, prélevée sur le Trésor Impérial. Le but de cette compagnie est d'implanter en Corée des paysans Japonais. Un article du New-York Times du 26 janvier 1919 le précise en ces termes: «Chaque émigrante reçoit les frais de son transport en Corée, il lui est donné une habitation avec une portion de terre à cultiver, des approvisionnements, des semences, etc. Cette compagnie achète les terrains des fermiers coréens.»

«...C'est là que le gouvernement japonais, continue l'article, intervient d'une façon asiatique toute l'organisation financière est centralisée à Séoul, à la Banque de Chosen, sous le contrôle gouvernemental. Cette puissante organisation, comparable à la banque d'Angleterre à la Trésorerie des États-Unis, à la Banque de France, draine, comme intermédiaire, grâce à ses succursales, toutes les espèces du pays et fait baisser la valeur des terrains. D'autre part, les Coréens, pour payer leurs impôts et pourvoir aux besoins de leurs existences, doivent réaliser leurs terres. De ce fait la baisse s'accentue rapidement, et les agents de la Banque, à l'afflux de ces ventes, achètent ces terrains au cinquième de leur valeur réelle. Plus du cinquième des terrains les plus riches de Corée est dans les mains des immigrants japonais qui en ont été pourvus grâce aux opérations de cette Banque».

Que font les paysans coréens qui ont vendu ces terrains? Se mettent-ils au commerce ou à l'industrie ? Impossible. Ils n'ont qu'une seule issue: quitter leur patrie et aller chercher le pain et la liberté dans la désolante contrée de la Mandchourie du Nord. Ils sont partis par centaines chaque jour durant la dernière quinzaine de novembre 1926. Il y a déjà longtemps que le nombre des paysans coréens en Mandchourie a dépassé un million.

Les Coréens, cependant, luttent avec les armes qui leur restent contre cette prise de possession de leur sol et leur obstruction s'est marquée si fortement dans les campagnes que maigre tous les efforts du gouvernement et de cette Compagnie, il n'y a aujourd'hui qu'un peu plus de 500.000 Japonais en Corée.

En 1919 la Corée connut une heure d'illusion collective suivie bientôt de la plus amère désolation. Le 1 er mars, quand le monde entier retentissait des mots d'Humanité et de justice, quand l'écho du principe wilsonnien de la «libre disposition» des peuples parvint jusqu'aux oreilles des Coréens, la Corée, saisie d'enthousiasme, proclama son indépendance. Cette proclamation eut dès le début le caractère d'une démonstration pacifique et d'une résistance passive. Les leaders aussi bien que les partisans furent liés par un serment solennel de ne commettre aucune violence quoi qu'il arrivât, et de ne pas offrir de résistance en cas d'arrestation. La proclamation même dépendance en dépeint l'esprit :

«Nous, les représentants du peuple coréen, déclarons par la présente, à toutes les nations du monde, l'indépendance de la Corée et la liberté du peuple Coréen,et nous annonçons à nos enfants à et nos petits-enfants les grands principes d'égalité et le droit éternel du peuple à se diriger lui-même. Pleins d'une auguste vénération pour les quatre mille ans de notre histoire et au nom de nos vingt millions d'habitants loyaux et unis, nous déclarons notre indépendance pour garantir le libre développement de nos enfants dans le temps à venir, en conformité avec la conscience éveillée de l'homme dans cette ère nouvelle. Ceci est la claire inspiration de Dieu, le principe vivant de l'âge présent et le juste droit de la race humaine.

Victimes du temps passé quand la force brutale et l'esprit de pillage régnaient, nous avons souffert l'agonie d'une oppression étrangère pendant les derniers dix ans nous avons été privés de tous droits d'existence, nous avons été dépouillés de notre liberté de penser et de parler, on nous a refusé toute juste participation dans le progrès intelligent de l'âge dans lequel nous vivons.

Assurément, si les torts du passé doivent être redressés, si la souffrance du présent doit être soulagée, si une oppression future doit être évitée, si la pensée doit être exprimée librement,le droit à l'action doit être reconnu, si nous devons obtenir le privilège du libre développement, si nous devons délivrer nos enfants d'un héritage douloureux et honteux, ce qui s'impose d'abord, c'est la complète indépendance de notre Nation. Aujourd'hui, nous tous Coréens, au nombre de vingt millions, armés des principes d'équité et d'humanité, nous nous levons pour la Vérité et la Justice. Quelles barrières sur notre chemin que nous ne puissions briser ?

«Nous n'avons nullement l'intention d'accuser le Japon de déloyauté, quand il imputa à la Chine la violation du traité de 1876 d'arrogances injustifiées quand ses bureaucrates nous traitèrent comme un peuple conquis de desseins honteux lorsqu'il bannit notre chère langue et notre histoire de honte quand il employa des moyens intellectuels tels qu'ils paralysèrent notre culture, d'où dérive sa propre civilisation se complaisant à nous fouler sous sa botte, dans nos terres, comme dans celles des sauvages»

«Ayant de plus nobles devoirs, nous n'avons pas le temps de trouver des torts aux autres. Notre besoin urgent est le rétablissement de notre maison et non la discussion de ce qui l'a détruite. Notre travail est d'éclairer l'avenir en accord avec les ordres formels dictés par la conscience de l'espèce humaine. Ne nous offensons pas des torts du passé.»

«Notre rôle est d'influencer le gouvernement japonais, obstiné comme il l'est dans ses anciennes méthodes de force brutale contre l'Humanité, de façon qu'il puisse modifier avec sincérité ses principes dirigeants,selon la Justice et la Loyauté. Ayant annexé notre contrée sans le consentement de notre peuple, le Japon a établi à son propre bénéfice des comptes faux de profits et de pertes il nous a opprimés de façon indescriptible, creusant un fossé de haine de plus en plus profond.

Les torts du passé ne seront-ils pas redressés par une raison éclairée et un noble courage? Est-ce qu'une compréhension sincère et une amitié loyale fourniront les bases de nouvelles relations entre les deux peuples ?

Nous aveugler, nous, vingt millions de Coréens, par pure force, ne signifie pas seulement la perte de la paix pour toujours entre les deux nations mais ce serait la cause d'une défiance et d une haine toujours grandissantes contre le Japon de la part de quatre cents millions de Chinois qui sont le pivot sur lequel repose la paix perpétuelle de l'Asie orientale et même de l'Univers. Le temps de la force est passé. Une nouvelle ère est arrivée, une renaissance universelle que nous envisageons sans hésitation et sans crainte. Pour la liberté de notre peuple coréen, pour le développement libre de notre génie national, pour l'inviolabilité de notre sol, nous sommes tous unis par cette mâle détermination en ce jour mémorable. Puisse l'esprit de nos aïeux nous aider à l'intérieur et la force morale du monde nous aider à t extérieur Que ce jour soit celui de notre réussite et de notre gloire.»

«Dans cet esprit, nous nous engageons à observer les troisrésolutionssuivantes:

«1° Pour la Justice, l'Humanité et l'Honneur, nous nous

efforcerons qu'aucune violence ne soit faite à qui que ce soit.»

«2° Jusqu'au dernier homme, jusqu'au dernier moment nous garderons ce même esprit.»

«3° Tous les actes seront honorables et en accord avec notre tradition coréenne de probité et de franchise.»

«En cette année quatre mille deux cent cinquante-deuxième de fondation de notre Nation Coréenne, en ce premier jour du troisième mois.»

Suivent les signatures de trente-trois représentants du peuple Coréen.

Cependant le Japon crut nécessaire de faire comprendre une fois de plus aux Coréens combien acérées sont ses baïonnettes et tranchants ses sabres. En moins de trois semaines trente-deux mille hommes et femmes furent jetés en prison. Environ 100.000 furent tués ou blessés, entre autres des vieillards, des jeunes filles et des enfants. Le 26 mars 1919, plus de mille personnes sans armes furent tuées pendant une démonstration de trois heures faite à Séoul. Les pacifiques manifestants furent flagellés ou passés au fil de la baïonnette. Les femmes en particulier furent dépouillées, mises à nu, tramées dans les rues et fouettées devant la foule, spécialement les membres de familles des leaders. Les emprisonnés furent torturés et s'il en fut ainsi dans la capitale ce fut bien pis encore dans les districts de la campagne où quelques étrangers ont été témoins de scènes déchirantes. Ainsi le 15 avril 1919, à Chai-Am-Li, village de district de Swen (à 35 km. de Séoul) 39 maisons furent cernées par des soldats japonais en armes pour que personne n'en pût sortir. Puis ils les incendièrent. Pour abréger l'interminable liste des atrocités japonaises en Corée je citerai ici entre mille deux témoignages de Français.

Le premier est tiré du Japon d'Émile Hovelaque :

«...en Mars 1919, après des manifestations vaines durement réprimées, les Coréens proclamèrent leur indépendance à Séoul. Le mouvement fut vite étoué le 14 avril, cinq mille Coréens qui avaient attaqué la gendarmerie à Séoul furent littéralement fauchés par les mitrailleuses. Une répression sauvage eut, en même temps, raison des émeutes provinciales. Les récits répandus par les missionnaires américains témoins de ces répressions soulevèrent l'indignation générale au Japon même on reconnut que pareils moyens de «pacification étaient défectueux et le Vicomte Kato, chef du parti Kensaikaï, protesta hautement contre le gouvernement militaire de la Corée, etc.»

Le second témoignage est tiré de la brochure de Félicien Challaye Intitulée : la Paix menacée en Extrême-Orient.

«...Voici encore un fait que je ne peux pas mettre en doute il s'est produit dans un village où les chrétiens avaient réclamé l'indépendance. La police japonaise convoqua les chrétiens à l'église, au Temple ; ils étaient au nombre de 36, une femme s'était jointe aux hommes, soit 37 personnes. La police japonaise a fusillé, à l'intérieur de l'église, les 37 personnes et a mis ensuite le feu à l'église. L'ambassade américaine a immédiatement envoyé en automobile le vice-consul d'Amérique, que j'ai eu l'occasion de voir quelques jours après. Il m'a garanti le fait en me montrant les photographies qu'il avait prises du temple où brûlaient les cadavres.»

Cependant les journaux japonais prétendirent que les autorités japonaises n'avaient commis aucune cruauté. Un médecin américain, directeur d'un hôpital en Corée, invita alors les journalistes japonais à venir constater dans son hôpital les atrocités des soldats japonais. Mais les journalistes nippons lui répondirent d'un mot qui a fait fortune à cette époque à Séoul : «Nous savons bien la vérité, mais dans nos journaux nous

parlons officiellement.» En attendant le Japon continue son
œuvre sanglante et c'est à peine si dans le monde civilisé la
Corée parvient à faire entendre sa voix.

SEU RING HAÏ

"한국은 일본 제국주의의 첫 희생자였다"

"한국은 일본 제국주의의 첫 희생자였다"라고 (한국의) 외교대표
인 서영해 씨는 임레 교마이(IMRE GYOMAI) 기자에게 말하였다. "한
국은 프랑스의 꼬뜨 다쥐르(Côte d'Azur)처럼 온화한 기후를 가지고
있습니다. 논밭이 끝없이 펼쳐져 있고, 산에는 진귀한 광물이 매장
되어 있습니다." 대한민국 임시정부의 외교대표인 서영해 씨는 그의
조국에 대해 이야기하면서 감동적이고 정열적인 억양으로 말하였
다. 한 줄기 미소가 그의 가늘고 긴 눈 속으로 지나가고, 노란 상아
색인 그의 얼굴은 살짝 붉어졌다.

"1895년 이래, 그러니까 제1차 중일전쟁 이래, 우리들은 일본의
속박 아래 있습니다. 우리들은 욱일승천하는 일본 제국주의와 탐욕
의 첫 번째 희생자가 되었습니다. 오래전부터 한국은 일본의 적이
었습니다. 우리는 일본과 어떤 공통점도 없고, 문화·종교·전통적
인 측면에서 중국과 가깝습니다. 그러나 한국은 지리적으로 일본으
로 뻗은 손과 같은 형상을 하고 있는데, 일본의 주변국 정복의 다리

* 〈스 수아〉는 1937년 프랑스 공산당에 의해 창간된 일간지이다. 루이 아라공(Louis
Aragon)과 장-리샤르 블로흐(Jean-Richard Bloch) 같은 문필가들이 중심이 되었으며,
1953년에 폐간되었다.

역할을 하였습니다.

무엇보다 일본의 침략은 매우 부드러운 양태를 나타내었습니다. 그러나 일본 제국주의가 한국에 뿌리내린 1910년 8월 29일은 한국 역사에 가장 비극적이고 가장 고통스러운 날이었습니다. 이날 이후 때로는 은밀하게 때로는 공개적으로 끝없는 투쟁이 우리 애국지사들에 의해 우리들의 억압자인 일제를 향해 전개되었습니다. 거친 탄압에도 불구하고, 어떠한 것도 한국인들의 마음속에 불타는 자유와 독립에 대한 열망을 잠재울 수 없었습니다.

1919년 3월 1일 3천만 한국인들은, 사회·정치적인 구분 없이 나라 전체가 마치 한 사람인 것처럼 분연히 떨쳐 일어나서 자유를 위한 공개적인 투쟁을 선언하였습니다. 조용한 아침의 나라는 당분간 질풍노도의 나라가 되었습니다. 불균등한 투쟁 후에 자유를 향한 열정적인 사랑에 영감받은 힘은 부서지고, 우리의 수도인 서울에 자리 잡았던 임시정부는 가장 가까운 나라인 중국의 환대를 받아들여 한국을 떠나 상해에 수립되었습니다.

바로 이 순간부터 전 세계를 향한 우리의 불굴의 행동이 개시되었습니다. 일본은 겉모습을 속이고 그의 제국 내에 평화로운 침묵이 군림하고 있다는 것을 전 세계가 믿도록 할 정치적, 외교적 수단을 가지고 있었습니다. 그러나 진실은 그와 판연히 다릅니다. 억압, 가혹행위, 잔인한 탄압이 오늘날까지 일제 침략이 한국에 가한 뚜렷한 특징입니다.

국민전선의 원칙에 기초하여 세워진 우리 정부는 1939년부터 장개석으로부터 승인받았고, 중경에 자리 잡은 후 비록 가진 수단은 미약하였지만 모든 수단을 동원하여 연합국을 지원하였습니다. 4

천 명의 탈주자들이 한국을 떠나면서 중국 군대의 대열에 합류하였습니다. 일본 식민주의자들에 대항한 한국에서의 사보타지 행동들과 유격대원들의 투쟁은 (2차 세계대전) 전쟁기간 내내 계속되었습니다.

일본 경찰의 감시망 속에 국내 잠입에 성공한 우리의 밀사들은 대규모의 레지스탕스 조직을 구성하는 데 성공하였습니다. 이러한 투쟁을 통해 우리들은 전세계에 조용한 아침의 나라가 자유와 독립을 향유하기에 합당한 나라임을 증거하였습니다. 그리고 이 자유는 1945년 8월 14일 일본이 항복 조건을 받아들인 날에 선언되었다고 평가합니다.

이러한 연유로 내가 이곳 프랑스와 런던에 우리 임시정부를 대표하여 10년 이상 거주한 이후 처음으로 〈스 수아〉를 통해 공식적인 선언을 하는 바입니다. 우리가 자유를 얻기까지 거칠고 고통스러운 여정에서 프랑스가 우리를 수없이 많이 도와준 것에 대해 심심한 감사를 표하는 바입니다.

가까운 장래에 우리나라가 진면목을 되찾게 될 것임을 확신하며, 그런 날이 올 때 한국은 서양에서의 프랑스와 마찬가지로 극동 지역에서 정의, 자유, 조국에 대한 사랑이 넘쳐나는 나라가 될 것입니다!

진정한 민주주의의 토대 위에 세상을 새롭게 만들어나갈 3대 강국이 한국을 제국주의자들의 탐욕에서 벗어나 독립을 찾도록 할 것임을 믿어 의심치 않습니다. 이를 통해 한국은 수많은 국내외의 격동을 거친 후 마침내 진정한 '조용한 아침의 나라'가 될 것입니다."

Une exclusivité "Ce soir" — PREMIER INTERVIEW D'UN REPRÉSENTANT DE LA CORÉE

"La Corée a été la première victime de l'impérialisme japonais"

nous dit M. Seu Ring-Haï
représentant diplomatique
par IMRE GYOMAI

« — Mon pays possède le doux climat de votre Côte d'Azur. Ses champs de riz s'étendent à l'infini et ses montagnes contiennent des métaux précieux. » M. Seu Ring-Haï, représentant diplomatique du gouvernement provisoire républicain de la Corée, trouve, pour parler de son pays, des accents émus et enthousiastes. Un sourire passe dans ses yeux en amande, et son visage d'un jaune d'ivoire s'empourpre légèrement.

— Savez-vous que, depuis 1895, c'est-à-dire depuis la première guerre sino-japonaise, nous sommes sous le joug nippon. Nous avons été les premières victimes de la convoitise et de l'impérialisme des fils du

M. Seu Ring-Hai

Soleil Levant. Séculairement, la Corée a toujours été l'ennemie du Japon. Nous n'avons rien de commun avec ce pays, tandis que tout, culture, religion, tradition nous rattache à la Chine. Mais notre pays, rendu géographiquement comme une main vers le Japon, lui a servi de pont pour ses conquêtes ultérieures.

« D'abord, l'occupation japonaise s'était montrée assez douce. Le 29 août 1910, date qui marque l'établissement des Nippons dans notre pays, est cependant la plus tragique et la plus douloureuse de notre histoire.

« Depuis ce jour, une lutte cons-

tante, cachée, clandestine ou parfois ouverte, a animé mes compatriotes contre l'oppresseur.

« Malgré de dures répressions, rien n'a pu éteindre le sens de la liberté et de l'indépendance qui brûle dans le cœur des Coréens.

« Le 1er mars 1919, trente millions de Coréens, la nation entière, sans distinction sociale ou politique, se souleva comme un seul homme et proclama la lutte ouverte pour la liberté. Le pays du matin calme devint pour quelque temps le pays de l'orage et de la tempête. Après une lutte inégale, les forces inspirées par l'amour fanatique de la liberté furent brisées et le gouvernement provisoire qui s'était installé à Séoul, notre capitale, dut quitter le pays et s'établir à Shanghaï, en acceptant l'hospitalité de notre grand voisin, la Chine.

« C'est dès ce moment que commence notre action, persévérante, face au monde entier. Le Japon avait les moyens politiques et diplomatiques de dissimuler les apparences et de laisser croire au monde qu'un silence paisible régnait dans son empire.

« La vérité cependant était bien différente. L'oppression, les brimades, les répressions cruelles sont les traits distinctifs de l'occupation japonaise en Corée, jusqu'à nos jours.

« Notre gouvernement, établi sur la base des principes du Front National, et qui, depuis 1939, reconnu par Tchang-Kaï-Chek, est établi à Tchoung-King, a aidé les Alliés de tous les moyens, bien insuffisants, hélas, dont il disposait. Quatre cent mille déserteurs, quittant la Corée, s'étaient engagés dans les rangs chinois. Des actes de sabotage dans le pays, la lutte des partisans contre les colonnes japonaises se sont succédé durant tout le temps de la guerre.

« Nos émissaires, qui réussissaient à gagner le pays malgré le cordon de police que l'ennemi avait réussi à organiser, ont organisé la résistance sur

une grande échelle. Par cette lutte, nous avons donné au monde entier la preuve que le pays du matin calme avait bien mérité sa liberté et son indépendance.

« Et cette liberté, j'estime qu'elle a été prononcée le 14 août 1945, le jour où le Japon a accepté les conditions de sa capitulation.

« C'est pourquoi je me permets, par la voie de Ce soir et pour la première fois depuis dix ans que je représente ici et à Londres le gouvernement républicain de mon pays, de faire une déclaration publique. Et je me hâte d'exprimer notre gratitude à la France républicaine qui nous a conduits à la liberté, nous a tant aidés.

« Je suis persuadé que, dans un proche avenir, mon pays prendra sa véritable visage et que, ce jour-là, nous aurons en Extrême-Orient la même mission que la France en Occident, puisque nous sommes animés du même amour pour la Justice, la Liberté et la Patrie !

« Je ne doute pas que les Trois Grands qui sont destinés à refaire le monde, sur les bases de la vraie démocratie, m'assureront l'indépendance de la Corée, en la mettant à l'abri des convoitises impérialistes. Ainsi, après tant de tempêtes subies, extérieures et intérieures, la Corée pourra-t-elle enfin devenir vraiment le pays du matin calme ! »

UN TRAITE D'ALLIANCE ET D'AMITIE SOVIETO-CHINOIS A ETE CONCLU HIER

Moscou, 15 août. — A la suite du retour du généralissime Staline, à l'issue de la conférence de Berlin, le 14 août, un traité d'amitié et d'alliance a été signé entre l'U.R.S.S. et la République chinoise.

En outre, un accord complet a été conclu sur toutes les questions présentant un intérêt commun.

L'U.R.S.S. RETABLIT les relations diplomatiques avec la Bulgarie

Moscou, 15 août. — Le colonel-général Biriouzov a annoncé à M. Guéorguiev, chef de la délégation bulgare, la décision du gouvernement soviétique de rétablir les relations diplomatiques avec la Bulgarie.

Cette décision est motivée par le fait que la Bulgarie participe à la guerre contre l'Allemagne [...] septembre 1944, tint les engagements prévus par les accords d'armistice.

〈스 수아〉에 소개된 서영해의 인터뷰 기사.
「한국은 일본 제국주의의 첫 희생자였다」

Titre: *Ce soir*: grand quotidien d'information indépendant /
directeur Louis Aragon ; directeur Jean Richard Bloch
Date d'édition: 1945-08-16, p.1.
Source: Bibliothèque nationale de France, département Droit,
économie, politique, JOD-109

"La Corée a été la première victime de l'impérialisme japonais"

nous dit M. Seu Ring-Hai représentant diplomatique par IMRE
GYOMAI

— Mon pays possède le doux climat de votre Côte d'Azur. Ses
champs de riz s'étendent à l'infini et ses montagnes contiennent
des métaux précieux.» M. Seu Ring-Hai, représentant
diplomatique du gouvernement provisoire républicain de la
Corée, trouve, pour parler de son pays, des accents émus et
enthousiastes. Un sourire passe dans ses yeux en amande, et son
visage d'un jaune d'ivoire s'empourpre légèrement.

-Savez-vous que, depuis 1895, c'est-à-dire depuis la première
guerre sino-japonaise, nous sommes sous le joug nippon.
-Nous avons été les premières victimes de la convoitise et de
l'impérialisme des fils du Soleil Levant. Séculairement, la
Corée a toujours été l'ennemie du Japon. Nous n'avons rien
de commun avec ce pays, tandis que tout, culture, religion,
tradition nous rattache à la Chine. Mais notre pays, tendu
géographiquement comme une main vers le Japon, lui a servi de
pont pour ses conquêtes ultérieures.

«D'abord, l'occupation japonaise s'était montrée assez
douce. Le 29 août 1910, date qui marque l'établissement des
Nippons dans notre pays, est cependant la plus tragique et la plus

douloureuse de notre histoire.

Depuis ce jour, une lutte constante, cachée, clandestine ou parfois ouverte, a animé mes compatriotes contre l'oppresseur.

Malgré de dures répressions, rien n'a pu éteindre le sens de la liberté et de l'indépendance qui brûle dans le cœur des Coréens.

«Le 1er mars 1919, trente millions de Coréens, la nation entière, sans distinction sociales ou politiques, se soulevait comme un seul homme et proclamait la lutte ouverte pour la liberté. Le pays du matin calme devint pour quelque temps le pays de l'orage et de la tempête. Après une lutte inégale, les forces inspirées par l'amour fanatique de la liberté furent brisées et le gouvernement provisoire qui s'était Installé à Séoul, notre capitale. dut quitter le pays et s'établir à Shanghâi, en acceptant l'hospitalité de notre grand voisin, la Chine.

«C'est dès ce moment que commence notre action, persévérante, face au monde entier. Le Japon avait les moyens politiques et diplomatiques de dissimuler les apparences et de laisser croire au monde qu'un silence paisible régnait dans son empire.

«La vérité cependant était bien différente. L'oppression, les brimades, les répressions cruelles sont les traits distinctifs de l'occupation japonaise en Corée, jusqu'à nos jours.

Notre gouvernement, établi sur la base des principes du Front National, et qui. depuis 1939, reconnu par Tchang-Kai-Chek, est établi à Tchoug-King, a aidé les Alliés de tous les moyens, bien insuffisants, hélas, dont il disposait. Quatre cent mille déserteurs, quittant la Corée, s'étaient engagés dans les rangs chinois. Des actes de sabotage dans le pays, la lutte des partisans contre les colonnes japonaises se sont succédé durant tout le temps de la guerre.

«Nos émissaires, qui réussissaient à gagner le pays malgré le cordon de policiers qui l'enserrait, avaient réussi à organiser la Résistance sur une grande échelle. Par cette lutte, nous avons donné au monde entier la preuve que le pays du matin calme avait bien mérité sa liberté et son indépendance.

«Et cette liberté, j'estime qu'elle a été prononcée le 14 août 1945, le jour où le Japon a accepté les conditions de sa capitulation.

«C'est pourquoi je me permets, par la voie de Ce soir et pour la première fois depuis dix ans que je représente ici et à Londres le gouvernement républicain de mon pays, de faire une déclaration publique. Et' je me hâte d'exprimer notre gratitude à la France républicaine qui, sur le chemin âpre et douloureux qui nous a conduits à la liberté, nous a tant aidés.

«Je suis persuadé que, dans un proche avenir, mon pays prendra son véritable visage et que, ce jour-là, nous aurons en Extrême-Orient la même mission que la France en Occident, puisque nous sommes animés du même amour pour la Justice, la Liberté et la Patrie !

Je ne doute pas que les **Trois Grands** qui sont destinés à reforger le monde, sur les bases de la vraie démocratie, n'assurent l'indépendance de la Corée, en la mettant à l'abri des convoitises impérialistes. Ainsi, après tant de tempêtes extérieures et intérieures, la Corée pourra-t-elle enfin devenir vraiment le pays du matin calme !»

"한 한국인이 본 프랑스"

서영해 씨는 그의 저서 『어느 한국인의 삶의 주변(Autour d'une vie coréenne)』에서 '한국과 한국인들의 전설적인 역사는 지금까지 어떤 이야기꾼의 관심도 끌지 못했다'라고 적어놓고 있다. 24세의 젊은 한국인이 쓴 이 책은 우리들의 소설가를 통해 알아왔던 것과는 판이하게 극동의 상황을 우리에게 보여주고 있다.

짧은 문장 속에 겉으로는 단순하게 보이지만 깊이가 있는 글을 통해 서영해는 우리에게 시와 충성심과 그의 민족의 열망을 보여준다.

—앞으로 있을 전쟁을 방지하기 위한 최고의 방법은 사람들 간에 깊게 파인 간극을 메우는 것이라고 서 씨는 나에게 말한다. 이 방법은, 여러분들이 짐작하였듯이, 문학의 중요한 토대를 형성한다.

서영해는 사실 동양과 서양은 이미 서로 등을 지고 있는데 이는 다음과 같은 큰 위험의 결과라고 예측하고 있다: "지금까지 서로를 이해하기 위해 어떠한 조치도 하지 않은 두 민족의 상호무지."

—필자는 서 씨에게 '귀하는 어찌하여 당신 나라의 문학을 소개하는데 프랑스어를 선택하였습니까?'라고 물었다.

—왜냐하면 본인은 파리를 제2의 제네바로 생각하고 있습니다. 파리는 제네바 다음으로 유럽의 정치적인 수도입니다.

잠시 우리들은 생각에 잠겨 침묵이 순간이 흘렀고, 서영해는 다음과 같이 말을 이어갔다.

—저는 유럽을 3개의 나라로 구분하였습니다. 영국, 독일, 프랑스. 그리고 영국의 사촌인 미국을 추가하였습니다.

—잘 알겠습니다. 귀하는 이들 4개국을 각각 따로 연구하여 이들 중 어느 나라가 가장 빨리 황인종의 신비로움에 입문할 것을 알아내었습니까?

—구체적으로 연구하였습니다.

—귀하의 선택은 프랑스였습니다. 그러나, 브리앙(Briand)* 씨의 정치를 제외하고, 이러한 선택을 하게 된 다른 확실한 이유가 있겠지요?

—그 이유는 간단합니다. 프랑스는 동양의 정신을 이해하기에 필요불가결한 정신의 심오함, 정직함, 그리고 폭넓음을 가지고 있습니다.

—반면에, 다른 나라들은?

—영국은 심오함은 있으나 정신의 폭넓음이 없습니다. 독일은 그 반대이며, 그 정신의 폭넓음은 정직성의 완전한 부족을 채우지 못합니다. 미국은 정신의 폭넓음과 정직성을 가지고 있습니다만, 깊

---

* 아리스티드 브리앙(Aristide Briand, 1862~1932). 프랑스 제3공화국 시절 총리를 여섯 번 역임함. 1926년 노벨 평화상의 공동수상자였음.

이가 없습니다.

—매우 복잡하군요! 지금은 귀하께서 무엇을 준비하고 있습니까?

—저는 조만간 한국역사의 민속학으로 간주될 수 있는 한국 이야기 모음집을 출간할 예정입니다.

서영해 씨는 다음과 같이 결론을 내렸다. "단순히 내 조국을 해외에 알리기 위해서만 프랑스에 있다고 믿지는 마십시오. 제가 8년 전부터 머무르고 있는 자랑스러운 프랑스의 진면목을 거기에 나타내려고 합니다"

(대담자) 알린 부르그웽(Aline BOURGOIN)

Titre: *L'Intransigeant*
Date d'édition: 1930-04-02
Source: Bibliothèque nationale de France, Gr Fol Lc2-3980

Paris-Genève N° 2...
Où la France vue par un Coréen

«L'histoire légendaire de la Corée et du peuple coréen n'a encore tenté la curiosité d'aucun conteur», écrit M. Seu Ring-Haï. dans son livre «Autour d'une vie coréenne».

Ce livre curieux, rédigé. en français par un jeune Coréen de vingt-quatre ans, nous montre l'Extrême-Orient sous un aspect bien différent de celui que nous lui connaissons d'après nos romanciers.

En phrases courtes, dont la profondeur se cache sous une apparente simplicité, Seu Ring-Haï nous peint la poésie, la loyauté, les aspirations de sa race...

—La meilleure méthode pour empêcher les guerres futures, me dit, M. Seu, consiste à combler le gouffre creusé par l'incompréhension des peuples entre eux... Et cette méthode, vous l'avez deviné, a pour bases essentielles la littérature.

Seu Ring-Haï estime en effet que les conflits ayant déjà dressé l'Orient et l'Occident l'un contre l'autre sont la conséquence d'un grand danger : l'ignorance réciproque de deux races qui n'ont encore rien fait pour se connaître.

— Pourquoi, ai-je demandé à M. Seu, avez-vous choisi la langue française pour traduire la littérature de votre pays ?

— Parce que je considère Paris comme une Genève N° 2. Paris représente, après Genève, la capitale politique de l'Europe...

Un silence pendant lequel chacun de nous se livre à ses

réflexions, puis Seu Ring-Haï reprend :

—.'j'ai divisé l'Europe en trois nations qui sont : l'Angleterre, l'Allemagne, la France. Et j'ai ajouté une cousine de l'Angleterre, l'Amérique.

— Je comprends : vous avez étudié séparément ces quatre nations pour savoir laquelle s'initierait le plus vite au mystère de la race jaune...

— Précisément.

— Et votre choix s'est porté sur la France... Mais, outre la politique de M. Briand, il y a certainement une autre raison qui a déterminé ce choix ?

— Elle est simple : la France a la profondeur, la simplicité et la largeur d'esprit' indispensables pour comprendre l'âme orientale...

— Tandis que les autres...

— L'une, l'Angleterre, a de la profondeur, mais pas de largeur d'esprit... L'Allemagne est le contraire, mais sa largeur d'esprit ne compense point son manque total de simplicité... L'Amérique ? de la largeur d'esprit, de la simplicité, mais pas de profondeur...

— C'est bien compliqué ! Que préparez-vous en ce moment ?

— Je vais bientôt faire paraître un recueil de contes coréens que je considère comme le folklore de l'histoire coréenne...

«Mais, conclut Seu Ring-Haï, ne croyez pas que je sois en France pour faire connaître uniquement mon-pays à l'étranger : «Je montre là-bas le vrai visage de la France dont je suis fier d'être l'hôte depuis déjà huit ans».

ALINE BOURGOIN

"파리, 망명의 수도 - 세계 각처에서
법의 보호를 박탈당한 사람들이 오는 곳"

파리는 세계 도처에서 어떤 민족이 다른 민족에게, 어떤 파벌이 다른 파벌에게 가하는 무자비한 투쟁 속에서 패배한 사람들이 몸을 추스르기 위해 오는 망명의 장소이다. 우리는 반(反) 볼셰비키 러시아인들, 스페인 공화주의자들, 카탈로니아 자치주의자들, 반(反) 파시스트 이탈리아인들이 우리의 수도 파리에 어떻게 복수의 희망을 품고 왔는지를 보았다. 정치적 망명자들 중 가장 많은 숫자를 형성하는 이 네 부류 외에, 덜 알려지긴 했지만, 똑같은 관심을 받을 만한 부류가 더 많이 있다.

독재자 호르티(Horty) 제독**에 의해 추적당하고 있는 헝가리 공산주의자들과 민주주의자들이 있다. 과거 헝가리 공화국의 대통령이었던 카로이 백작*** 주변에 모인 사람들은 몽파르나스에 있는 카페에서 잃어버린 당에 대한 향수에 잠겨 아무런 희망도 없이 지내고 있다. 그들 중 작곡가, 저술가, 재주 있는 화가들도 있다. 그러나 대

---

* 1863년~1944년 간행되었던 프랑스 일간지.
** 헝가리유대인 참형을 이끈 극우파 지도자 미클로쉬 호르티(Miklos Horty)를 말함
*** 카로이(Karolyi Mihaly, 1875~1955). 1905년 헝가리 독립당에 입당. 1919년 헝가리 공화국 선포에 따라 대통령에 취임한 정치가.

부분은 노동자, 피고용인, 오케스트라의 음악단원들이다. 오늘날 정치적인 투쟁과는 멀리 떨어져 살면서 그들은 오직 푸른 다뉴브 강을 다시 볼 희망밖에 없다.

파리에 많지는 않지만 매우 광적인 마케도니아 사람들도 있다. 서로 라이벌 관계의 두 개의 파당으로 나누어져 있는데, 하나는 마케도니아의 불가리아로의 합병을 찬성하는 베르코비스트 (verkhovistes)파(舊 Grirn)이고, 다른 하나는 독립파인 오리무니피에(Orimunifiée)로서 발칸 반도에 테러를 퍼뜨리는 폭력 기사단이다. 그들의 우두머리들[한편으로는 프로토게로프(Protoguéroff)와 고체프(Gotseff), 다른 한편으로는 고제(Gojdsé)와 델쉐프(Delcheff)]은 동족들의 총탄에 살해되었다. 얼마나 많은 유고슬라비아, 불가리아, 그리고 그리스 공무원들이 그들의 희생자가 되었던가? 마라 부네바(Mara Bounéva)의 범죄행위는 그들 감정의 폭력성의 한 예이다.

마케도니아의 샤를로트 코르데*인 마라 부네바는 25살의 젊은 여자로서 매우 교양 있는 사람인데 1928년 유고슬라비아 스코피에(Scopié)도의 사법 고문이었던 벨리미르 프렐리치(Vélimir Prélitch)를 암살하였다. 암살당한 벨리미르 프렐리치는 마케도니아 학생들에 대한 재판과정에서 매우 엄격하기로 소문난 사람이었다. 사법 고문을 암살한 후 마라 부네바는 총구를 자신에게 돌리면서 "나는 조국을 위하여 죽는다!"라고 외친 후 자살하였다.

통일되고 독립된 국가를 꿈꾸는 반(反) 터키적이고 반(反) 러시아

---

*샤를로트 코르데(Charlotte Corday, 1768~1793). 프랑스 지롱드당파의 여성 혁명가로서 장 폴 마라(Jean-Paul Marat)를 암살하였다.

적인 아르메니아 사람들도 있다. 그들 중 몇몇은 M씨나 K씨와 같이 파리에서 골동품상을 하는 프랑스의 큰 부자로 소문난 사람들도 있다. 그들은 미술 소장품들을 소유하고 있고, 매우 유명한 경주용 경마장까지 가지고 있다. 그들은 세 개의 파벌로 나누어져 있고, 각자 자신들의 언론사를 가지고 있다.

산디노(Sandino) 장군의 추종자들인 베네수엘라인들과 니카라과 사람들고 있고, 아일랜드 독립당원(Sinn Feiner)인 아일랜드 사람들, 그리고 아직도 그들의 허망한 독립의 마지막 흔적인 공사관을 파리에 가지고 있는 그루지야 사람들도 있다[그들의 지도자는 미하일 체레텔리(M. Tseretsell)이다]. '사슬에 묶인 공화국(la République en chaînée)' 이라고 불리는 신문을 편집하는 무스타파 케말 아타튀르크(터키 공화국 초대 대통령)에 반대하는 터키 사람들도 있다. 그들은 다음번 니스(Nice)에서 개최될 중죄 재판소에서, 이스마엘 알리(Ismaël Ali)를 살해한 메흐메드 수베이(Mehemed Subey)의 재판에 모두 소환될 것이다.

그리고 마지막으로 한국인들과 중국인들이 있다.

세상에서 가장 온순한 민족

파리에 있는 대학교에서 한국 학생들이 눈에 띄는데, 이에 대한 설명이 필요하다. 파리는 세상의 모든 인종의 표본장과 같다. 프랑스에 있는 한국인 노동자들과 피고용자들은 어떤 기구한 운명의 장난에 의해 이곳에 왔는가? 그들의 모험담은 들어볼 만한 가치가 있다.

1915년 또는 1916년에 러시아 사람들은 극동에서 전쟁물자 수송에 배속될 지원자들을 징집하였다. 여러 명의 한국인들이 이와 같은 징집에 응하여 러시아 후방으로 보내졌다. 그러나 그들은 조만간 군대로 흡수되었고, 그들 중 상당수가 폴란드 벌판에서 전사하였다. 러시아 혁명이 일어나자 살아 있던 한국인들은 아르한겔스크와 영국으로 보내졌다. 어느 날 그들은 한국인들에게 고국으로 돌려보내겠다고 알려주었고, 한국인들을 일본으로 떠나는 배에 승선시켰다. 일본으로 다시 간다는 소식을 달가워하지 않았던 한국인들은 배가 중간 기착지인 프랑스 르 아브르(Le Havre) 항구에 도착하자 도망가버렸다. 몇몇은 프랑스 북부에 잠적하여 광산 일에 종사하였고, 나머지는 파리까지 왔다.

나는 팡테온 근처에서 조그만 방에 살고 있는 한국 독립운동 지도자 중의 한 명인 서영해 씨를 보았다. 단언컨대, 서영해 씨는 음모자의 모습을 하고 있지 않다. 작고, 마르고, 섬세한 목소리를 가진 그는 오히려 첫눈에 보았을 때 수줍은 중학생의 인상을 풍긴다. 그러나 한국에 대해서 이야기할 때는 완전히 다른 사람으로 돌변한다! 그의 목소리는 높아지고 그의 얼굴은 아주 단호한 모습으로 바뀐다: 자기 자신 앞에 섰을 때는 열정과 격정으로 가득찬 열렬한 웅변가이다.

서 씨는 고통받는 민족의 아픈 역사를 나에게 서술하였다. 그는 나에게 한국독립의 영웅인 박성조의 파란만장하고 영웅적인 삶에 대해 이야기해주었다. 나는 무엇보다 2천3백만 명의 인구를 가진 한민족의 가장 큰 적은 너무나 극단적으로 온순한 민족성이라는 이야기가 인상에 남는다. 그러나 그는 톨스토이적 자포자기 속에서도 깜짝 놀랄 만한 영웅적 행위가 있음을 증거로서 제시하였다. 그

증거는 다음과 같다: 1919년 2월 28일 33인의 민족지도자들이 서울의 한 큰 호텔(태화관)에 모여서 엄숙하게 한국의 독립을 선언하였다. 그들의 목숨을 조국을 위해 바칠 것을 맹세한 다음, 그들은 각자의 건강을 위해 축배를 들었다. 다음 날 아침, 회의를 마친 다음, 그들은 일본 경찰에게 이 사실을 알렸다. 일경은 깜짝 놀라서 즉시 경찰과 차량을 급파하였다. 한국인을 대표하는 이들 33인들 각자는 일경에게 독립선언문을 한 부씩 나누어주고, 세상에서 가장 자연스럽게, 그들을 지옥이나 다름없는 일본 감옥으로 데려갈 차량에 모두 올라탔다!

이 불행한 민족의 성격은 33인의 독립선언서에 가장 완벽하게 요약되어 있다. 그 내용은 다음과 같다: "오늘 우리들의 이 의거는 정의, 인도, 존영을 위하는 민족적 요구이니, 오직 자유적 정신을 발휘할 것이요, 결코 배타적 감정으로 일주하지 말라."

세상에서 가장 온순한 민족….

국민당의 중국인들

결코 평범하지 않은 광경인 학자들의 모임이 오늘 저녁 (중국인) 협회 대강당에서 열렸다. 대부분이 지식인들과 학생들인 약 500명의 중국인들이 연단에서 이어지는 연사들의 연설을 조용히 듣고 있었다. 연단 뒤에는 중국의 혁명가이자 국민당 또는 인민의 당 창설자인 쑨원의 거대한 초상화가 걸려 있었다. 두 개의 국기가 이 초상화를 둘러싸고 있었다: 첫 번째 국기는 푸른 바탕에 흰 태양을 나타내었는데, 그것은 국민당의 기장이었다. 두 번째 국기는 붉은 국기였는데 한쪽 구석에 푸른 바탕에 흰색 태양이 있었다. 그것은 중화

공화국의 깃발이었다.

오늘날 국민당이 중국의 주인이다. 그러나 국민당의 지도자들은 얼마 전까지만 해도 추방자들이었다. 예를 들면 쑨원은 중국에 다시 들어와서 정권을 잡고 공화국을 설립하기 전까지 이 도시에서 저 도시로 수년 동안 떠돌아 다녔다. 파리에서 파스퇴르를 알게 되었고, 그의 회고록에 파스퇴르에 대해 길게 언급하고 있다. 어느 날 런던에서 그는 중국공사관에 의해 쿠티에포피(Koutiépofi) 사건과 유사한 상황에서 납치되었다. 즉각적인 석방을 요구한 영국정부의 개입 덕택에 그는 목숨을 건질 수 있었다.

쑨원은 죽었다. 그러나 그의 이미지는 모든 중국인들의 가슴속에 남아 있고, 그의 유언은 중화민국의 헌장에 남아 있다. 쑨원, 레닌, 마사릭, 필두스키… 본인들이 고수하는 이상의 수호자인 망명자들은 모두 전 세계의 도처에 떠돌아다니면서 앞서간 4명의 추방자들이 꿈꿔왔던 좀 더 낳은 운명을 완수하기를 꿈꾸고 있지 않을까? (다음 호에 계속)

에르네스트 레이노(Ernest Raynaud) 씀

Titre: *Le Petit journal*
Date d'édition: 1930-02-18, p.2.
Source: Bibliothèque nationale de France

PARIS capitale de l'exil
V. -Des "hors la loi" venus des quatre coins du monde

Dans la lutte implacable qu'un peu partout dans le monde les peuples livrent aux peuples, les partis aux partis, Paris est l'asile où viennent se retremper les vaincus. Nous avons vu comment les Eusses anti-bolchevicks, les républicains espagnols, les autonomistes catalans, les Italiens antifascistes venaient organiser, dans notre capitale, leurs espoirs de revanche. Mais à côté de ces quatre catégories qui forment le contingent le plus s nombreux -des exilés politiques, il en est beaucoup d'autres, moins connues peut-être, mais dont le sort est tout aussi digne d'Intérêt.

Il y a les Hongrois, communistes et démocrates, chassés par la dictature de l'amiral Horty. Groupés au tour du comte. Karolyi, ancien président de la Républiquè hongroise, ils traînent sans espoir, dans les cafés de Montparnasse, la nostalgie de la patrie perdue. H est parmi eux

descompositeurs,desécrivainsetdespeintresdetalent.Maislaplup artsontdesouvriers,desemployés,desmusiciensd'orchestre.Vivant aujourd'huiàl'écartdesluttespolitiques,ilsn'ontplusqu'unrêve:rev oirleurbeauDanubebleu.

... Il y a les Macédoniens, peu nombreux à Paris, mais si fanatiques! Divisés en deux fractions rivales, les «verkhovistes» (ancienne. Grirn) partisans de l'annexion de la Macédoine

à la Bulgarie, et Orimunifiée, parti de l'indépendance, ces
chevaliers de l'attentat répandent la terreur dans les Balkans.
Leurs chefé. d'un côté Protoguéroff et Gotseff, de l'autre côté
Gojdsé et Delcheff, sont tombés sous les balles fratricides. Mais
combien de fonctionnaires yougoslaves, bulgares et grecs ont
été leurs victimes ! Le crime de Mara Bounéva est un exemple"
de la violence de leurs sentiments. Cette Charlotte Corday
macédonienne, jeune femme de 25 ans, très" instruite, assassina,
et 1928, Vélimir Prélitch, conseiller judiciaire de la préfecture
de Skopié (Yougoslavie), qui s'était distingué par sa sévérité lors
d'un procès d'étudiants macédoniens. Aussitôt après son crime,
Mara Sounéva, retournant son arme contre elle-même, tomba en
s'écriant : «Je meurs pour la patrie !»

...Il y a les Arméniens, antiturcs ou antisoviétiques, qui rêvent
d'une patrie unifiée et indépendante. Quelques-uns d'entre eux
comptent parmi les plus grosses fortunes de France, tel M. K...,
antiquaire à Paris, qui possède une collection artistique et une
écurie de courses également célèbres. Ils sont divisés en trois
partis dont chacun a son journal à Paris.

... Il y a des Vénézuéliens, des Nicaraguayens partisans du
général Sandino, des. Irlandais sinn-feiners, des Géorgiens
(ceux-ci ont encore à Paris une légation, dernier: vestigedè leur
indépendance éphémère. Leur leader est M. Tseretsell) Il y a
des Turcs antikemalistes qui éditent un journal : la République
en chaînée, et dont l'activité ne man quera-pas d'être évoquée
au procès de Mehemed Subey, le meurtrier d'Ismael Ali, qui se
déroulera à Nice au cours de la prochaine session des assises.

... Il y a enfin des Coréens et des Chinois.

Le peuple le plus doux du monde

Que l'on trouve, dans nos Universités, des étudiants coréens,
cela s'explique encore. L'«Aima Mater» ne compte-t-elle pas

dans son sein des échantillons de toutes les races du monde ?
Mais les ouvriers, mais les employés coréens qui sont en France,
par quelle extraordinaire fantaisie du sort y sont-ils venus ? Leur
odyssée vaut d'être contée.

En 1915 ou 16 les Russes enrôlèrent, dans les pays de
l'Extrême-Orient, des volontaires devant être affectés au
transport du matériel de guerre. Un certain nombre d'ouvriers
coréens ayant répondu à cet appel furent envoyés sur l'arrière-
front russe. Mais bientôt on les incorpora dans l'armée même et
un grand nombre périt dans les plaines de Pologne. Quand éclata
la Révolution russe, les Coréens survivants furent transportés à
Arkhangel, puis en Angleterre. Un jour, on leur annonça qu'on
allait les rapatrier et on les fit monter à bord d'un navire en
partance pour le Japon. La perspective de retrouver les Nippons
sourit si peu à nos Coréens que, profitant d'une escale au Havre,
ils prirent la fuite. Quelques-uns se réfugièrent dans le Nord, où
ils travaillent dans les mines, les autres vinrent à Paris.

J'ai vu, dans la petite chambre qu'il occupe près du Panthéon,
M. Seu Ring Haï, un des chefs du mouvement indépendant
coréen. Certes, M. Seu n'a pas l'apparence d'un conspirateur.
Petit; mince, la voix fluette, il donne plutôt, à première vue,
l'impression d'un collégien timide. Mais quel changement quand
il parle de la Corée ! Sa voix s'anime alors, son visage prend une
expression résolue : c'est un orateur chaleureux, plein de verve
et de fougue que l'on a devant soi.

M. Seu me retraça l'histoire douloureuse de son peuple martyr.
Il me conta la vie mouvementée et héroïque de Bac Sontcho,
le héros de l'indépendance coréenne. J'ai surtout retenu, de
ces récits que le plus grand ennemi de ce peuple de 23 millions
d'habitants est la douceur extrême de son caractère. Il sait faire
preuve cependant, dans sa résignation tolstoïenne, d'un héroïsme

surprenant. Témoin ce récit :

Le 28 février 1919, trente-trois notables réunis dans un grand hôtel de Séoul proclamèrent solennellement l'indépendance de la Corée. Après avoir juré de sacrifier leurs vies pour la cause de leur patrie, ils burent à leurs santés respectives. Le lendemain matin, ayant terminé leur conférence, ils prévinrent la police japonaise. Celle-ci, surprise, envoya aussitôt sur les lieux des troupes et des automobiles. Chacun des trente-trois représentants du peuple coréen remit alors aux policiers un exemplaire de la proclamation, puis tous montèrent, le plus naturellement du monde, dans les automobiles qui devaient les emmener dans l'enfer des prisons japonaises!

Le caractère de cette race mal heureuse est parfaitement résumé dans la déclaration d'indépendance des trente-trois. On y lit ceci:

«Pour la Justice, l'Humanité et l'Honneur, nous nous efforcerons qu'aucune violence ne soit faite à qui que cë soit. Tous les actes seront honorables et en accord avec notre esprit coréen de probité et de franchise.»

Le peuple le plus doux de la terre...

Les Chinois du Kuomintang

La grande salle des Sociétés savantes offrait ce soir-là, un spectacle peu banal. Près de cinq cents Chinois, la plupart des intellectuels, des étudiants, écoutaient en silence les orateurs qui se succédaient à la tribune. Derrière celle-ci, se trouvait un immense portrait de Sun Yat Sen, le grand révolutionnaire chinois, fondateur du Kuomintang ou parti du peuple. Deux drapeaux en cadraient ce portrait ; le premier représentait un soleil blanc sur un fond bleu : c'était l'emblème, du Kuomintang ; le second était rouge avec, dans un coin, le soleil blanc sur fond bleu : c'était le pavillon de la République chinoise.

Le Kuomintang, aujourd'hui, est maître de la Chine. Il n'y a pas si longtemps cependant que ses chefs étaient des proscrits. Sun Yat Sen erra ainsi des années entières, de capitale en capitale, avant de pou voir rentrer dans son pays et d'y instaurer la République. A Paris, il connut Pasteur, dont il parle longuement dans ses mémoires. A Londres, il fut enlevé un jour par l'ambassade chinoise dans des circonstances qui ne sont pas sans analogie avec l'affaire Koutiépofi. Il rie dut alors la vie qu'à l'intervention du gouvernement anglais qui exigea, sa mise en liberté immédiate.

Sun Yat Sen est mort. Mais son image survit dans le cœur de tous les Chinois et son testament sert de charte à la Céleste République.

Sun Yat Sen, Lenine...

Masaryck, Pilsudski...

Tous les exilés, errant sur les routes du monde, chevaliers d'un idéal asservi, ne rêvent-ils pas d'accomplir le destin merveilleux de ces quatre anciens proscrits ? (A suivre)

Ernest Raynaud.

"마드리드 의거 1주년을 맞이한
지식인들의 경의"

　우리는 본 지상(뤼마니떼 신문)에 스페인 문화수호위원회가 전세계 지식인들 가운데 수집한 헌정사 가운데 몇몇을 간추려 발간하게 된 것을 기쁘게 생각한다. 화가, 조각가, 학자, 시인, 작가, 극작가들이 수십 명씩 이번 우리들의 요청에 응답하였다. 지면 부족으로 모두 게재하지는 못하지만 그중에서 몇몇 대표자들을 열거하자면 다음과 같다: '에릭 블룸버그, 죠지 필망, 가브리엘 아우디시오, 챨스 쾨클린, 르네 마티블랑, **서영해**, 죠르주 소트노, 끌로드 모간, 피에르 파라프, 기 드 라 바튀, 롤랑 시몬, 폴 지셀, 에디트 토마, 죠지 프리드만, H. R. 리노먼드, 오귀스탱 아몽, 프란츠 헬렌, 르네 블렉, 트리스탄 레미, 그로메르, 프란시스 쥬르뎅, 장 프레빌' 등.

　　페레로
　　마틴 안데르센 넥소
　　하인리히 만
　　프란 마세렐
　　아이뀌스파르스
　　메이에르송, 소르본 실험소장

샤를 빌드라

로맹 롤랑

트리스탄 짜라

뀌빌리에, 철학 교수

앙드레 로뜨, 화가

자끄 립쉬쯔, 조각가

마르셀 코헨, 소르본대학 교수

쟝 뤼르까, 화가

샤를 브라이방

에드 코에르, 화가

레옹 르모니에

Titre: *L'Humanité*: journal socialiste quotidien
Éditeur: L'Humanité (Paris)
Date d'édition: 1937-11-13
Contributeur: Jaurès, Jean (1859-1914). Directeur de publication
Identifiant: ark:/12148/bpt6k407261s
Source: Bibliothèque nationale de France

HOMMAGE des INTELLECTUELS A MADRID L'HEROIQUE
pour le premier anniversaire de sa résistance

Nous sommes heureux de pouvoir publier ici des extraits de quelques-uns des hommages recueillis parmi les intellectuels du monde entier par le Comité pour la défense de la Culture espagnole. Peintres, sculpteurs, savants, poètes, écrivains, dramaturges ont répondu par dizaines à ses appels.Parmi les nombreux hommages, qu'il nous a été impossible, faute de place, de publier, notons ceux de Erik Blomberg, Georges Pillement, Gabriel Audisio, Charles Koechlin, René Matiblanc, **Seu Ring Haï**, Georges Sautneau, Claude Morgan. Pierre Paraf, Guy de La Batut, Rolland Simon, Paul Gsell, Edith Thomas, Georges Friedmann, H. R. Lenormand, Augustin Hamon, Frantz Hellens, René Blech, Tristan Rémy, Gromaire, Francis Jourdain, Jean Freville, etc.

G. FERRERO
MARTIN ANDERSEN NEXO
Heinrich MANN
Frans MASEREEL
A. C. AYCUESPARSE

I. MEYERSON, directeur. de laboratoire à la Sorbonne
Charles VILDRAC
Romain ROLLAND.
Tristan TZARA
A. CUV1LLIER, professeur agrégé de philosophie.
André LHOTE, peintre.
Jacques LIPCHITZ, sculpteur.
Marcel COHEN, professeur à la Sorbonne.
Jean LURCAT, peintre.
Charles BRAIBANT.
Ed. COERC, peintre.
Léon LEMONNIER.

"서영해, 『거울, 불행의 원인』 및 기타 한국 실화집. 1934년 파리(피귀에르 출판사)"

작가가 그의 유년 시절의 추억을 바탕으로 이야기하고 있는 이 설화집은 매우 다양한 영감에 기원을 두고 있다. 꿈같은 또는 유머가 가득 찬 내용으로 되어 있는 몇몇 이야기들은 한국 땅에서 탄생한 것으로 보인다. 불교적 정서가 우러나는 다른 이야기들은 본생경(本生經, 부처의 전생을 이야기한 설화집)의 요약이거나 토속 전통이나 인물과 연관되어 있다. 여기에 있는 모든 이야기들은 다소 넓은 문학적 변용을 따르고 있다, 그러나 다른 언어로 이야기되어 있음에도 불구하고, 그 이야기들은 그들의 특성을 보존하고 있다. 게다가 그 이야기들은 보편적 측면을 가진 민중단체들의 외면화의 형태 중의 하나이다. 그 이야기 속에서 다른 이야기를 알 수 있는 즐거움을 가지게 될 것이다.

Titre: *France-Japon*: Bulletin mensuel d'information
Date d'édition: 1934-10, p.64.
Source: Bibliothèque nationale de France, département
Philosophie, histoire, sciences de l'homme, 4-O2O-935

SEU Ring Hai. *Miroir, cause de malheur, et autres contes coréens.* — Paris, 1934 (Figuière).

Ces contes, rapportés par l'auteur d'après ses souvenirs
d'enfance, sont de provenance et d'inspirations très variées.
Certains, petites pièces féeriques ou pleines d'humour, paraissent
être nées sur le sol coréen ; d'autres, imprégnés de sentiments
bouddhiques, sont extraits des Jatakas pâlis ou se rattachent à des
traditions et personnages locaux. Toutes ces histoires subissent
des variations littéraires plus ou moins grandes, mais, bien que
racontées dans une autre langue, elles conservent leur caractère
; d'ailleurs, les contes sont une des formes d'extériorisation des
sociétés populaires qui ont un côté universel. On aurait plaisir à
en connaître d'autres.

서영해가 루이 마랭*에게 쓴 편지

회장님께,

한국인들의 해방과 대한민국의 재건에 즈음하여, 프랑스에 있는 대한민국 임시정부 대표는 프랑스의 고귀한 양심 중의 하나이며, 프랑스 역사에 있어서 가장 암울한 순간에 처했을 때 국가의 방위를 수호하기 위해 전력투구하였던 귀하에게 경의를 표하는 바입니다.

그렇습니다. 회장님, 우리들은 회장님을 기억하고 있으며, 우리들은 우의친선과 마음의 숭고함을 간직한 민족입니다. 제가 개인적으로 회장님을 찾아뵐 수 있다면 매우 영광일 것이며, 그렇게 되면 항구적인 한-불 친선을 위해 필요한 귀하께 몇 가지 조언을 얻고자 합니다.

짧은 접견이라도 허락해주실 것을 앙망하며, 귀하께 저의 심심한

---

* 루이 마랭(Louis MARIN, 1871~1960). 프랑스 한국친우회(Les amis de la Corée)의 회장 역임.

경의를 표하는 바입니다.

서영해

서영해

말브랑쉬 가(街) 7번지

파리 5구

Titre: Notes et documents sur la Chine, la Corée, le Japon et les Philippines dans une reliure à feuillets mobiles / Louis Marin
Auteur: Marin, Louis (1871-1960). Auteur du texte
Source: Bibliothèque nationale de France, département Société de Géographie, SG MS 5378

Paris le 5 – septembre 1945
À Monsieur le Président Louis Marin

Monsieur le président,

À l'occasion de la libération du peuple Coréen et de la résurrection de la nation coréenne, le représentant du gouvernement provisoire de la République coréenne en France tient à saluer en vous une de ces nobles consciences françaises qui n'ont pas hésité de prendre la défense de son pays alors que celui-ci se trouvait au plus sombre moment de son histoire. Oui, monsieur le Président, nous nous souvenons de vous et nous sommes un peuple qui a le culte de l'amitié et de la noblesse du cœur. J'aurais été particulièrement heureux s'il m'était permis d'aller vous saluer en personne, ce qui me donnerait une occasion de vous solliciter quelques conseils si nécessaires pour une durable amitié franco-coréenne.

Espérant que vous voudriez bien m'accorder un court entretien, je vous prie d'agréer, Monsieur le président, l'expression de mes profonds respects.

Seu Ring Hai

M. Seu Ring Hai
7 rue Malebranche
Paris V

서영해가 趙素昂 외무장관에게 쓴 편지
(임시정부의 외교방향에 대한 서영해의 의견)

조소앙 선생 앞,

6월 2일에 보내신 편지가 오늘 도착하였습니다. 프랑스가 패전 후로 모든 기관이 거의 다 파괴되어 이 편지도 어떻게 부쳤는지 모릅니다. 프랑스가 이렇게 수그러들어 살리라고 누가 생각하였겠습니까? 과거 7년 동안에 독일이 전 국력을 다하여 무장에 노력한 것은 사실이나 그렇게 강한 줄을 몰랐습니다. 이번 파리 점령 당시에 보니 과연 독일이 군대뿐만 아니라 각 방면에 모든 조직을 음흉하고도 노련하게 하였습니다. 독일과 같이 교육보급과 사회훈련이 발달된 나라이지만 그 민족을 이끌 만한 구호를 가지고 통제정책을 쓰지 않았으면 이번에 이런 승리를 보았을지 의문입니다. 하물며 우리 조선민족은 원래 사회훈련도 없고 또 30년 동안 왜놈의 악정 하에서 정신이 반이나 썩었으니 통제정책으로서 이끌지 않으면 안 됩니다.

구주 각국 중에서 프랑스 국민들이 비교적 물질상으로 생활이 풍부하였던 만큼 민족의 정신이 자유평화를 좋아하고 사회문제에 학설이 많아서 주의(主義) 소홀로 내정과 외정에 대하여 거국일치의 태도를 취할 수 없었습니다. 저도 민주주의자이지만 이 모든 예를 보아 '민주' 이 두자 해석을 좀 더 넓게 할 필요가 있다고 생각합니다.

유럽에서의 전쟁은 프랑스 패전으로 제2단계에 들었는데 독일의 노력이 경제상 지리상 전(前)에 비하여 유리하게 되었는데 최후승리를 보겠는지요? 한 가지 분명한 것은 영국이 마침내 스스로 멸망이 될지라도 최후의 일각까지 싸워볼 것입니다. 만약 영국이 패전한다면 미국은 어떠한 운명에 빠질런지요? 금전용상(金錢龍床) 위에 앉은 미국사회는 장차 어떻게 될런지요?

오는 10월에 미국대통령 선거 결과가 어떻게 되든지 간에 미국이 영국을 물질상 경제상으로 적극적으로 도우리라고 생각됩니다. 그런데 지금 이 유럽전쟁의 내막을 가만히 들여다보면 영국, 프랑스, 독일, 이탈리아 할 것 없이 모두가 도적놈 판입니다. 마지막에 어느 편이 이기든지 침략주의와 소비에트 러시아 타도가 그들의 목적입니다. 소련은 지금 무기제조와 전쟁준비에 주야가 없으며 발칸 반도와 근동제국에 매일 큰 외교성공을 하고 있는 중입니다. 물론 소련은 이 유럽전쟁이 가급적 오래 끌어서 양편이 다 피로하기를 바라는데 마지막에 어느 편이 이기든지 힘을 회복할 여지를 주지 않고 출병을 하든지 혁명을 일으키든지 하리다! 그래서 전 세계 국제생활에 큰 변동이 있을 것입니다.

국제생활에 무슨 좋은 변동이 있어 세상 사람들을 다 잘살게 한다 할지라도 우리 조국이 독립 못하면 그 변동이 우리에게 무슨 소용이 있겠습니까? 우리 조국 독립은 금일 중국항일전쟁 성공에 있음은 두말할 여지도 없거니와 진정한 항일은 오늘 중국과 우리나라 안에 들어가서 총칼을 손에 들고 왜놈을 죽여야 되는 것인데 제가 항일전쟁에서 물러앉아 매일 위험을 무릅쓰고 조국광복에 헌신하시는 선생께 감히 천견(淺見)을 드리고자 하오니 해량하여 주시기 바랍니다.

1929년 이래로 파리 고려통신사 활동을 말하면 조국 소개, 일본 제품 배척, 왜놈 외교와 선전을 방해하는 것을 목표로 삼아 파리를 중심으로 전 유럽을 무대로 스칸디나비아, 발칸 반도와 근동까지 돌아다니면서 강연, 신문원고 등등으로 선전에 노력하였는데 제가 원래 노동출신으로 돈이 없어서 이 선전을 대규모적으로 못하고 오직 프랑스 언론계와 출판계의 임시 특파기자 사명을 얻어서 유럽 각 도시를 돌아다니는 기회를 이용한 것입니다. 특히 중국의 항일전쟁 개시 이래로 유럽 내 각 중국항일단체와 연락을 취하여 공동활동을 하였으며, 작년 7, 8월에는 대규모적 선전방책을 계획 중이었는데 마침내 유럽전쟁이 나서 실시를 못하였습니다. 금일 유럽전쟁은 도저히 단기 싸움이 아닌 것 같은데, 이 전쟁 동안에 이곳에서 무슨 선전활동이든지 퍽 어렵습니다. 다만 전쟁의 발전과 각국의 태도를 주목하고 연구하였다가 후일 평화회의 시에 이용할 뿐이겠습니다.

저의 생각에는 우리 임시정부에 제일 중요한 외교와 선전이 대중국정부 외교요 대중국민중 선전입니다. 중국정부에 우리 정부 승인을 시급히 교섭하여야 하며 중국민중에게 진정한 호감과 탄탄한 우의를 구하여 조선독립이 중국국방상 필요한 것이며 또 조선이 독립 못하였다는 것은 일본제국주의가 넘어가지 안 했다는 것이요, 따라서 중국항일전쟁을 성공 못했다는 것을 널리 선전하여야 합니다.

그러나 항일전쟁 중에 있는 금일 중국에서 우리가 중국민중과 같이 전선에 나가서 고생을 같이하여 생명을 희생하여 왜놈을 치는 것 외에 더 큰 선전이 없을 것입니다.

우리 임시정부에서 대소비에트 러시아 외교와 선전이 절대 필요합니다. 소련이 정치상, 주의상, 경제상, 지리상으로 보아서 왜(倭) 제국과 원수인 만큼 우리는 소련과 손을 맞잡아야 될 것이요, 장래에도 소련과 우의를 깊이 맺어야 됩니다. 이 대소외교와 선전에 대하여 직접 간접으로 여러 가지 방책이 있는데, 우리 정부가 외국영토에 있는 만큼 의견발표와 활동을 자유롭게 못한다면 유럽에 있는 저를 통해서 활동할 수도 있습니다. 물론 우리 임정에서 대구미 외교와 선전이 필요합니다. 유럽에서는 전쟁도 있고 또 경비문제로 활동이 퍽 어렵지만 제가 쉴 새 없이 기회를 엿보고 있으니 하량(下諒)하여 주시기 바랍니다.

미주에는 우리가 지금부터 특별활동이 있어야 하는데 이에 대하여 (조소앙) 선생님의 계획과 방책이 어떠한지 알려주시기 바랍니다. 금일 이 사회에서 외교와 선전의 방책은 오직 진실하고 광명정대하여 세상 사람들의 신용과 존경을 얻는 데 있습니다. 이 점에 보아서 파리 고려통신사의 그동안의 활동과 성적을 우리 혁명계(革命界)에서 좀 알아야 합니다. 고려통신사가 제아무리 결사적 활동을 하였고 또 해외에 산재한 우리 혁명지사들이 아무리 헌신적으로 노력한다 할지라도 뒤에 튼튼한 임시정부와 같은 중앙지도기관을 배경으로 하지 않으면 모든 공로가 다 쓸데없습니다. 제가 과거 10여 년 내에 유럽 각국 정치가들을 많이 만나보았는데 모두 '상해임시정부' 소식을 묻습니다. 과연 우리 3·1 운동의 세력이 얼마나 컸습니까? 그래서 제가 김구 선생께 편지할 때마다 만분 양보하여서라도 통일적 임시정부를 튼튼히 세우는 것이 우리 광복운동의 제일급선무라고 역설한 것입니다.

그런데 중앙지도기관인 정부를 세우는데 정부의견을 발표하고 대중의 사회상식과 혁명운동의 길을 밝혀줄 만한 정기 기관신문 하나 없는 것이 당초 대사업조직상 큰 모순인 줄을 알고 계시겠지요! 제가 할 말이 많습니다만 밤도 이미 늦었고 몸도 피곤해서 이만 그치겠습니다. 우리 정부를 옹호하는 한국독립당에서 본인을 파리통신원으로 지정하셨다니 신용하여 주심을 감사하오며 정부에서나 당에서 명령만 하시면 헌신적으로 활동하겠사오니 하량하시고 김구선생께 안부 전해주시기 바랍니다. 각 동지들의 건강을 빕니다.

7월 20일 서영해 올림

(추신) 이 편지를 보신 뒤에 가급적 답장을 주시고, 미국에 우리하고 통신하는 분의 주소와 성명을 보내주시기 바랍니다.

서영해가 趙素앙 외무장관에게 쓴 편지
(유럽의 정세를 전하는 편지)

조소앙 선생 앞,

이 편지를 선생께 부치려고 별 방책을 다 구하다가 마침 오늘 비행기로 중경에 돌아가는 중국 군의(軍醫) 이제구(李濟歐) 씨의 호의를 얻었습니다. 이 씨가 이 편지를 선생께 직접 수교하거든 극히 친절히 대접하여 주시기 바랍니다. 이 씨는 원래 어릴 때부터 유럽에서 성장하여 중국 상식이 넓지 못하나 불어와 불문학에 수양이 많습니다. 이 씨가 일찍이 장개석 선생의 불어 통역으로 금번 유럽전쟁 관찰로 왔다가 홀연히 중경의 명령을 받아 귀국하는 바입니다. 제가 이 씨를 잠간 만나 보았고 친하지는 못한 처지이나 들은즉 이 씨가 퍽 자존심이 많다 하오니 자량(自諒)하여 상대하시기 바랍니다.

이곳은 요즘에 음흉한 독일인의 수단에 넘어간 프랑스 인사들이 소위 신유럽연합이란 구호 아래 안으로는 혁명운동을 강압하고 밖으로는 신유럽주의를 제창하고 있습니다. 그러나 프랑스 대중의 심리와 사상을 보아서 이 전쟁 끝에 프랑스에 대혁명이 있으리라고 생각합니다.

근일 발칸에서 비상적 대활동을 하고 있는 독일, 이탈리아 양국은 소련의 시선을 끌고 있는데, 이것이 당분간 소련을 선동하지는 않겠지만, 그 동기가 퍽 주목됩니다. 비록 러시아가 대영제국 타도를 찬성하나 독일과 이탈리아 세력이 발칸에 확장을 묵시할 수 없는 만큼 모종시기에 충돌발생 위험을 예방함인지 혹은 9월 27일에 체결된 독일-이탈리아-일본 3각 동맹 이후로 태평양에 왜놈의 작란(作亂)을 돕기 위하여 소련의 시선을 서쪽으로 끌 참인지 좌우간 무슨 계획이 있는 것 같습니다. 독일과 이탈리아가 제일 두려워하는 것은 소련이 영국이나 미국과 악수할까 함인데 과연 최근에 영국이 한편은 모스크바에 가서 소련의 호감을 얻고자 노력하며, 또 다른 한편은 워싱턴에 가서 미국과 소련의 악수를 권고하고 있습니다. 미국과 소련의 악수는 극동사세 변천과 유럽전쟁의 발전을 따라 가능성이 충분히 있습니다. 미국과 소련이 자기의 정치상 경제상 전략상 이해관계를 보아서라도 결국 유럽전쟁에 직접 관섭(關涉)을 하지 아니치 못할 것이라고 생각되는데, 만약 그리된다면 중일전쟁도 유럽전쟁과 동시에 해결이 될 것입니다. 선생의 의견은 어떠하신지 회신하여 주시기를 바랍니다.

파리는 독일군인의 점령지대와 통신이 전부 두절되었으니 회신을 주프랑스 중국대사관을 통하여 주시기 바랍니다. 김구 선생은 어디 계신지 안부하여 주시기를 바라며 우리 신당(新黨)조직은 어떻게 되었는지 상세히 좀 회답하여 주시기 바랍니다. 우리의 대중외교와 선전, 대미 및 대유럽외교와 선전 등을 어떻게 이해하셨는지 좀 의견을 주시기 바랍니다.

1940년 10월 15일 파리에서 서영해 배상

서영해의 프랑스 재입국관련 프랑스 외교문서
(프랑스 외무성 아시아국이 행정협정국에 보내는 의견서)

제목 : 한국인 서영해의 프랑스 입국

　법무부 공무원인 장 마리옹(Jean Marion) 씨는 우리 외무부와 (2차 세계대전) 전쟁 피해문제와 관련 접촉을 하고 있었는데, 한국인 서영해의 최근 프랑스 재입국 비자 신청과 관련하여 별첨과 같은 의견서를 보내왔습니다.

　(프랑스 외무부) 아시아국은 행정협정국에 만일의 경우에 대비하여 참고용으로 이 문서를 보내는 바입니다. 서영해 씨는 중경에 자리 잡고 있는 대한민국 임시정부의 주프랑스 대표로서 해방 후에 외무부에 찾아온 것이 사실입니다.
　아시아국은 그가 어떠한 부정적인 기록을 남길 만한 특별한 행동의 흔적을 가지고 있지 않음을 알려드립니다.*

---

* 보통 이런 경우 비자가 발급됨

Archives Diplomatiques, Ministère des Affaires Étrangères,
Asie-Océanie 1944-1955
Corée
n° 5 (Mai 1945 - Décembre 1955)

Série E, Carton 153, Dossier 4 (Coréens en France et à
l'étranger)
P 242
Asie-Océanie 14 juin 1948
N° 1143 AS

NOTE pour la DIRECTION DES CONVENTIONS
ADMINISTRATIVES
A/S Entrée en France du Coréen Seu Ring Hai.

M. Jean Marion, fonctionnaire du Ministère de la Justice,
qui est en contact avec le Département pour les questions de
dommages de guerre, a établi la note ci-jointe concernant M.
SEU RING HAI, Coréen, qui aurait sollicité récemment un visa
d'entrée en France.

La Direction d'Asie a l'honneur de faire parvenir ce
document à toutes fins utiles à la Direction des Conventions
Administratives. Il est exact que M. Seu s'était présenté, après la
libération, au Département comme «Représentant en France du
gouvernement provisoire de la 'République coréenne' siégeant à
Tchongking. La Direction d'Asie n'a toutefois conservé aucune
trace particulière de son activité qui ne paraît avoir donné lieu à
aucune note défavorable./.

서영해의 프랑스 재입국관련 프랑스 외교문서
(법무부 의견서)

법무부 1948년 6월 5일

서울 출신의 서영해 씨가 비자 신청을 해왔음; (프랑스) 외무부의 부드와(Boiudouy) 씨가 1948년 4월 16일(또는 25일, 또는 25일) 내무부의 의견을 조회해 왔음.

외무부는 이 외국인에 대해 잘 모르고 있음.

서 씨는 1923년에 프랑스에 입국하여 1947년까지 체류하였음.[*]

- 보베(Beauvais) 고등학교에서 공부함.
- 프랑스에서 일본에 대항하는 한국정부의 비공식적인 대표였음.[**]
- 2차 세계대전 당시 프랑스에 매우 우호적인 감정을 보였으며,

---

[*] 서영해는 실제로는 1920년 12월 프랑스에 입국하여 1947년 5월 중순경에 출국하였다. 서울에는 1947년 5월 26일에 귀국하였다. 일부 언론에 1946년 봄에 귀국하였다고 기록된 것은 잘못된 자료이다.
[**] 서영해는 우리 임시정부의 주프랑스 공식 대표였음에도 프랑스 당국이 비공식적인 대표라고 파악하고 있는 것은 잘못된 것이다.

연합국의 대의(大義)를 지지하는 입장이었음.

　- 해방 이후 몇몇 연합국들이 한국을 승인하자 그는 외무부 비도 (Bidault) 장관이나 에르베 알팡(Hervé Alphant) 경제국장을 자주 접촉 하였음.

　아래 서명한 장 마리옹(Jean MARION) 사법관은 서영해가 1923년 프랑스에 입국할 때부터 그를 알고 있었으며 절친한 친구로서 오랫 동안 그와 가까이 지내왔기에 위의 정보가 정확함을 증명합니다.

센느 지역 검사대리이자 법무부 전쟁법 담당관

장 마리옹(Jean MARION)

P 243

MINISTRE DE LA JUSTICE Paris, le 5 juin 1948

NOTE

M. Seu(Ring Hai, prénoms) Coréen de Séoul a sollicité son visa; l'avis de l'Intérieur a été demandé par le services de M.Boudouy des Affaires Etrangères le 16 (ou 24 ou 25) avril 1948.

La Direction d'Asie ignorerait ce ressortissant étranger.
M. SEU est venu en France de 1923 à 1947.

- a fait ses études au Lycée de Beauvais
- en France représentant officieusement le gouvernement coréen
insurgé contre le Japon-
- pendant la Guerre, a manifesté ses sentiments extrêmement
francophiles et favorables à la cause des Alliés.
- après la libération, et la reconnaissance de l'Etat coréen par
certains Alliés, a été reçu à plusieurs reprises au Quai d'Orsay
soit par le Cabinet de M. Bidault, soit par M. Hervé Alphant ou
ses services.

Le magistrat soussigné, qui a connu M. SEU dès son arrivée
en France en 1923 et n'a cessé de le fréquenter comme un ami
fidèle et dévoué, certifie l'exactitude de ces renseignements./.

MARION Jean
Substitut de la Seine, Chargé au Ministère de la Justice du
Service des Lois de Guerre

서영해의 프랑스 외무부 아주국장 면담결과

아시아-대양주

NOTE(외교문서)

서영해 씨에 대하여.

외무부 고문인 미쉘리히(Michelich) 씨의 개인적인 소개로 한국인 서영해 씨가 1948년 12월 1일 비공식적으로 아주국과 교섭할 일이 있다면서 찾아왔다.

불어를 매우 유창하게 구사하는 서영해 씨는 22년 전부터 그가 임시정부를 대표하고 있다고 설명하였다. 그는 한국을 미국에 종속 시키려는 이승만 대통령을 버리고 반대파인 김구 측 진영에 들어갔 음을 첨언하였다.

정치적인 입장 표명을 위해 외무부에 왔노라고 대꾸하면서, 한국 의 국내문제와 관련 김구의 입장을 길게 설명하였다. 그에 따르면 김구는 격렬하게 한국의 통일을 추구하며, 전력을 다해 미국과 소 련 군대의 철수를 위해 노력하고 있다고 말하였다. 김구가 미국의 금지에도 불구하고 평양회의(남북제정당사회단체대표자연석회의)에 간

것은 김구의 이 계획을 실현하기 위해서였다.

서영해 씨는 김구를 동반하였다.

김구와—과거 모두 김구의 동지였던—공산당 지도부 간의 회담은 매우 유익하였으며, 농업개혁-노동입법-공교육과 관련한 프로그램에 대한 협약이 이루어졌다. 김구는 북한 인민군대의 무장해제를 요청하였지만 거절당하였고, 대신에 북측은 인민군대를 김구 자신과 공산당 대표 한 명으로 구성되는 위원회의 통솔 밑에 두자는 제안을 받았다. 또한 공산주의자들은 외국군대의 철수와 동시에 국제연합의 감시 아래 한반도 전역에서 총선을 실시하자는 제안을 받아들인 것 같다. 한국이 스스로 치안유지를 할 수 있기를 기다리면서 중립적인 군대가 질서를 유지하는 방안도 논의되었다.

북한에서뿐만 아니라 38선 이남에서도 대단한 인기를 누리고 있는 김구가 새로운 정부의 수반이 될 것이다.

외국 점령군대의 철수에 달려 있는 이 계획의 실현을 기다리면서, 서영해 씨가 예측하기를, 2월에 이승만 정부의 전복이 있을 것이고, 미국이 지지하는—자체적으로는 권한이 없는—과도정부가 들어설 것이다. 한국의 최남단 지역에서 일어난 소요사태를 암시하면서, 서영해 씨는 그 소요사태가 미국이 과거의 행정체제와 친일 경찰들을 유지하려는 것에 반발하는 애국자들에 의해 발생한 것이라고 설명하였다. 당초에 이 폭동과 아무런 관련이 없었던 공산주의자들이 그들의 선전목적의 필요성에 의해서 신속하게 이 사태에 개입하였다. 서영해 씨는 그것을 단언하지는 않았지만, 이 폭동이 초기에 김구에 의해서 지지되었음을 (또는 조직되었음을) 은연중에 암시하였다.

서영해 씨는 한국을 그들의 분쟁을 해결하기 위한 싸움터로 삼고 있는 러시아와 미국을 매우 강력하게 비판하였다. 그는 어느 한쪽도 한국인들의 사랑을 받지 못하고 있다고 평가하면서, 미국인들보다 러시아인들이 훨씬 더 교활하다고 진단하였다.

미국인들은 자기들의 코끝 너머 더 멀리를 보지 못하는, 또한 달러가 모든 문제를 해결할 수 있는 신이라고 믿는 다 큰 어린애이다…. 그들은 짧은 소견으로 한국에서 최악의 바보 같은 짓을 벌여놓았다. 우리는 그들을 더 이상 필요로 하지 않으며, 러시아 사람은 더욱 필요 없고, 공산주의 사상이나 미국의 자본주의에 예속되기를 원하지도 않는다. 이러한 이유로 우리는 프랑스와의 긴밀한 관계구축을 희망한다.

그런 다음 서영해 씨는 그가 말하는 "그의 방문목적"이 한국과 프랑스간의 접촉을 "준비"하기 위해서임을 밝혔다.
경제적 측면에서는 의문의 여지 없이 지금 당장 무엇인가 교류를 준비하기에는 시기상조이지만, 다음과 같은 문제를 염두에 두어야 할 것이다: 한국이 프랑스를 위해 무엇을 해줄 수 있는지와 프랑스가 한국에 무엇을 공급할 수 있는지를 연구하는 것이다.
프랑스의 기술자들과 물자가 어떤 경우든 한국에 필요할 것이다.
문화적 측면에서는 지체 없이 몇 가지 시급히 실행 가능하고 매우 바람직한 사업들이 있다.

서영해 씨는 아래와 같은 사항을 제안하였다.

1) 현재 파리에 있지만 거의 수면상태에 있는 고려통신사를 발전시키는 문제. 이를 위해 서영해 씨는 김구의 재정지원으로 고려통신사의 운영을 담당할 두 명의 대학출신 관리인을 프랑스에 파견할 것이다.

2) 동양어학교에 한국인 교수 자리 하나 만드는 문제. 역시 김구가 교수의 여비를 지불할 것이다.

3) 김구가 전액 부담하여 프랑스 교육기관(고등학교나 대학교)에 장학생 5명을 파견하는 문제. 서영해는 가급적 빨리 이 학생들에 대한 비자를 발급해줄 것을 희망하였다.

서영해 씨는 한국문제가 이번 국제연합 회의에서 다뤄질 것 같지 않다고 그의 전망을 말하였다.

서영해 씨는 서울에 있는 프랑스 영사인 코스틸레스 씨에 대한 엄청난 칭송과 함께 가급적 그가 오랫동안 한국에 근무할 수 있기를 희망한다는 말로 그의 설명을 마쳤다.

NOTE

A/S M. Seu Ring-Hai

Sur la recommandation personnelle de M. Michelich, attaché au cabinet du Ministre, M. SEU Ring-Hai, Coréen, s'est présenté le 1er décembre 1948 à la Direction d'Asie pour prendre "officieusement" contact avec le Département.

M. Seu Ring-Hai, qui parle couramment le français, a déclaré que depuis 22 ans, il "représentait" le gouvernement coréen "en exil". Après avoir abandonné le Président Synghman Rhee, qu'il accuse d'infoéder la Corée du Sud aux Etats-Unis, il est passé dans l'opposition aux côtés de Kim Koo.

Tout en se défendatn d'être venu au ministère faire un exposé "politique", M. Seu a longuement développé le point de vue de Kim Koo, dans les affaires intérieures coréennes.

Kim Koo poursuit avec acharnement, a-t-il dit, l'unification de la Corée et travaille de toutes ses forces à provoquer le départ des troupes soviétiques et des troupes américaines. C'est pour tenter de réaliser ce dessein que Kim Koo s'est rendu à la conférence de Pyong Yang "malgré l'interdiction des Américains".

M. Seu Ring-Hai accompagnait Kim Koo.

L'entrevue de Kim Koo et des chefs communistes coréens-
qui sont tous d'anciens camarades de Kim Koo- aurait été
très fructueuses et un accord serait intervenu entre eux sur
un programme de réforme agraire, de législation du travail et
d'instruction publique. Kim Koo aurait demandé le désarmement
de l'armée démocratique populiare du Nord, ce qui lui aurait
été refusé, mais on lui aurait offert de placer ces troupes sous
les ordres d'un comité composé de Kim Koo lui-même, et
d'un représentant des communistes coréens. Les Communistes
auraient accepté, de plus, qu'aussitôt après le départ des troupes
étrangères, des élections législatives aient lieu dans tout le pays,
sous le contrôle de l'ONU. On demanderait à des forces neutres
d'assurer l'ordre, en attendant que la Corée puisse le faire elle-
même.

Kim Koo qui jouit, paraît-il, d'une extrême popularité, aussi
bien au Nord qu'au Sud du 38è parallèle, deviendrait le chef du
nouveau gouvernement.

En attendant la réalisation de ce plan qui est subordonnée,
évidemment, au départ des forces d'occupation, M. Seu Ring-
Hai prévoit, pour le mois de février, le renversement du
gouvernement Syngman Rhee et son remplacement par un
gouvernement transitoire soutenu par les Américains, mais
dépourvu, par lui-même, de tout autorité. Des émeutes éclateront
certainement à ce moment-là en Corée.

Faisant allusion aux troubles qui viennent d'avoir lieu dans l'extrême sud, M. Seu Ring Hai a précisé qu'ils étaint le fait de patriotes exaltés de voir les Américains maintenir en place l'ancienne administration et l'ancienne pro-japonaises. Les communistes qui n'avaient rien à voir, à l'origine, dans ce mouvement, s'en sont rapidement emparés pour les besoins de leur propagande. San l'affirmer, M. Seu Ring Hai, a laissé entendre de ces révoltes avaient été au début, soutenues (sinon organisées) par Kim Koo.

M. Seu Ring Hai a vivement critiqué les Russes et les Américains qui se servent de la Corée comme d'un champ clos pour leurs propres querelles; il estime que ni les uns ni les autres ne se sont fait aimer du peuple coréen, mais il constate que les Russes ont été infiniment plus habiles que les Américains.

Les Américains sont de "grands enfants" qui ne voient guère plus loin que le bout de leurs nez et qui s'imaginent que le dollar est un Dieu assez puissant pour résoudre tous les problème... avez des vues aussi courtes, ils ont fait les pires bêtises en Corée. Nous n'avons plus besoin d'eux, pas plus que des Russes d'ailleurs, et nous ne voulons pas être soumis ni à l'idéologie communistes, ni au capitalisme américain... c'est la raison qui nous fait souhaiter un rapprochement avec la France.

M. Seu Ring-Hai en vient alors à ce qu'il appelle "le but de sa visite" qui est de "préparer" les contacts franco-coréens.

Sur le plan économique, il est trop tôt sans doute pour organiser, dès maintenant des échanges, mais il faut mettre la question au point : étudier ce que la Corée peut livrer et ce que la France peut fournir. Des techniciens français, du matériel français seront en tout cas nécessaires en Corée.

Sur le plan culturel, il est possible – et très souahitable – de passer sans plus de retard à un cerain nombre de réalisation.

M. Seu Ring-Hai propose:

1) Le développement de l'agence d'information "Korea" actuellement existant à Paris, mais pratiquement en sommeil. A cet effet, M. Seu Ring Hai enverrait en France, aux frais de Kim Koo, deux "ménages universitaires" qui assumeraient le fronctionnement de l'agence;

2) La création d'une chaire de coréens à l'école des Langues Orientales. Kim Koo fournirait également le professsuer et en payerait le voyage;

3) L'envoi en France – entièrement au frais de Kim Koo – de cinq boursiers qui feraient leurs études dans les écoles ou les universités françaises.

M. Seu Ring Hai souhaite qu'on accorde rapidement les visas nécessaires à ces Coréens.

M. Seu Ring Hai a déclaré qu'il n'avait pas l'impression que le problème coréen serait discuté à la présente session de l'ONU.

M. Seu Ring Hai a terminé en faisant le plus grand éloges de M. Costilhes, consul à Séoul, et en souhaitant que cet agent y soit maintenu le plus longtemps possible./.

1931년 『통 파우(同胞)』 신문

서영해, 『어느 한국인의 삶의 주변』, 파리, 고려통신사, 3쇄, 1929
년 189페이지. [이 책의 주인공 박성조는 독립운동영웅으로서 1929
년에 사망]

알린 부르그웸, 『파리-제네바 2호, 한국인이 본 프랑스』, 비타
협, 1930-04-02, p.10. 『일본-극동의 민족들』, p.300, 플라마디옹
출판사

합병 초기 9년 동안 일본은 중국과 한국 접경에 있는 압록강과
두만강을 통해 총 4백만 달러 가치의 15,195,294세제곱미터의 목
재를 가져갔다. 평양지역의 석탄광산은 매년 일본에 120,000달러
의 순수익을 가져다주었다. 황해지역의 철광광산과 갑산의 구리광
산은 일본에 매년 수백만 달러의 이익을 가져다주었다. 그리고 아
주 오랜 역사를 가진 특별한 약용식물인 인삼 판매는 매년 일본에
2,214,000달러의 이익을 가져다주었다.

필리시앙 샬레, 『극동에서 위협받는 평화』, 파리: 인권연맹, 1920
년, p24.

Titre: *T'oung pao*
Éditeur : Brill (Leiden)
Date d'édition : 1931, p.206.
Identifiant : ark:/12148/bpt6k6158776v
Source : Bibliothèque nationale de France, département
Philosophie, histoire, sciences de l'homme, 8-O2-783

— SEU Ring-hai, Autour d'une vie coreenne, Paris, Agence
Korea, 3e ed., 1929, in-12, 189 pages. [Le heros du livre est le
patriote "Bac Sontcho", mort en 1929.]
   Aline BOURGOIN , «Paris-Genève N° 2... Où la France vue
par un Coréen», L'Intransigeant, 1930-04-02, p.10.
   Le Japon (Les peuples d'Extrême-Orient) page 300, Ed.
Flammarion.

Pendant les neuf premières années d'annexion, le Japon a
fait 15.195.294 mètres cubes de bois d'une valeur totale de 4
millions de dollars dans les vallées des fleuves Yalu et Tumen
qui se trouvent l'un et l'autre sur la frontière sino-coréenne.
Les mines de houille de la région de Pyng-Yang lui rapportent
annuellement un bénéfice net de 120.000 dcllars. Les mines
de fer dans la province de Hoing-Hai, les mines de cuivre de
Capsan plusieurs millions de dollars tous les ans. Et la vente
de Cingseng, plante médicale et spécialité de la Corée depuis
un temps immémorial, lui est chaque année un profit de plus de
2.214.000 dollars.
   Challaye, Félicien, La paix menacée en Extrême-Orient
(Chantoung-Corée), Paris : Ligue des droits de l'homme, 1920,
24 p.

Titre: *Le Journal*
Date d'édition: 1930-02-20, p.4.
Source: Bibliothèque nationale de France, département Droit, économie, politique,
　서영해 출판 소식

Titre: *Les Nouvelles littéraires, artistiques et scientifiques*: *hebdomadaire d'information, de critique et de bibliographie*(문학, 예술, 과학 소식지: 주간 정보, 비평, 신간 소개)
Date d'édition: 1929-12-14, p.10.
Contributeur: Martin Du Gard, Maurice (1896-1970). Directeur de publication
Source: Bibliothèque nationale de France, département Droit, économie, politique, GR FOL-Z-133
　서영해 출판 소식

Titre: *La Renaissance*(르네상스)
Date d'édition: 1935-01, p.26.
Source: Bibliothèque de l'INHA(파리 미술사 도서관) / coll. J. Doucet, 2010-115164
　출판사(발행인) 소개

EUGENE FIGUIERE, Editeur 166, boulevard du Montparnasse(위젠 피귀에르 출판사, 몽파르나스 대로 66번지)
Miroir, cause de malheur, SEU RING HAÏ(『거울, 불행의 원인』, 서영해).

Titre: *Revue historique*(역사잡지) */ dirigée par MM. G. Monod et G. Fagniez*
Date d'édition: 1930-01, p.111.
Source: Bibliothèque nationale de France(프랑스 국립중앙도서관)

Seu Ring-Hai. Autour d'une vie coréenne. Éditions Agence Korea(서영해, 『어느 한국인의 삶의 주변』. 고려통신사 출간) [1929], in-12, 129 p. prix: 15 fr.

Titre: *Annuaire général des lettres*(문학연감)
Date d'édition: 1932, p.968.
Source: Bibliothèque nationale de France, département Littérature et art(프랑스 국립중앙도서관 문예예술부), 8-Z-25592

SEU Ring-Haï.
7, rue Malebranche. PARIS (V)(파리 5구, 말브랑쉬 가 7번지).
Né le 13 janvier 1904(1904년 1월 14일 출생).
Directeur de l'Agence Korea(고려통신사 대표).
OEUVRES(작품). — Autour d'une vie coréenne(『어느 한국인의 삶의 주변』) (1929), Miroir, cause de malheur, et autres contes coréens(『거울, 불행의 원인』).

1902년 1월 13일	부산시 동구 초량동 605의 1번지 출생
1917년	부산 공립보통학교 졸업
1919년 3월	3·1운동에 참여한 뒤 일본 경찰의 수배를 받아 상해임시정부로 망명
1920년 12월	조국 독립을 위한 외교활동과 문필활동을 위해 프랑스로 유학
1921년 12월	프랑스 보베(Beauvais)시 리쎄(Lycée: 중고등 과정) 입학
1925년	샤르트르(Chartres) 마르소(Marceau) 고등중학교로 전학
1926년	샤르트르 마르소(Marceau) 고등중학교 졸업
1926년 6월	프랑스 파리대학 입학
1926년	프랑스 파리대학 문과 중퇴(2학기)
1926년	도서관 취업 시 「한국인은 무지하고 야만스럽다」는 신문 기사에 대한 반박문을 쓴 것이 계기가 되어 신문사에 취직. 후일 한국역사소설을 집필하여 일제 탄압상과 독립운동을 세계만방에 알리는 등 항일 독립운동 전개
1929년	파리고등언론학교(École supérieure de journalisme de Paris) 졸업
1929년	임정 외무부의 지시에 따라 파리에 고려통신사 설립
1929년	자전적 불어소설 『어느 한국인의 삶의 주변』 출간
1929년	파리에서 개최된 제2회 반제국주의 세계대회 참석
1934년 4월 2일	임정 국무위원회에서 주불외무행서(駐佛外務行書)에 임명

1934년 10월	한국 민담집 『거울, 불행의 원인』 출간
1936년 3월 8일	임정 국무위원회에서 주프랑스특파위원(駐法特派委員)으로 임명
1936년 9월 3~6일	벨기에 브뤼셀에서 개최된 제1회 만국평화대회에 한국대표로 참석, 한국의 식민지화 사정과 독립운동을 널리 선전함
1937년	오스트리아 여성 엘리자와 결혼
1939년 9월 20일	엘리자와의 사이에 아들 스테판을 낳음
1944년 3월	임정 외무부 주불특파원으로 임명됨
1945년 3월 12일	임정의 주프랑스대표(駐法代表)로 임명됨
1947년 5월 26일	김구 주석의 권유로 광복 후 귀국하여 건국활동 전개
1948년 3월 24일	20살 연하의 황순조와 재혼
1948년 8월 초	프랑스로 가기 위해 상해 도착
1948년 8월 10일	석린 민필호 상해 주화대표단장의 국민당 정부 앞 서영해의 프랑스 방문을 위한 여권발급 요청서 발송
1948년 10월	프랑스 파리를 무대로 조국통일을 위해 노력할 결심을 하고 서울에서 상해로 출국
1948년 12월 1일	파리에서 프랑스 외무부 아시아 · 대양주 국장 면담
1956년 7월	상해 조선인민인성학교 근무. 이후 행방불명(북한 거주 후 사망 추정)

도판 출처

27쪽 위, 아래: 한국학중앙연구원 제공

31쪽 건강보험심사평가원 제공

33쪽 부산시립박물관 소장

40쪽 백범김구선생기념사업협회 제공

42쪽 부산시립박물관 소장

50쪽 위, 아래: 부산시립박물관 소장

53쪽 부산시립박물관 소장

57쪽 부산시립박물관 소장

73쪽 독립기념관 소장

74쪽 프랑스 외무부 고문서실 소장

79쪽 국립중앙도서관 영해문고 소장

83쪽 왼쪽: 국립중앙도서관 영해문고 소장

95쪽 부산시립박물관 소장

97쪽 부산시립박물관 소장

106쪽 부산시립박물관 소장

109쪽 부산시립박물관 소장

111쪽 수지 왕(Suzie Wong) 제공

112쪽 왼쪽, 오른쪽: 수지 왕 제공

129쪽 부산시립박물관 소장

135쪽 위, 아래: 부산시립박물관 소장

137쪽 부산시립박물관 소장

1. 책자

고정휴, 『1920년대 이후 미주·유럽지역의 독립운동』, 한국독립운동사편찬위
　　원회, 2009.

권기돈, 『조치 피치와 대한민국, 피치 회고록과 문서 속 한국과 김구』, 김구재
　　단총서 4, 2018.

김기승, 『대한민국임시정부의 이론가, 조소앙』, 한국독립운동사연구소, 2015.

김희곤, 『대한민국임시정부 연구』, 지식산업사, 2005.

대한민국임시정부기념사업회, 『사진으로 보는 대한민국 임시정부
　　1919~1945』, 대한민국임시정부기념관 건립추진위원회, 2016.

등용, 정인갑 옮김, 『대륙의 지도자 등소평』, 북스토리, 2004.

박실, 『증보(增補) 한국외교비사』, 정호출판사, 1984.

서산 정석해 간행위원회, 『서산(西山) 정석해(鄭錫海), 그 인간과 사상』, 연세
　　대학교출판부, 1989.

유영익 등 6인 공저, 『이승만과 대한민국임시정부』, 연세대학교 출판부, 2009.

이현희, 『임시정부의 숨겨진 뒷 이야기』, 학연문화사, 2000.

장석흥, 『임시정부 버팀목, 차리석 평전』, 역사공간, 2005.

정상규, 『잊혀진 영웅들, 독립운동가』, 휴먼큐브, 2017.

정상천, 『나폴레옹도 모르는 한-프랑스 이야기』, 국학자료원, 2013.

정상천, 『한국과 프랑스, 130년간의 교류』, 국학자료원, 2015.

정용욱, 『미군정 자료연구』, 선인, 2015.

콜린 존스(Colin Jones), 방문숙·이호영 옮김, 『사진과 그림으로 보는 케임브리

지 프랑스사』, 시공사, 2004.

한시준, 『대한민국 임시정부의 지도자들』, 역사공간, 2016.

홍순권 등 6인 공저, 『부산·울산·경남지역 항일운동과 기억의 현장』, 선인(동아대학교 석당학술총서 22), 2011.

2. 논문

김광재, 「광복 이후 상해 仁成學校의 재개교와 변천」, 『한국근현대사연구』 제54집, 2010년 가을호.

박성창, 「디아스포라와 로컬리티의 문화적 재현-서영해의 프랑스어 창작을 중심으로」, 『로컬리티 인문학단』, 2016년 6월.

장석홍, 「대한민국 임시정부 주불특파위원, 서영해의 독립운동」, 『한국근현대사연구』 제84집, 2018년 3월.

최정원, 「한·불 설화와 문학작품에 나타난 거울에 대한 고찰」, 고려대학교 박사학위 논문, 2011년 8월.

Juan Jose Tellez Rubio(스페인 기자겸 작가), 「ADOLFO SANCHEZ VAZQUEZ Y EL TRISTE ENTIERRO DEL EXILIO(아돌포 산체스 바즈케즈와 망명자의 슬픈 매장)」, 2017년 1월~6월.

Yu SHIYANG, 「Exilio: espacios y escrituras(망명: 공간과 글쓰기)」 국제학술회의 의사록, 마드리드 Complutense 대학, 2010년 5월 24일~28일.

3. 언론·신문기사

〈국제신문〉, 부산 비화: 역사에 묻힌 인물과 사건-'명의(名醫) 아버지에 국제언론인 아들', 1995.3.4.

〈서울신문〉, '파리의 독립운동가' 서영해 아시나요, 2018.2.28.

〈연합뉴스〉, '나는 파리의 독립운동가' 서영해 활약상 프랑스서 재조명,

2018.2.28.

〈주간경향〉, 〔광복 70년 특별기획 Ⅱ 수지의 뿌리찾기 아리랑〕독립운동가 서영
해 손녀 찾았다, 2015.8.10.(1139호).

〈주간경향〉, 〔현지취재〕독립운동가 손녀들 파리서 만나다, 2016.4.18.(1173
호).

〈주간경향〉, 〔원희복의 인물탐구〕80년 만에 할아버지 나라 찾은 '수지' 극적
세계사가 만든 디아스포라의 상징, 2017.11.7.(1251호).

〈주간한국〉, 최초의 불어소설 쓴 서영해는 이런 인물 〈상(上)〉, 1987.3.15.
(1159호) pp.20~26.

〈주간한국〉, 최초의 불어소설 쓴 서영해는 이런 인물 〈중(中)〉, 1987.3.22.
(1160호) pp.30~37.

〈주간한국〉, 최초의 불어소설 쓴 서영해는 이런 인물 〈하(下)〉, 1987.3.29.
(1161호) pp.26~33.

〈주간한국〉, 독점발굴 〈서영해의 미발표 단편〉, 1987.4.5.(1162호) pp.68~73.

"France-Japon" Bulletin mensuel d'information, 15 Octobre 1934. (프랑스-일본,
월간정보지. 1934년 10월 15일.)

"regards", n° 184, 22 Juillet 1937. (르가르 지, 184호, 1937년 7월 22일.)

4. 기타 자료

류영남, 「30여년 무거웠던 마음의 짐을 내리며 – 황순조 교장과 서영해의 삶을
돌아본다」, 2018.3.12.

서영해, 「해외(海外)에서 지낸 십오성상(十五星霜)을 돌아다보며」(서영해 유
고문서, 총 88페이지), 1935.

서정철, 「(서영해 선생) 독립유공자 포상신청서」, 1995.6월.

국사편찬위원회, 「한국사데이터베이스–일제강점기–대한민국임시정부자료집」